子どもも保護者も大満足！

全員参加の楽しい

児童劇脚本集

日本児童劇作の会 編著

明治図書

はじめに

日本児童劇作の会編集担当　森田　勝也

子ども達は、劇が大好きです。それは、子ども達の身体と心が躍る活動だからです。自分と違う人やモノになり、想像の翼を大きく広げて新しいもう一人の自分になれるからです。そして、想像の輪は大きく、周りの人達を巻き込み、広がり、みんなが同じ気持ちになって想像の世界を共有できるからだと思います。

想像する力は、心を強く豊かにします。人の気持ちを理解し、その人の気持ちに寄り添うことができるようになります。将来、つらい時や心が折れるような時があっても、想像力を働かせ、夢と希望をもって前向きに生きられる柔軟な心が養われるのです。劇活動には、そんな力があるのです。

この脚本集は、劇が大好きな子ども達のために、そして、まだ劇に出会ったことのない子ども達のために、劇の楽しさを知らせ、劇で培う力を付けさせたいという思いが一杯詰まっています。そこには、笑いがあり、涙があり、考えさせる仕掛けがたくさん入っています。

さらに、脚本のテーマとなる、先生方からの子ども達への熱いメッセージが込められています。子ども達が主体的に取り組める多くの「あそび」の要素もあり、子ども達同士のよき人間関係が、自然な形でできてきます。発表を終えた時、子ども達は、知らないうちに多くのものを受け取り、以前とは違った心の成長を遂げた姿が見られるに違いありません。

劇指導にかかわる先生方も、子ども達一人ひとりの意外な一面を発見したり、子ども達のもつ力を再評価したりできる場にもなり、以後の指導や学級づくりの方法にも役立つ活動になると思います。

この脚本集が、子ども達の個性を発揮し、生き生きと輝きながら表現し、演じることができるよう、活用されることを心から願っています。

本書の使い方

本書は、現在の子ども達の実態に合わせて書き下ろした脚本集です。学芸会・学習発表会で使用できる、低学年四本・中学年四本・高学年四本、計十二本の作品が収録されています。子ども達、保護者の方々、そして先生方にも満足のいくような内容になっています。ご活用下さい。

台本ページの読み方

十頁から始まる台本ページでは、上部分は実際に使用する台本になっており、下部分ははじめて劇を指導する先生方にも活用しやすいように、わかりやすく、指導の手引きを掲載しています（左上の図）。

指導の手引きには、立面図・平面図の他、小道具・衣装のアイデアやＢＧＭの挿入個所、登場人物の性格や心情、演技指導のポイントについて、詳しく紹介しています。

人数調整・上演時間

登場人物については、実際の子どもの数に応じて人数調整が可能なように、幅をもたせてあります。所属の学校の状況に合わせてご調整下さい。

また、各劇の上演時間については、およそ二〇～三〇分になるように作成いたしました。

本書の活用法

本書は、学校での劇指導を目的とした使用に限って、コピーしてご使用いただくことが可能です。

それから、次のＵＲＬから、ユーザー名とパスワードをご入力いただければ、台本の編集可能なＷｏｒｄデータと、劇中歌のデモ音源（歌あり、歌なしの二種類をご用意しております）をダウンロードすることが可能です。

ＵＲＬ
http://meijitosho.co.jp/235929#supportinfo
ユーザー名
235929
パスワード
brh6g8

もくじ

中学年向け

高学年
向け

低学年向け脚本のあらすじ・ポイント

夏だ・海だ・出ぱつだ！　20〜25分

あらすじ

子ども達は，置いてあったゴムボートで遊んでいます。そして，いつしか夢の世界に入ってしまいました。最後は，ゴムボートとブルーシートを乾かしていたお父さん，お母さんに見つかって，さあ大変です！

ポイント

舞台一杯に大きなブルーシートを使います。シートがうまく広がったら，観客は大騒ぎ！

うぐいすのおやど　20分

あらすじ

山の中で道に迷った子ども達は，うぐいすに助けられました。そして，うぐいす達に屋敷に案内されました。そこで，子ども達は，決して見てはいけないと言われていた座敷まで見てしまい，うぐいすからのご馳走はもらえませんでした。

ポイント

次々に座敷のふすまの後ろから出てくる，季節の精達の踊りと歌が楽しい舞台。

はたらく自どう車コンクール　20〜25分

あらすじ

ミュージアムに自動車を展示することにしました。でも，どの自動車を展示したらよいか決まらず大騒ぎ！　いろんな種類の自動車達は自分の自慢をします。どの自動車にするか審査員の１年生は困りました。でも，最後にやっとよい知恵が出たのです。

ポイント

自動車達の自慢の仕方がおもしろいです。最後にどうやって決まったかがオチになります。

おばけの遠足　20〜25分

あらすじ

おばけの学校は，遊園地に遠足に来ました。先生の言うことを聞かないおばけの子ども達は，遊園地に来ている人々を次々に驚かせて大騒ぎを起こします。最後に，先生がいたずらおばけの子ども達を見つけて遠足は終わりとなりました。

ポイント

おばけの子ども達が，人間を様々なおもしろい方法で驚かせる劇です。皆で工夫できます。

中学年向け脚本のあらすじ・ポイント

吉四六さんの人助け　30分

あらすじ

大分県に伝わる吉四六話は，200を超えます。その中でも，劇として楽しめる「動くかかし」「おとりのキジ」「吉四六さんの物売り」の３話をオムニバス形式で構成しました。トンチのきいた話は，楽しみながら演じられ，人数に合わせて，新たな吉四六話を加えることも可能です。

ポイント

民話劇は衣装と話し方で雰囲気が出ます。トンチのおもしろさで，表現を楽しみましょう。

ナマケロ　ナマケロ　25分

あらすじ

てつお達の学校に，ナマケロ星人が地球侵略のためにやって来ます。新学期で意欲あふれる子ども達にナマケロ病の粉をふりかけ，みんなのやる気をなくさせてしまいますが，元々やる気のなかったてつお達が戦い，ナマケロ星人達を見事追いはらいます。

ポイント

フィクションなので，やる気のある表現からやる気がなくなる表現の違いを楽しみましょう。

タヌキのおん返し　30分

あらすじ

お腹を空かせたタヌキ達がある民家の前に来た時，そこのおじいさんとおばあさんに食べ物をもらいます。恩を感じたタヌキ達は恩返しをしようと，おじいさんの家に来た山賊風のお侍と戦って勝ちます。ところが，その親分はおじいさん達の息子だったのです！

ポイント

動物が出てくる童話劇で，タヌキの変身の場面を工夫すると，楽しく演じることができます。

みんなで歌えば　30分

あらすじ

うさぎ，たぬき，ねずみ達がなかよし音楽会に出るため，歌やボディーパーカッション，ラップの練習をしています。場所の取り合いでケンカになってしまいますが，自分達を応援してくれたうさこが引っ越すことを知り，みんなの心を１つにしてうさこのために合唱します。

ポイント

別々の歌やラップなどが最後，１つにまとまって歌う場面は，そろうと見ごたえ十分です。

高学年向け脚本のあらすじ・ポイント

友情のモニュメント　25分

あらすじ

男女仲の悪いクラスに，突然テレビ局が番組「クラス自慢」の取材に来るといいます。だれが応募したの？　喧嘩ばかりのクラスに自慢できるところはあるの？　勝手なことを言い合い，男女のいがみ合いはエスカレートしてクラスは大騒ぎ！　無事に番組はできるのでしょうか？

ポイント

個性あるキャラクターと，それを取り巻く集団の動き方が上演のポイントです。

雪童子　20分

あらすじ

雪童子ってだれ？　ホントにいるの？　雪狼を従えて雪を降らしにやって来た雪童子。そんな世界に迷い込んでしまった仙吉。恐ろしい雪婆んごの正体は？　雪童子との関係は？　冷えていく仙吉の命が危ない！　宮沢賢治が描く雪童子の優しくも哀しい物語を朗読隊が導いてくれます。

ポイント

幻想的な場面を朗読と演技と装置でつくります。全体の雰囲気に統一感をもたせましょう。

キャッツ・ストリート　25分

あらすじ

飼い猫と野良猫が出会った路地裏のキャッツ・ストリート。突然の野良猫狩りで檻に入れられてしまった仲間達を助けられるのか？　歌と踊り，そして，知恵と勇気でダイナミックに繰り広げられるミュージカル風舞台で，個性ある猫達の悲しくもたくましい物語が展開します。

ポイント

元気な歌とダンスと野良猫のもつ哀しさとを対比させ，表現できればすばらしいです。

ユリの女王　20分

あらすじ

軽い気持ちでユリの花を折ってしまった颯太。花の世界の裁判所で裁かれ，花の精達に責められて現実の世界に戻れなくなってしまいます。途方にくれる颯太は現実世界に戻れるのでしょうか？

ファンタジックな花の世界に迷い込んだ颯太の活躍が始まります。

ポイント

日常と非日常の世界の対比を明確にしながら，颯太の心の変容を表現してほしいです。

低学年向け

夏《なつ》だ・海《うみ》だ・出《しゅっ》ぱつだ！

作　木村　たかし

時　夏のある日《ひ》 ❶

ところ　広場《ひろば》 ❷

とう場人ぶつ

のはらうたの子《こ》
- ひまわり（女《おんな》）　1〜14 ❸
- みつばち（女）　1・2
- へびいちのすけ（男《おとこ》）　頭《あたま》・しっぽ
- かまきりりゅうじ（男）　1・2・3

ボートの子（男）　1〜6

ライオンたい（女）　1〜6

シュノーケルマン（男）　1〜6

魚《さかな》（男・女）　1〜3

コンブ（男・女）　1〜6

うちゅう人（男・女）　1〜6

ほか多数《たすう》

お父《とう》さんの声《こえ》 ❹

お母《かあ》さんの声

立面図

❶効果音は「蝉の声」「波の音」「宇宙音」が必要。

❷舞台は夏を表す立ち木が一本あればよい。

❸ここでは便宜上、男女を示したが、学級の事情で男女比は変更できる。

☆工藤直子さんの「のはらうた」（童話屋）から使用させていただきました。

❹両親の声はできれば先生が担当する。

まくがしまっている。
せみの鳴《な》き声《ごえ》がして拍子木《ひょうしぎ》が鳴る。
出《しゅつ》えんしゃ全《ぜん》いん、上手《かみて》・下手《しも》から元気《げんき》よく、まくの前《まえ》に走《はし》って出《で》てくる。
拍子木の音《おと》で、きゃくせきを見《み》てとまる。

全　「のはらうた」くどうなおこ

ふたたび拍子木の音が鳴り、上手・下手に走っていなくなる。
せみの声がする。
上手まく前にひまわりが出てきて、よこ一《いち》れつにならぶ。❺

ひまわり全　「うた」ひまわりあけみ ❻
まんまるく　くちをあけて
まなつのうたを　うたいました ❻
きいていた　みつばちが

みつばち1・2　（上手・下手のまくの前に出てきて）「アンコール！」
（ひまわりの前を走りさり、まくの中《なか》に入《はい》る）

ひまわり全　と　さけびました ❻
わたしは　おじぎして
もっと　まんまるく
くちをあけて　うたいました ❻
みつばちのこと
すきだとおもいました

---

❺ひまわりは黄色い色調の服で統一するとよい。
平面図（ひまわりの立つ位置）

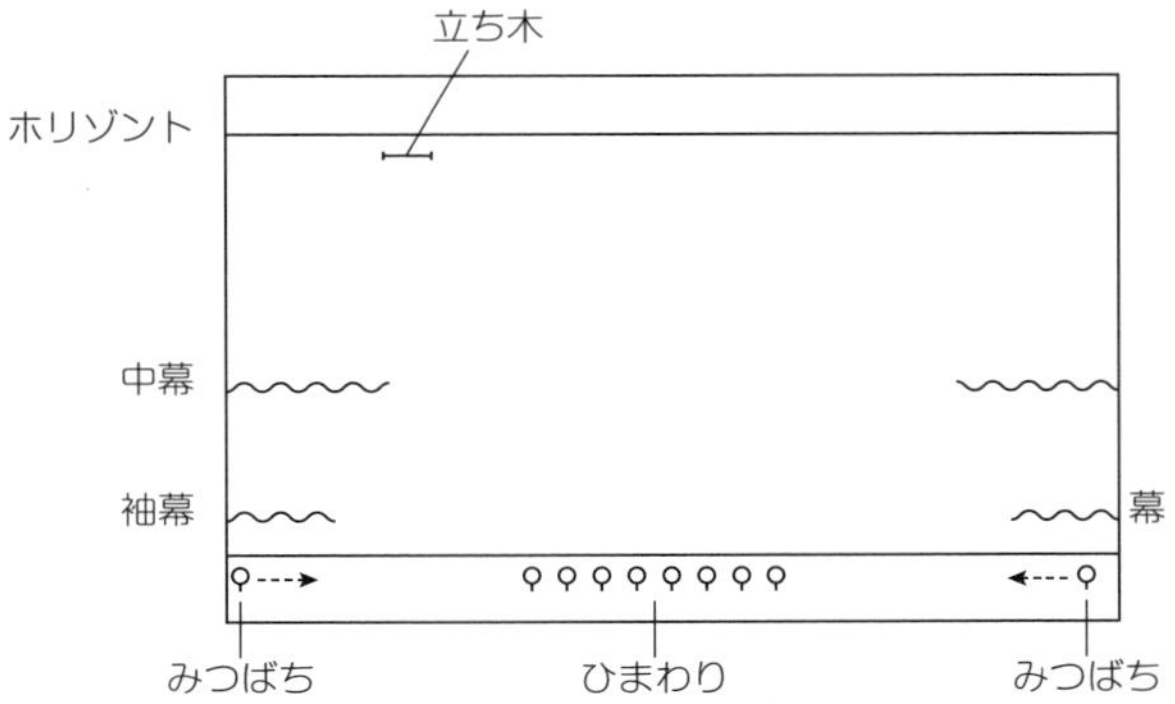

❻この後、間を取って朗読するとよい。

しのろう読《どく》がおわって上手《かみて》に入《はい》る。
せみの声《こえ》。
下手《しも》まく前《まえ》にへび、いちのすけの「頭《あたま》」が出《で》てくる。

いちのすけ「頭」　「あいさつ」へびいちのすけ ❻ ❼
さんぽを　しながら
ぼくは　しっぽに　よびかける ❻ ❽
「おおい　げんきかあ」❻
すると　むこうの　くさむらから
しっぽが　ハキハキ　へんじをする

しっぽ　（上手まく前に出て）「げんき　ぴんぴん！」
（上手まくの中《なか》に入る）❾

いちのすけ「頭」　ぼくは　あんしんして　さんぽをつづける

いちのすけ、下手まくの中に入る。
せみの声。
下手まく前にかまきりたちが出てくる。

りゅうじ全《ぜん》　「おれはかまきり」かまきり　りゅうじ ❿ ⓫
りゅうじ全　おう　なつだぜ
りゅうじ全　おれは　げんきだぜ ❻
りゅうじ1　あまり　ちかよるな
りゅうじ2　おれの　こころも　かまも
りゅうじ3　どきどきするほど

---

❼いちのすけは首に派手なマフラーをまく。
❽上手の方を見ながら言う。
❾幕から走って出てきて、飛び跳ねて言う。
平面図（へびいちのすけの立つ位置）

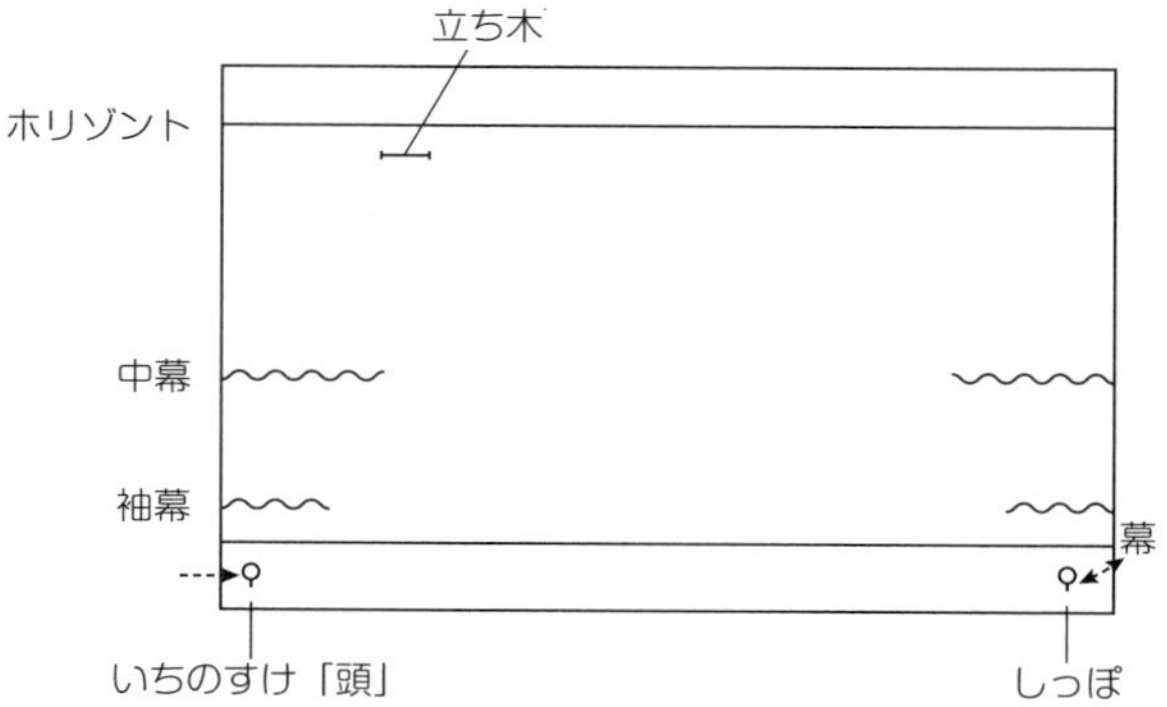

❿両手を、かまきりがかまを振り上げているようにして出てくる。
⓫かまきりは緑色の色調の服で統一する。

りゅうじ全《ぜん》　ひかってるぜ　❻
りゅうじ全　おう　あついぜ　⓬
りゅうじ全　おれは　がんばるぜ　❻
りゅうじ1　もえる　ひをあびて
りゅうじ2　かまを　ふりかざす　すがた
りゅうじ3　わくわくするほど
りゅうじ全　きまってるぜ

りゅうじたち、下手《しもて》まくに入《はい》る。
せみの声《こえ》。
まくがあく。
そこは広場《ひろば》である。立《た》ち木《き》が下手のおくに一本《いっぽん》立っている。❷
せみの鳴《な》き声がする。
上手《かみ》からボートをもった子《こ》たちが出《で》てきて歌《うた》い出《だ》す。⓭
大《おお》きくぶたいを回《まわ》って、とちゅうからボートを頭《あたま》にのせる。⓮

♪ゆめのせて
行《い》こう　行こう　海《うみ》のはて
ぼくらのゆめは　はてしない
あらなみ　のりきり　大きくなって
このよのために　はたらくぞ
たび立ちだ　○○○ズシップ
出《しゅっ》ぱつだ

⓬額の汗をぬぐう仕草をする。

⓭ボートの子の服装は自由。夏らしい服装。

⓮舞台の両袖に、次に出るライオン隊達以外は出てきて歌う。歌声を大きくするため、また、舞台をにぎやかにするためである。また、袖にいて緊張するのを抑える効果もある。これから後も、歌の場面は、いつでも出てきて歌う。

平面図（歌の時）

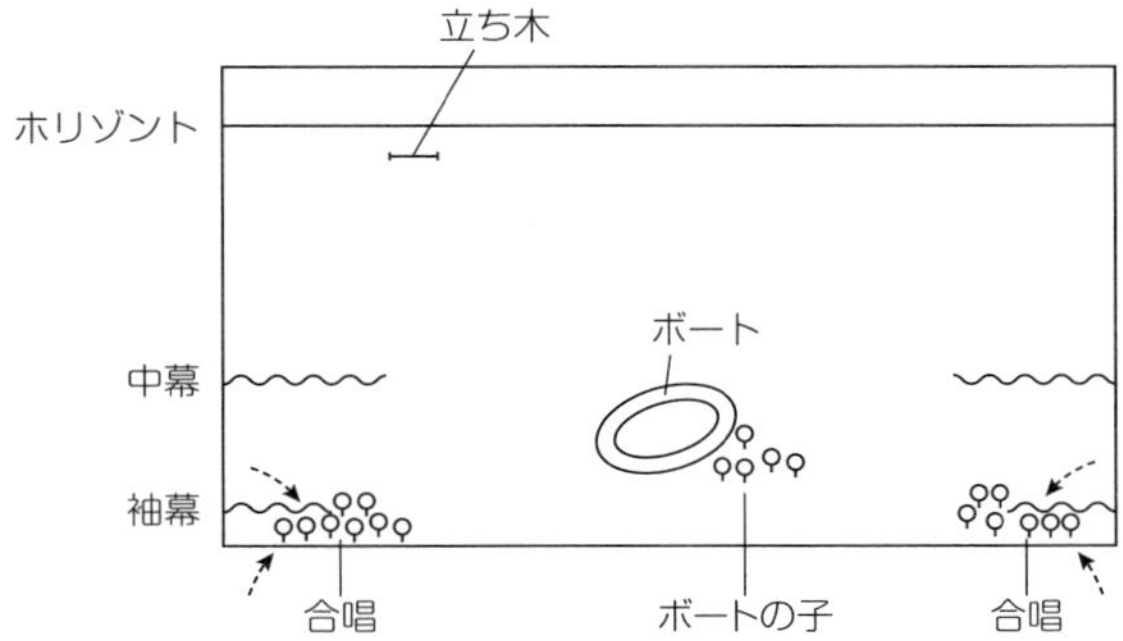

ボートの子《こ》2　（ボート1にむかって）船長《せんちょう》、どこへ行《い》きますか？
ボートの子1　そうだな。
ボートの子3　あの島《しま》へ行きましょうよ（下手先《しもてさき》の方《ほう》をゆびさす）。
ボートの子4　それより、こっちの方がいいよ。
ボートの子1　そうだな（考《かんが》えている）。

あとから、ライオンたいがこっそり出《で》てくる。⓯

ライオンたい全《ぜん》　こりゃ、どけどけ。ライオンたいだ！
ボートの子全　何《なに》をー！
ライオンたい全　このボートはおれたちのものだ。

ライオンたいとボートの子たち、ボートをとり合《あ》いながら歌《うた》い出《だ》す。⓰

♪たたかいブギ

さあさあ　ブギウギ　ブギウギ
ブギウギ　ブギウギ　たたかい　ブギウギ
ボートに一番《いちばん》
にあうのだれだ！

さあさあ　ブギウギ　ブギウギ
ブギウギ　ブギウギ　たたかい　ブギウギ
おいらがのらなきゃ
おかしいだろう！

⓯ライオン隊の服装は水着に着替える時に使用するタオル生地のマントを被って顔だけを出す。

⓰次に出るシュノーケルマン達は出ないが、それ以外は出て歌う。

平面図

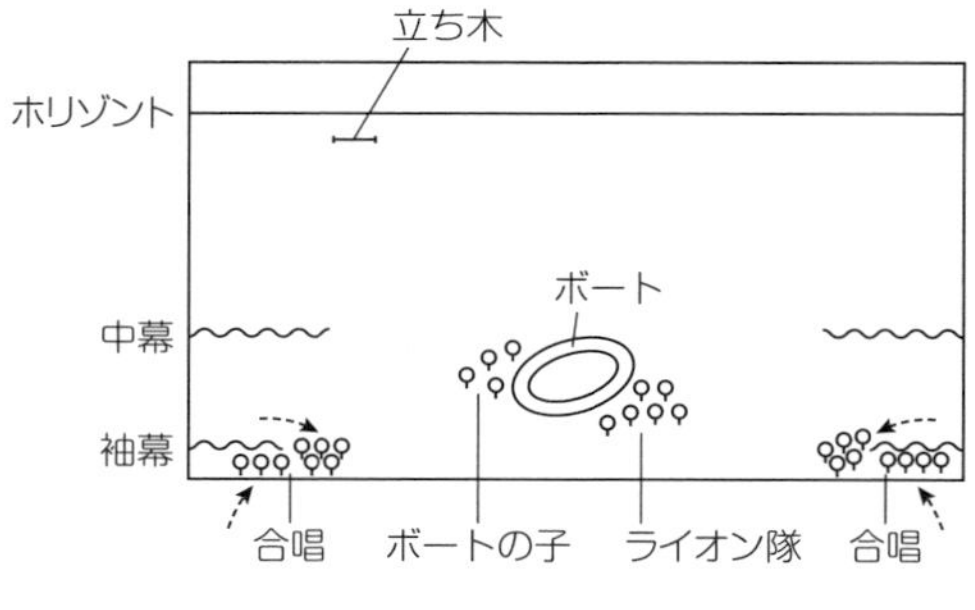

ライオンたいがたたかいにかって、ボートにのりこむ。

ライオンたい全《ぜん》　ばんざい。ばんざい。
ボートの子《こ》1　むかつく。
ボートの子2　さいてい。
ボートの子3　見《み》てろよ。
ボートの子4　しかえししてやる。
ライオンたい全　どうぞ。どうぞ。
ボートの子5　ばかやろう。
ボートの子6　おぼえとけ。

ボートの子たち、おこりながら下手《しもて》に行《い》く。⓱
ライオンたい、♪「ゆめのせて」を歌《うた》い出《だ》す。⓰

ライオンたい1　やったね。
ライオンたい2　どこ行く？
ライオンたい3　そりゃ、グァム島《とう》でしょう。
ライオンたい4　何《なに》言ってるのよ。ハワイよ。
ライオンたい5　いいね。
ライオンたい6　フラダンスか。

ライオンたいがフラダンスをしてよろこんでいると、後《うし》ろからシュノーケルマンたちがこっそり来《く》る。⓲

⓱怒り方を自分達で考えさせる。
⓲水中メガネ、シュノーケルなどを着けている。水着ではなく、服は着ている。

平面図（⓳の時）

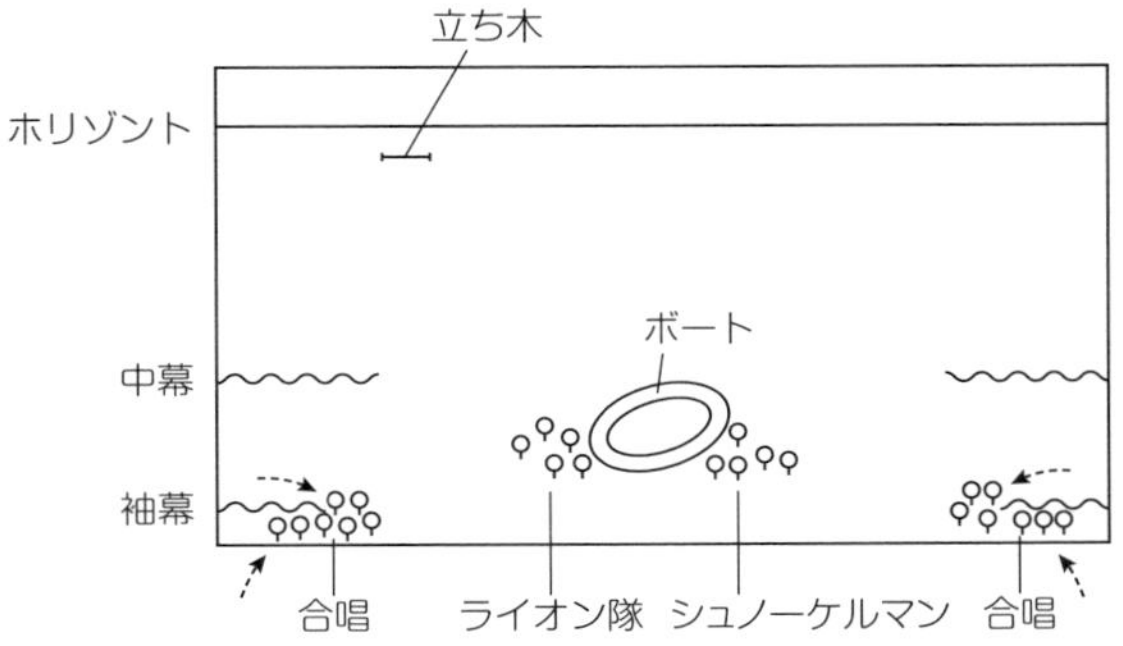

シュノーケルマン1　それ！
シュノーケルマン2　やっつけろ。
シュノーケルマン3　どけどけ。
ライオンたい全《ぜん》　何《なに》を！

シュノーケルマンたち、ライオンたいとボートのとり合《あ》いをする。

♪「たたかいブギ」を歌《うた》い出《だ》す。⑲

シュノーケルマンたちがたたかいにかつ。

シュノーケルマン全　ばんざい。
ライオンたい1　ひどいぞ。
ライオンたい2　きゅうに来《き》て、ずるいぞ。
ライオンたい3　おぼえとけ。
ライオンたい4　かならず、もどってくるぞ。
シュノーケルマン全　どうぞどうぞ。おまちします。
ライオンたい5　ちくしょう。
ライオンたい6　むかつく。

ライオンたい、おこりながら下手《しもて》に行《い》く。⑳

シュノーケルマンたち、♪「ゆめのせて」を歌う。㉑

シュノーケルマン5　あー、おもしろかった。
シュノーケルマン6　ちょっと、つかれたね。
シュノーケルマン全　ひと休《やす》みしようか。

---

⑲ボートの子は出てこない。シートの用意をしている。それ以外は出てきて歌う。

⑳自分達で工夫させる。

㉑ボートの子、ライオン隊達はシートの用意。それ以外は出てきて歌う。

平面図

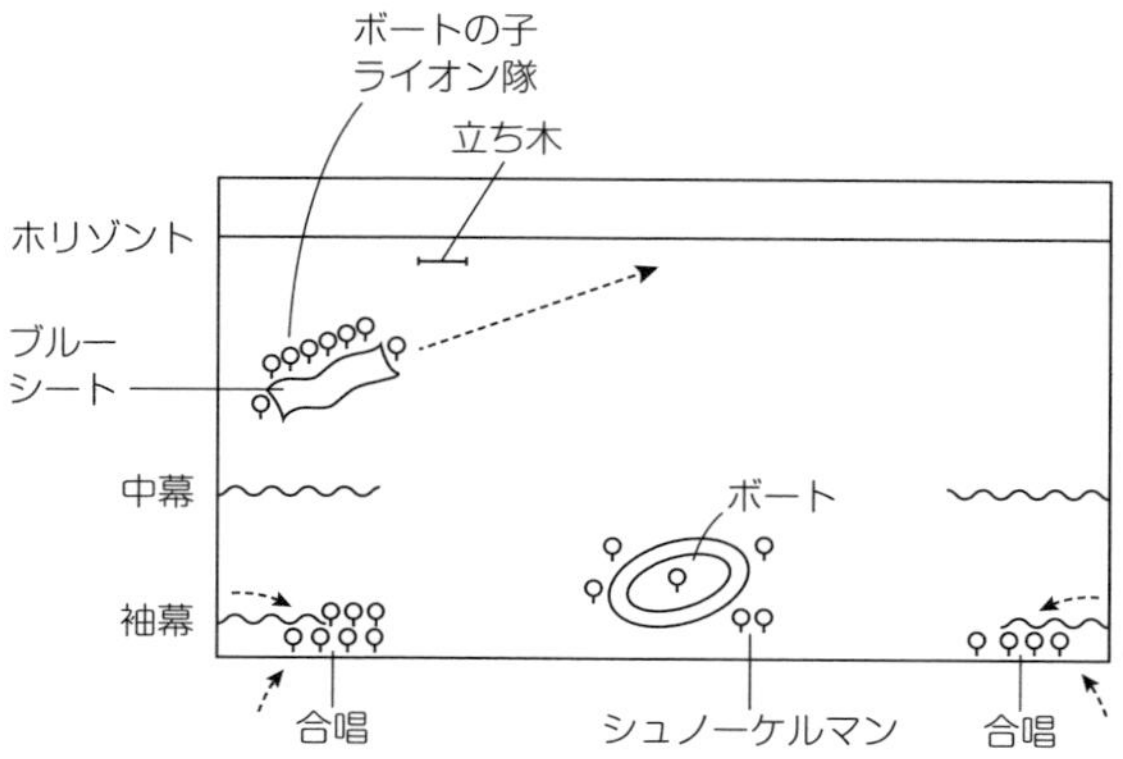

㉒できるだけボートを舞台の前に移動して寝る。この後のシートを掛けやすくするため。

シュノーケルマンたち、よろこんでねてしまう。㉒
せみの声《こえ》がする。
下手《しもて》からこっそりボートの子《こ》とライオンたいが来《く》る。㉓
手に大《おお》きなブルーシートをもっている。㉔
せみの声がやんで、なみの音《おと》が大きく聞《き》こえる。㉕
ボートの子、ライオンたい、ブルーシートを広《ひろ》げてシュノーケルマンたちにかける。

ボートの子・ライオンたい全《ぜん》　こりゃー！
シュノーケルマン1　何《なん》だ、これは。
シュノーケルマン全　たすけてくれ。おぼれる。

シュノーケルマンたち、ブルーシートの下《した》に入《はい》る。
なみの音、大きくなる。
シュノーケルマンたち、ブルーシートのいくつかの切《き》れ目《め》から手、頭《あたま》を出《だ》す。㉖

シュノーケルマン全　たすけてくれ。

なみの音、さらに大きくなる。
ボートの子、ライオンたい、もう一《いち》まいのブルーシートをもってきてかける。㉗

ボートの子・ライオンたい全　大なみだ！

㉓早めに出てくる。シートのどの部分を持ってくるか、事前に練習しておく。
㉔ブルーシートは舞台の大きさで決める。できるだけ、舞台の幅に近いものがよい（シュノーケルマン達が隠れやすいように）。
㉕シートの端を持つ子はシートが膨らむように練習する。他の子はシートの後方の端をしっかり押さえる。

立面図（シートの動かし方）

平面図（シートの動かし方）

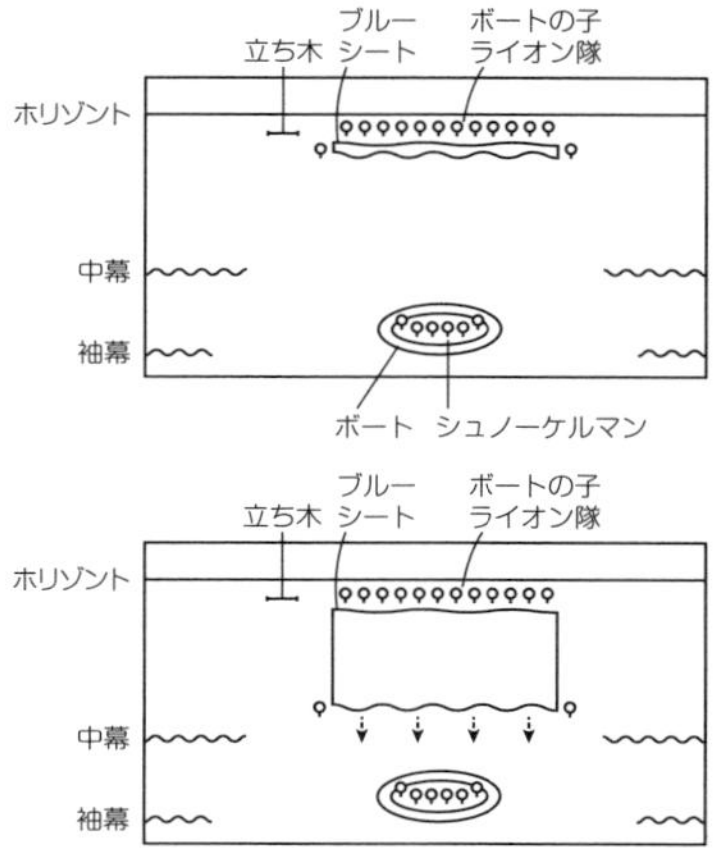

ブルーシートの中《なか》に、ライオンたい、ボートの子《こ》たちも入《はい》る。
みんな、ブルーシートの下《した》でさわいでいる。ぶたい、くらくなる。㉘
なみの音《おと》から海《うみ》の音楽《おんがく》になる。
魚《さかな》たちが上手《かみて》から出《で》てくる。音楽に合《あ》わせておよぐ。㉙
ブルーシートからシュノーケルマンたちが出てきて、およぎ出《だ》す。㉚

シュノーケルマン1　ここはどこだ？　海の中か。
シュノーケルマン4　おれたち、りゅうぐうじょうに行《い》けるの？
魚1　そんなことできると思《おも》いますか？
ライオンたい1　だって、海の中、およいでいるよ。
魚2　そうですね。
シュノーケルマン1　あっ。あれは何《なん》だ？

上手・下《しも》手から、コンブたちがユラユラしながら来《く》る。㉛

コンブ全《ぜん》　コンブ・コンブ・コンブ・コンブ・チッチッチッ（くりかえす）。
コンブ1・2　ふっふっふっ。いらっしゃい。
コンブ全　コンブ・コンブ・コンブ・コンブ。チッチッチッ。
シュノーケルマン2　やっぱり海の中だ。
コンブ5　当《あ》たり！　そうですよ。
コンブ6　海の中ですよ。
ライオンたい6　たすけて。
コンブ2　たすける人《ひと》はいません。
コンブ3　ここで、しばらくあそびましょう。

㉖あらかじめ、シートに切れ目を入れておく。あまり数多く入れすぎるとシートが膨らまなくなるので注意。切れ目の端はブルーのガムテープをとめておく。顔を出す練習をしていく中で切れ目が大きくなりがち。
㉗切れ目は入れない。
㉘ボート、ブルーシートは舞台の後ろに下げる。
㉙釣竿の先に、ビニールのシートなどでつくった深海魚などをぶら下げる。
㉚泳ぎ方は自分達で工夫させる。
㉛コンブは緑色系のビニールのシートなどに切れ目を入れて首を入れて体の前後に垂らす。切れ目が広がらないようにテープでとめておく。

平面図

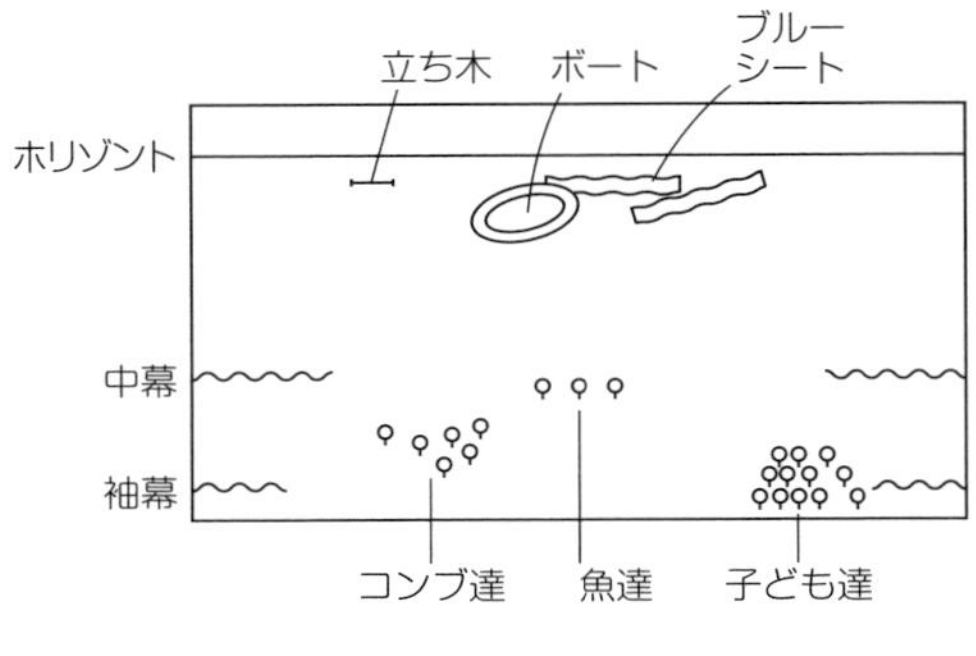

みんな　いやだよ。
コンブ全《ぜん》　そんなこと言《い》わないで。あそびましょう。
みんな　たすけて。
　みんな、にげる。コンブたちはおいかけて、シュノーケルマンたち、ライオンたいのタオルなどをとりさる。㉜
魚《さかな》1　ふしぎですね。
魚3　本当《ほんとう》に、ここは、海《うみ》の中《なか》ですか？
魚2　海の中だと思《おも》いますか？
ライオンたい2　お母《かあ》さん、たすけてー！
ライオンたい3　海の中だよね。
魚・コンブ全　本当に海の中ですか？　フッフッフッ…　㉝
ボートの子《こ》4　なんだ、ちがうのか。
魚・コンブ全　フッフッフ…
シュノーケルマン全　あっ。やめてくれ。
魚・コンブ全　フッフッフッ…（下手《しもて》にさる）　㉝
　ぶたい、くらくなる。海の音楽《おんがく》はきえる。
　うちゅう音が聞《き》こえてくる。
　うちゅう人《じん》たちが下手からうちゅうゆうえいで出《で》てくる。　㉞　㉟
シュノーケルマン5　何《なん》だ、あれは？
シュノーケルマン6　だれだ、おとひめさまか？

㉜だれがだれのを取るのか決めておく。
㉝不気味な笑い方を工夫する。
㉞宇宙人は水泳帽子をマスクにしている。透けて見える水泳帽子にすること。
㉟宇宙遊泳のやり方は、事前に宇宙音をかけてみんなで遊んでおくとよい。

平面図

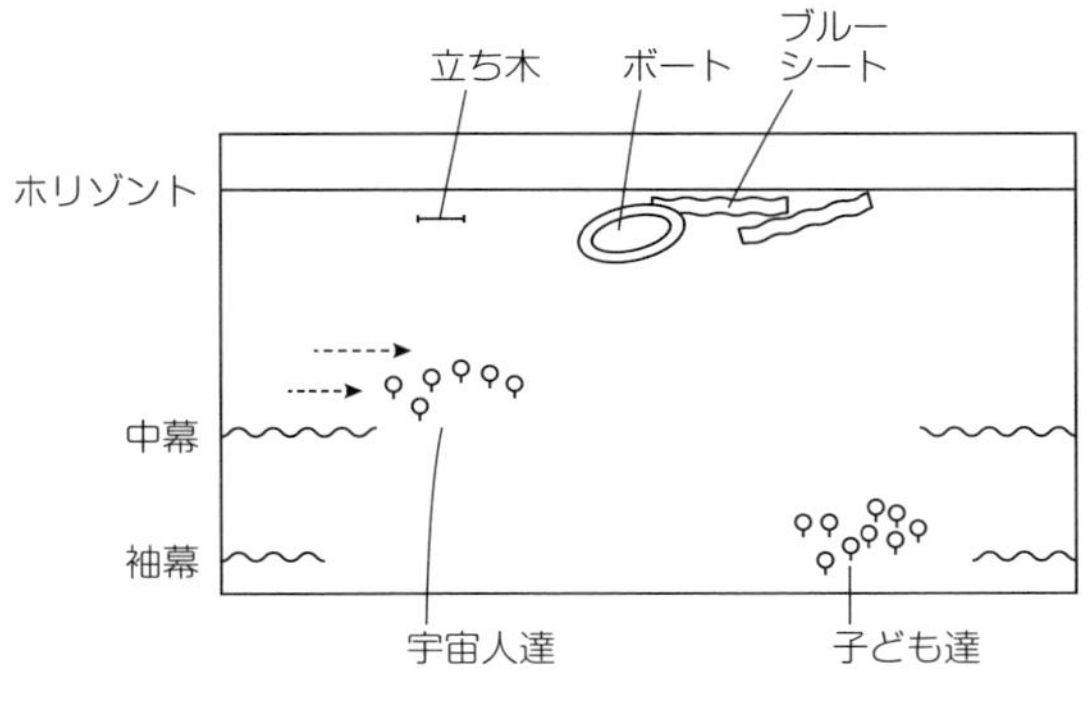

ライオンたい2　ちがう。
みんな　ここはどこだ！
うちゅう人全《じんぜん》　ピポ、ピポ、ピポ。ピポピポ。㊱
ボートの子《こ》5　何《なん》だ。
ボートの子6　何《なに》言っているの。
うちゅう人1　ピコピピ。ピコピコ。ピピピ。㊱
うちゅう人2　ピンピンピキ。ピンピキピキ。㊱
ライオンたい5　まさか。
ボートの子4　まさか、うちゅう？
みんな　うちゅう人！
うちゅう人3　ピンポン。ピンポン。
うちゅう人4　よくわかりました。
みんな　あれ、しゃべってる。
うちゅう人5　しゃべります。
うちゅう人6　わたしたちのことがわかれば、話《はなし》ができます。
ライオンたい5　ここはどこですか？
ボートの子5　きまってるよ。うちゅう人がいるんだから。
ライオンたい6　うちゅうなの？
ボートの子6　うちゅうに来《き》たの？
みんな　やった！
うちゅう人全　この子たち、こわがらない。㊲
みんな　ねえ、うちゅう人さん、何してあそぶ？
うちゅう人全　おかしい。じつにおかしい！㊲
ボートの子1　うちゅうあっちむいてほい。

㊱意味不明な言い方を工夫する。
㊲下手前に出てきて言う。不思議そうに言う。

平面図

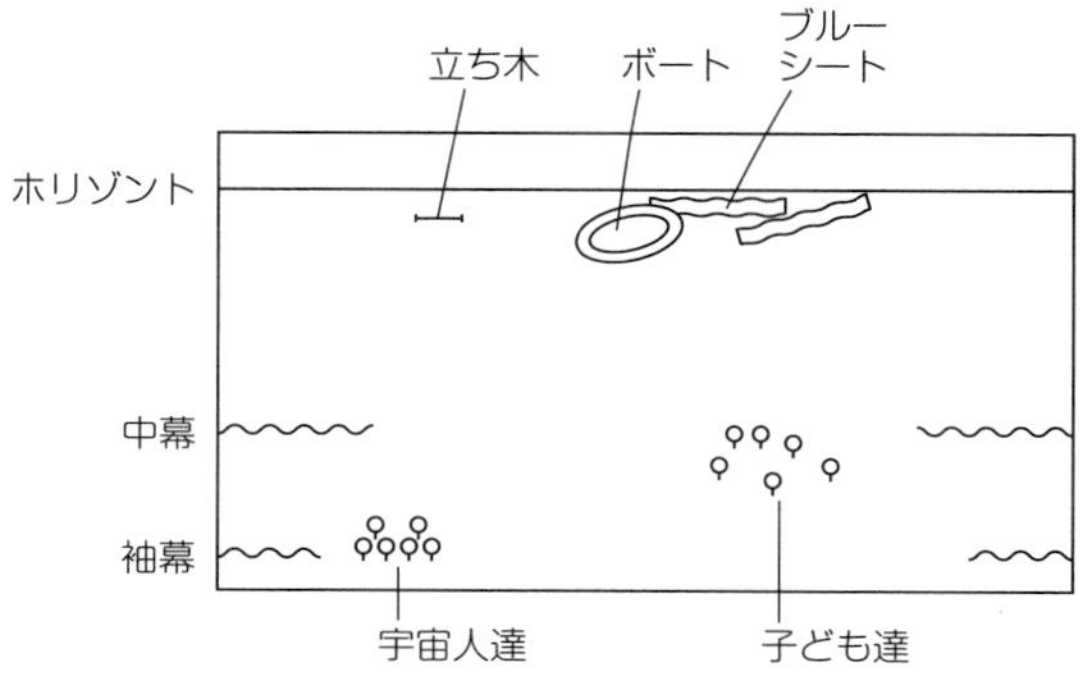

みんな　いいね。㊳

ほかのうちゅう人《じん》たちも、うちゅうゆうえいで下手《しもて》から来《く》る。

みんな　ジャンケンポン。㊴

みんな　あっちむいてほい。㊵

みんな　ジャンケンポン。あっちむいてほい。

三回《さんかい》、くりかえす。

シュノーケルマン2　つぎは、かけっこ。

みんな　いいね。

ボートの子《こ》2　いちについて。

みんな　いちについて。

せん手《しゅ》がならぶ。

ボートの子3　ようい。ドン。

うちゅう音《おん》がする。

せん手、うちゅうゆうえいで走《はし》る。㊶

みんな、おうえんする。

せん手、ゴールする。かった方《ほう》が、よろこびの声《こえ》。

うちゅう音がする。

㊳宇宙人達、子ども達、対峙の形になる。

平面図

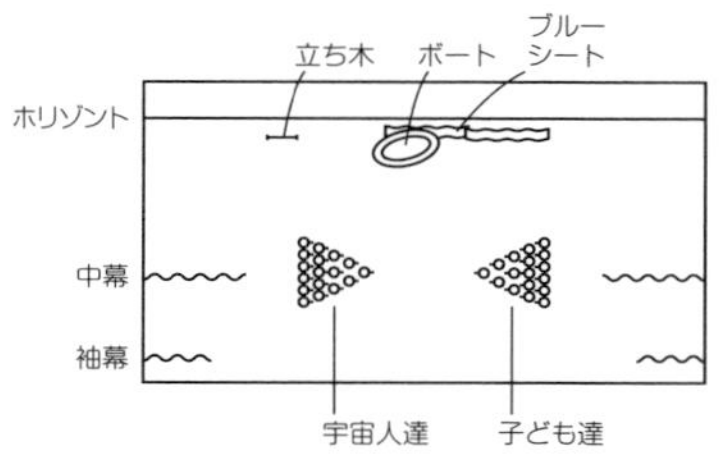
立ち木
ボート
ブルーシート
ホリゾント
中幕
袖幕
宇宙人達
子ども達

㊴宇宙人達、子ども達の代表がジャンケンをする。指差し、振り向きはそれぞれ全員で同じようにする。

㊵あらかじめ負けたらどちらを向くか考えておく。あらかじめ勝ったらどちらを指さすか考えておく。

平面図（応援、選手の位置）

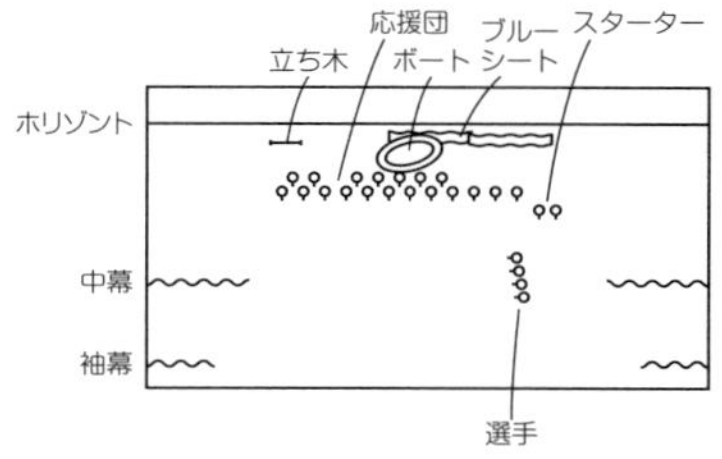
応援団
立ち木
ボート
ブルーシート
スターター
ホリゾント
中幕
袖幕
選手

㊶宇宙遊泳風にする。

ライオンたい1　こんどはうちゅうおにごっこ。

シュノーケルマン1　ぼくがおにだ。

みんな　いいよ（うちゅうゆうえいでにげ回《まわ》る）。㊶
　うちゅう音《おん》、大《おお》きくなる。うちゅう人《じん》、ライオンたいたち、うちゅうゆうえいで上手《かみて》・下《しも》手に入《はい》る。

ボートの子《こ》・シュノーケルマン全《ぜん》　つかれた（よこになる）。おやすみなさい。

　ぶたい、明《あか》るくなる。

　みんな、ねころがっている。㊷
　せみの声《こえ》。

　お父《とう》さん・お母《かあ》さんの声がする。

お父さんの声　おいおい。こりゃ、どうなってるんだ？

お母さんの声　せっかく、ほしてかわかしておいたのに。

お父さんの声　キャンプのどうぐがめちゃめちゃだ。

お母さんの声　また、つれていけませんよ。

みんな　（おきて）えっ。ごめんなさい。つれてって！　行《い》きたいよ！㊸
　ボートの子・シュノーケルマンたち、上手・下手に走《はし》って入る。㊹
　せみの声が大きくなる。

　上手・下手から、ひまわりたちが出《で》てくる。


㊷ブルーシート、ボートの上で寝転がる。

㊸天を仰いできょろきょろする。

㊹ブルーシート、ボートを持って袖に入る。

平面図

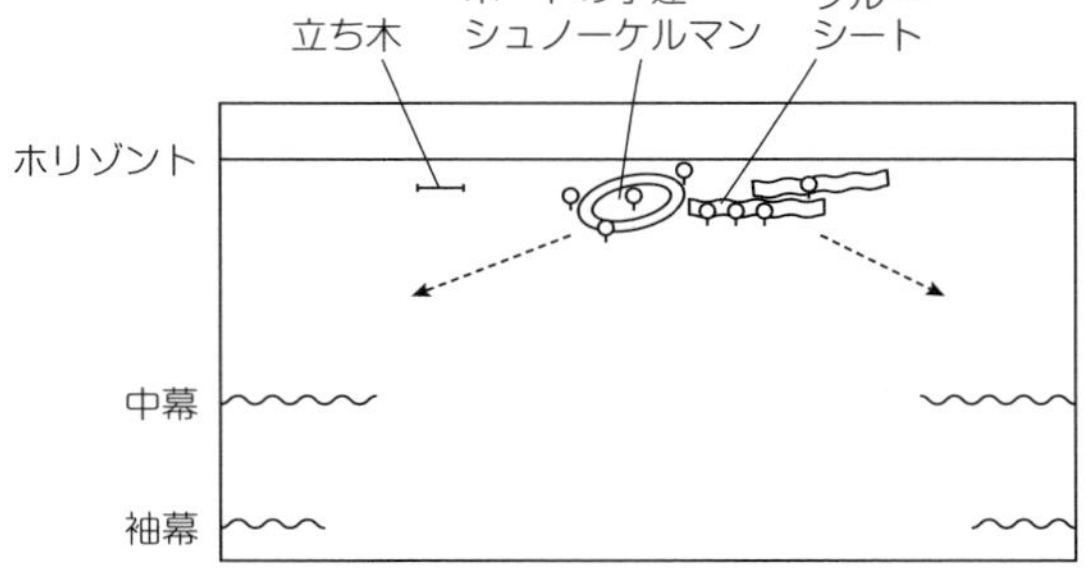

ひまわり全《ぜん》　「うた」ひまわりあけみ ❻
まんまるく　くちをあけて
まなつのうたを　うたいました ❻
きいていた　みつばちが

みつばち1・2　（上手《かみて》・下手《しも》から出《で》てきて）「アンコール！」
（走《はし》ってきて、れつにならぶ）

ひまわり全　と　さけびました ❻
わたしは　おじぎして
もっと　まんまるく
くちをあけて　うたいました ❻
みつばちのこと
すきだとおもいました

いつの間《ま》にか全いん出てきて、♪「ゆめのせて」を歌《うた》い出《だ》す。 ㊺

まくがしまる。

㊺舞台に横一列に並ぶ。

平面図

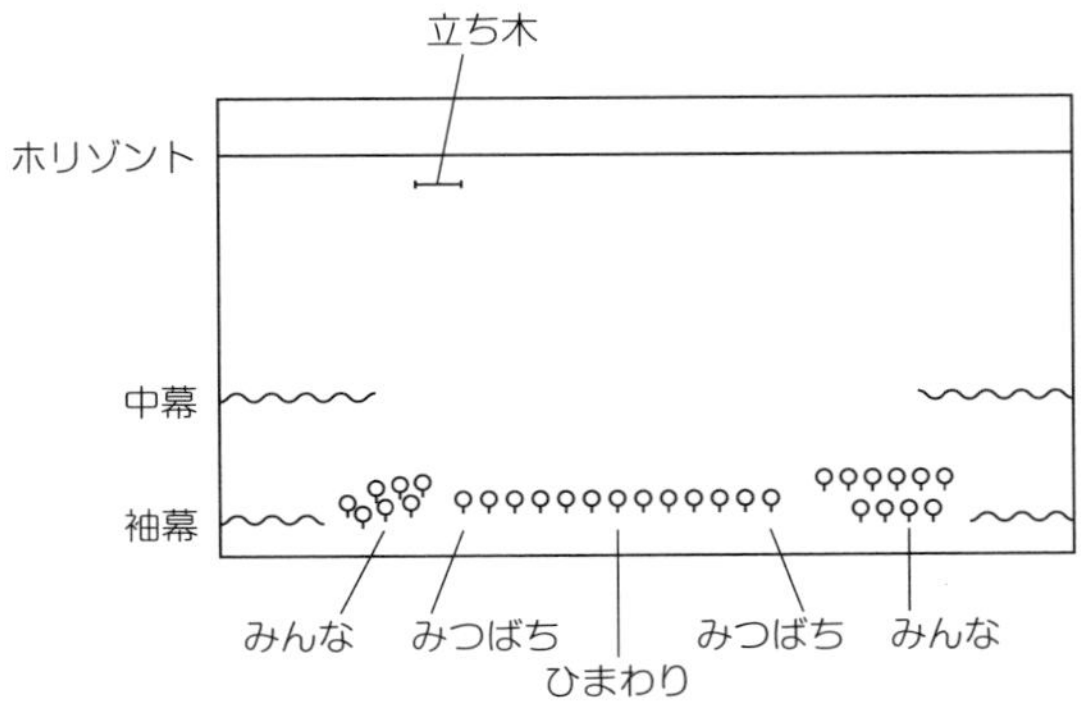
立ち木
ホリゾント
中幕
袖幕
みんな
みつばち
ひまわり
みつばち
みんな

低学年向け

うぐいすのおやど
むかし話《ばなし》「見るなのざしき」より

脚色　二見　恵理子

時　むかしむかし　春《はる》のある日《ひ》

ところ　山《やま》の中《なか》

とう場人ぶつ

たろう ❶		
じろう ❶		
うめ ❶		
きく ❶		
うぐいす	1〜3	❷
うぐいす（人間《にんげん》のすがた）	4〜6	❶
春のせい（コロスを兼《か》ねる）	1〜10	❸
夏《なつ》のせい	1〜10	❸
秋《あき》のせい	1〜10	❸
冬《ふゆ》のせい	1〜10	❸
かたりべ	1〜4と5〜8	❹

❶丈が短めの浴衣など、できれば地味な色柄がよい。
❷翠色の色調の上下。

うぐいすの被り物

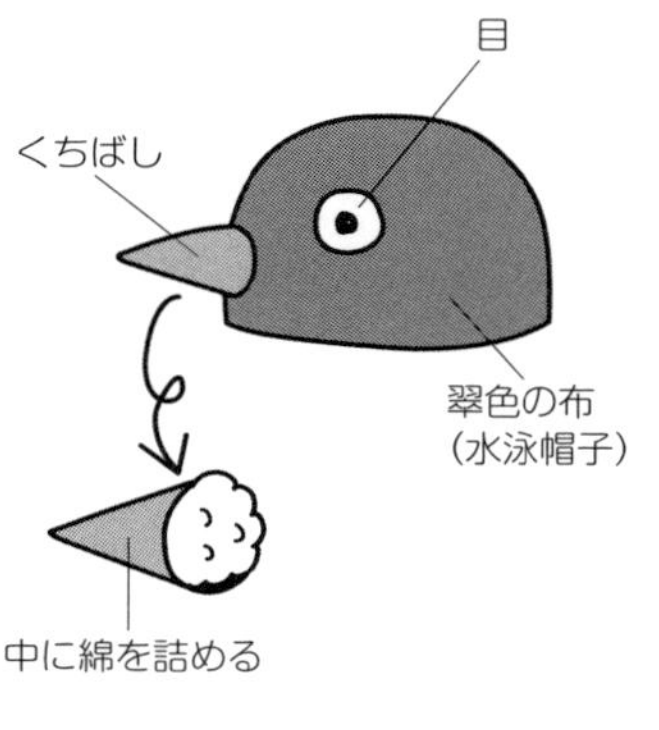

❸体操着にそれぞれの季節のイメージの薄布をケープにする。
❹黒の上下。

立面図

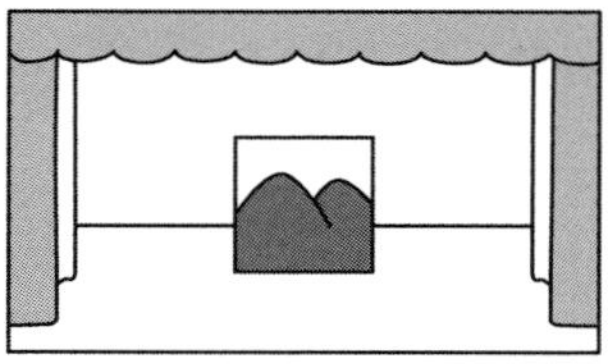

平面図

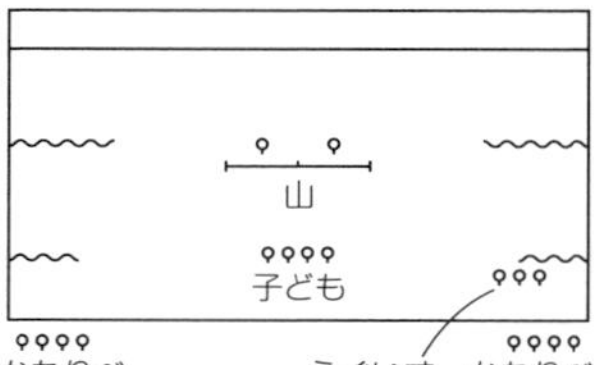

ぶたいは山《やま》の絵《え》。❺
ぶたい下《した》のりょうわき、上手《かみて》がわにかたりべ1〜4、下手《しも》がわにかたりべ5〜8がいる。

かたりべ1〜8
♪テーマきょく一番《いちばん》
むかしむかし　そのまたむかし
四人《よにん》の子《こ》どもが　おったとさ
春《はる》のごちそう　ワラビをとりに
山へのぼりに　行《い》ったとさ

かたりべ5〜8はすわる。
拍子木《ひょうしぎ》。❻
かたりべ1〜4にスポットが当《あ》たる。

かたりべ1　むかーし　むかし
かたりべ2　四人の子どもが
かたりべ3　山の中《なか》で
かたりべ4　ワラビをとっておった。

セリフの間《あいだ》に子どもたちが出《で》てきてワラビをつみはじめる。❼ ❽

きく　ここはずいぶんワラビが生《は》えてるね。
じろう　おーい、たろう。おれはもうこんなにとったぞー。
（ワラビを見《み》せる）❾

---

❺山、やしき、ふすまの絵はダンボール2枚でつくる。

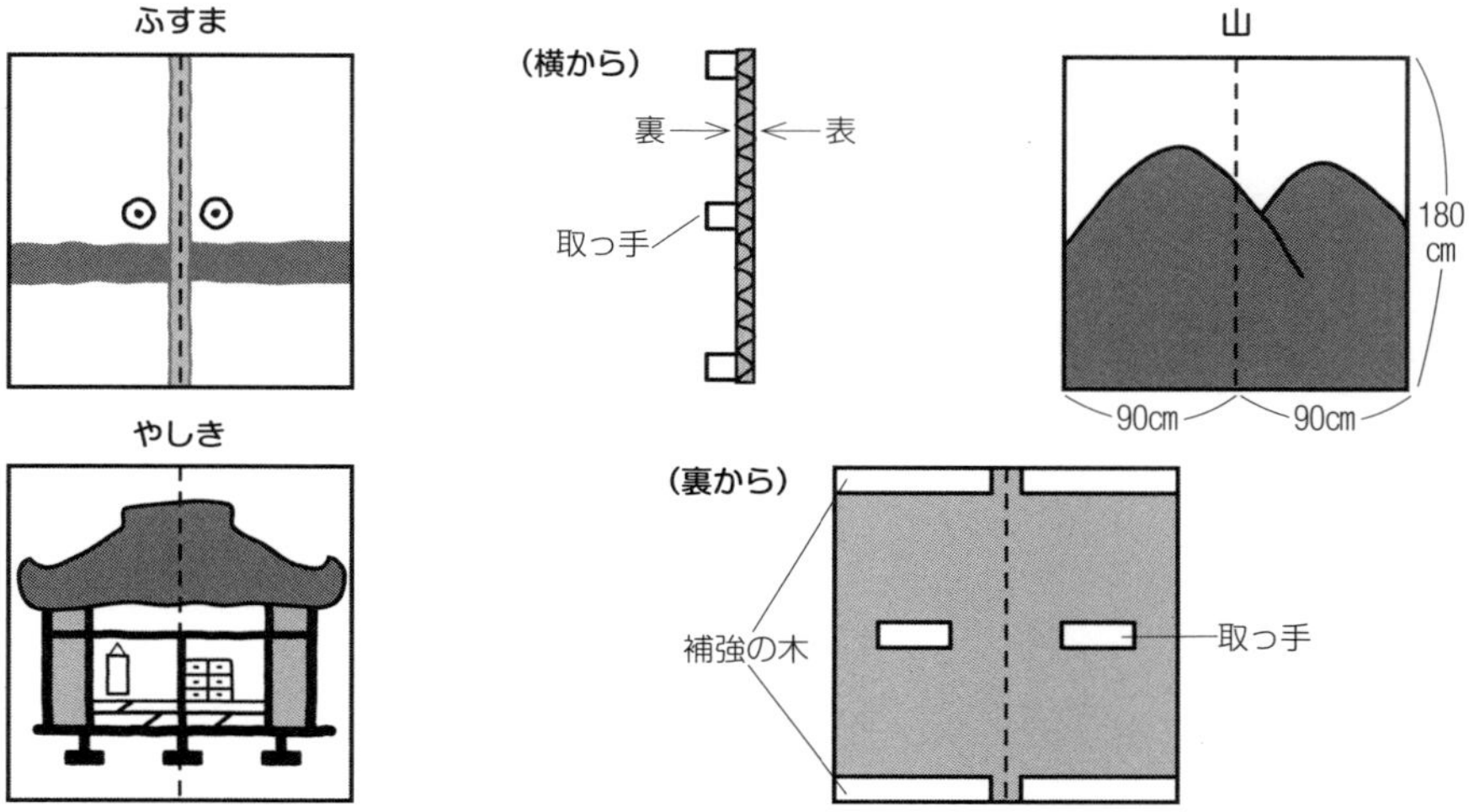

たろう　なんだ、それっぽっち。おれなんか、ほら。
（じぶんのを見《み》せる）❿
じろう　あ、まけた…。
うめ　ワラビは、にて食《た》べるとおいしいよ。
じろう　それなら、もっとたくさんつむぞ（と、つみはじめる）！

うぐいすたちが上手《かみて》から出《で》てきて、鳴《な》く。⓫

うぐいす1　ホー、ホケキョ。
うぐいす2　ホー、ホケキョ。
たろう　（手《て》をとめて見上《あ》げる）いい声《こえ》で鳴いているな〜。⓬
うめ　本当《ほんとう》にいい声だ。⓬

うぐいすたち、ぶたい中《ちゅう》おうまでとんできて、鳴く。⓫

うぐいす3　うれしいな　ホー、ホケキョ。
うぐいす1　ほめられた　ホー、ホケキョ。
うぐいす1〜3　ケキョ、ケキョ、ケキョ、ケキョ。
ホー、ホケキョッ。⓭

子《こ》どもたちは、ふたたびワラビをとりはじめる。
きくだけはうぐいすを見ている。
うぐいすたち、ぶたいを半《はん》しゅうして、上手おくでとまる。⓫

---

❻角材、または火の用心の拍子木でもよい。
❼下手から嬉しそうに話しながら出てくる。背負子やかごを持っているとよい。
❽摘んでいる真似でよい。
❾ワラビはモール、竹ひごに緑色の紙を巻いてつくる。
❿自分の背負子、またはかごから出す。
⓫小走りに両手を羽ばたかせて来て、木の枝にとまる感じでストップする。
⓬上手を見上げて。
⓭嬉しそうに飛び立つ。

うぐいす3　わたしの声《こえ》が、ほめられた。
うぐいす1　いいえ、わたしよ。
うぐいす2　いいえ、わたし。
うぐいす1〜3　ぜったい、わたし！　フンッ（そっぽをむく）！
きく　うぐいすはね、とんでいるときは、鳴《な》かないのよ。
うめ　へえ、きくはうぐいすのこと、よく知《し》っているね。
きく　うん、うぐいすの声が大《だい》すきなの。

かたりべ1〜4にスポット。

かたりべ1　子《こ》どもたちは、一生《いっしょう》けんめい ⓮
かたりべ2　ワラビをとっているうちに
かたりべ3　どんどん山《やま》のおくへ、入《はい》ってしまった。
かたりべ4　もう、日《ひ》はくれかけていた。
かたりべ1　カー、カー（カラスの鳴き声）。
じろう　ああ、はらがへったなあ。
きく　足《あし》がつかれた…。
うめ　ここはどこ？
たろう　どこだろう？
子ども全《ぜん》　もう、歩《ある》けない…。

子どもたちはすわりこむ。

うぐいす3　あの子たち、道《みち》にまよったのかしら？ ⓯

⓮かたりべが話している間、摘む真似をする。
⓯子ども達を見る。

うぐいす1　おなかがすいてるみたい。

うぐいす2　ねえ、たすけてあげましょうよ。

うぐいす3　さんせい！　わたしたちの声《こえ》をほめてくれたものね。

うぐいす1　それじゃあ、人間《にんげん》に、ばけましょう。

うぐいす2・3　そうしましょう。

青《あお》いしょう明《めい》。ウィンドチャイムの音《おと》。山《やま》の絵《え》から、やしきの絵にかわる。同時《どうじ》に、うぐいす1～3は、人間のすがたのうぐいす4～6と入《い》れかわる。

うぐいす4～6は子《こ》どもたちの方《ほう》へ行《い》き、⑯

うぐいす4　こんばんは。こんなおそくに、どうなさいました？

たろう　それが、道《みち》にまよってしまいました。

うぐいす5　それなら、わたしたちの家《うち》へいらっしゃい。

たろう　えっ、いいんですか？

うぐいす6　ええ、もちろん。

きく　ありがとうございます。

たろう・じろう・うめ　ありがとうございます。

うぐいす6　おいしいごちそうもありますよ。

じろう　えっ、ごちそう？　じつはもう、おなかがぺこぺこで…。

うめ　こら、じろう。おぎょうぎわるいよ。

うぐいす4　いいんですよ。さあ、どうぞ、こちらへ。

うぐいすたちのあんないで、ぶたい中《ちゅう》おうへ。ウィンドチャイムの音。やしきの絵はさり、ふすまの絵が出《で》てくる。後《うし》ろに夏《なつ》のせいがかくれる。

かたりべ1～4はすわり、5～8が立《た》つ。⑰①

---

⑯次の平面図を参照。絵を後ろで支える子は順番にする。

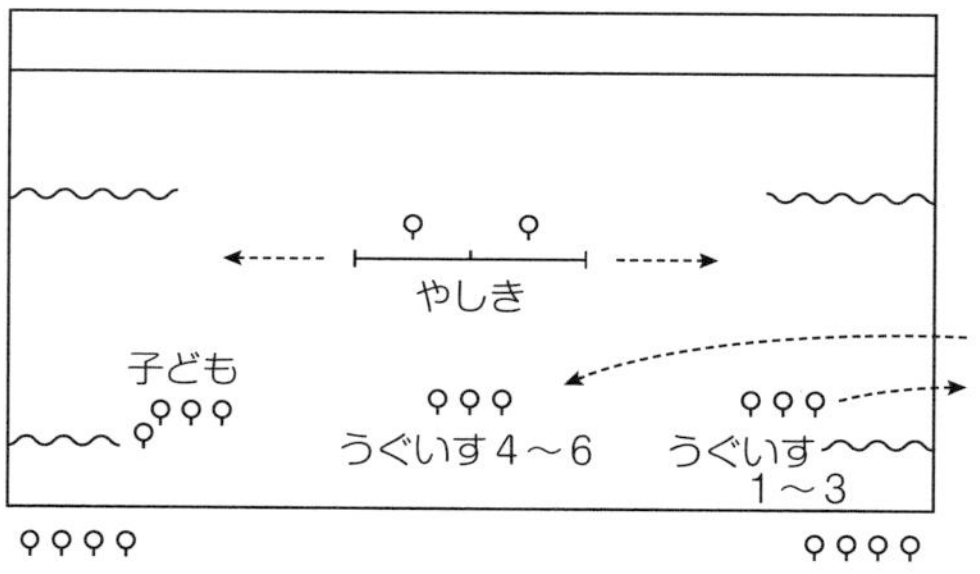

⑰次の平面図を参照。

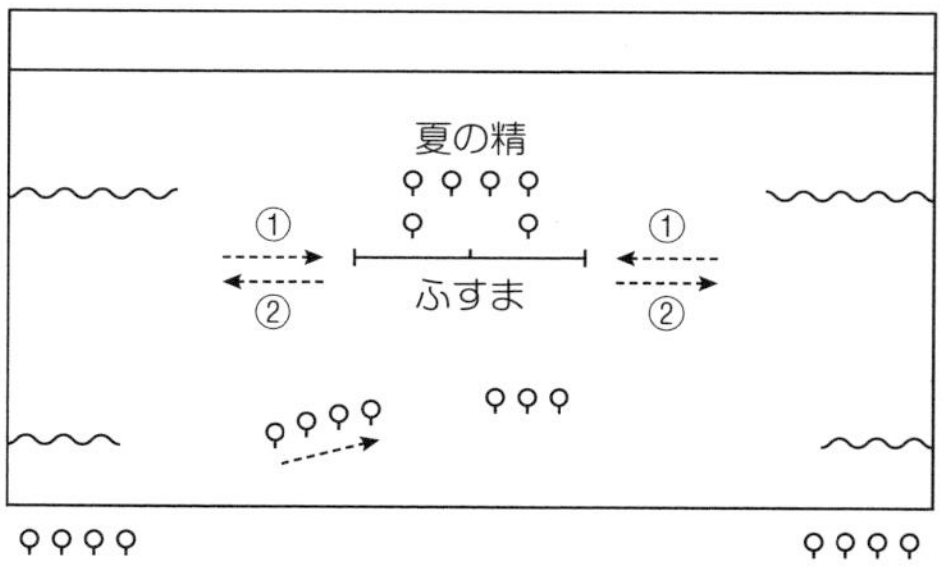

たろう　（まわりを見回《みまわ》して）りっぱなおやしきだなあ。
きく　おしろみたいだねえ。
うぐいす6　すぐにごちそうをつくってきますね。
うぐいす5　その間《あいだ》、ざしきでも見《けん》ぶつしていて下《くだ》さい。
うめ　見てもいいんですか？
うぐいす5　ええ、どうぞ。この家《うち》のどこを見てもかまいません。ただし…
たろう　ただし？
うぐいす4　一番《いちばん》おくの、四《よ》つ目《め》のざしきだけは見ないで下さい。
たろう　一番おくの
うめ　（大《おお》きく）四つ目のざしき？　⓲
うぐいす4　そうです。
きく　わかりました。
うぐいす5　きっとですよ。
うめ　はい、やくそくはまもります。
うぐいす6　では、ごちそうをつくりましょう。
うぐいす5　楽《たの》しみにしていて下さいね。
子《こ》ども全《ぜん》　はい！　⓳

かたりべ5～8にスポット。

かたりべ5　子どもたちは、大きなおやしきを
かたりべ6　見ぶつすることにした。
かたりべ7　見るなと言《い》われたのは
かたりべ8　一番おくの、四つ目のざしき。

⓲後の伏線なので、大きくはっきりと言う。
⓳嬉しそうに大きく動いてよい。

かたりべのセリフの間《あいだ》に、うぐいすたち、上手《かみて》へさる。

たろう　せっかくだから、見《けん》ぶつさせてもらおう。
うめ　こんなりっぱなおやしき、めったに見《み》れないものね。
じろう　おれはそれより、はらがへった。⑳
きく　そんなこと言《い》わないで、見ようよ。
たろう　あけるぞ。

たろうとうめが、ふすまをあける。ウィンドチャイムの音《おと》。夏《なつ》のせいたちが、一《いち》まいの絵《え》のように、ポーズをきめ、夏のようすをひょうげんしている。㉑②

子《こ》ども全《ぜん》　（口々《くちぐち》に）「わあ、すごい！」「きれーい！」など　㉒
夏のせい全　ここは、夏の間《ま》。

音楽《おんがく》がはじまり、夏のせいたちは前《まえ》へ出《で》てきておどりながら歌《うた》う。

♪きせつのきょく一番《ばん》
夏のせい全　夏の夜空《よぞら》に　光《ひか》るもの
ふわふわとんでる　ホタルたち
花火《はなび》がどーんと　広《ひろ》がって
天《あま》の川《がわ》には　ながれ星《ぼし》

歌がおわると、ウィンドチャイムの音がして、夏のせいたちは下手《しも》へさる。

---

⑳一人みんなと違う動きをすることで印象付く。

㉑次の平面図を参照。

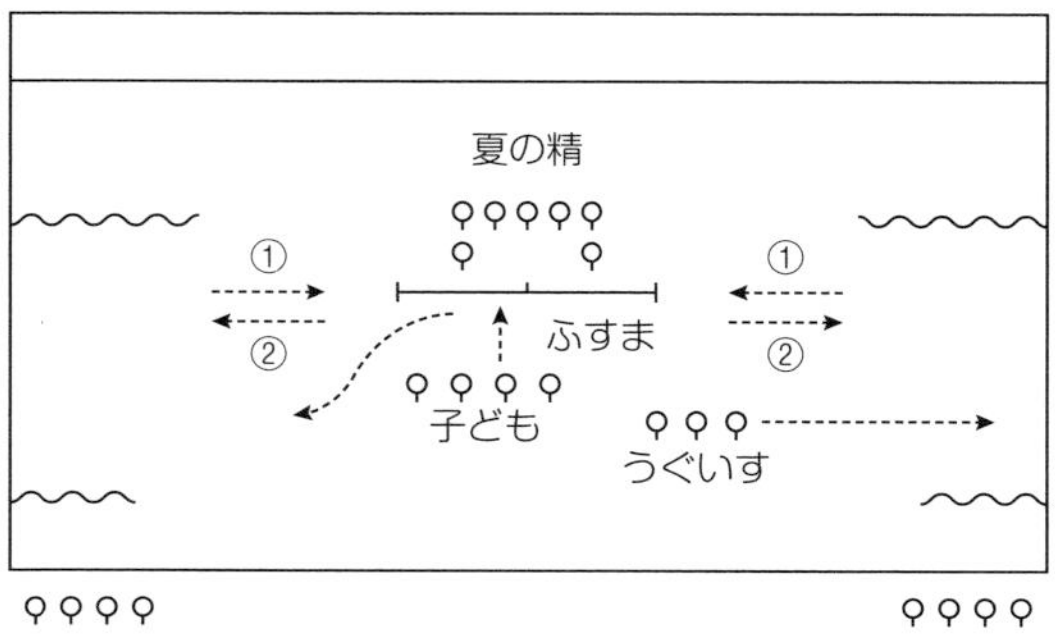

㉒子ども達は下手側に行って、夏の精達にスペースをつくる。

ふすまは、歌《うた》の間《あいだ》にしまっている。
後《うし》ろに秋《あき》のせいたちがかくれる。　㉓①

たろう　びっくりしたなあ。
きく　きれいだったねえ。
じろう　ああ、はらへったなあ。
うめ　もう、じろうったら。
じろう　だって、へるもんは、へるよ。
きく　ねえ、つぎのざしきも見《み》てみようよ。

たろうときくが、ふすまをあける。ウィンドチャイムの音《おと》。
秋のせいたちがポーズをとっている。　㉓②

秋のせい全《ぜん》・　ここは、秋の間《ま》。
音楽《おんがく》がはじまり、秋のせいたちは前《まえ》へ出《で》てきておどりながら歌う。

秋のせい全
♪きせつのきょく二番《にばん》　秋のお山《やま》の　にぎわいは
モミジにイチョウ　ナナカマド
キノコや木《き》のみは　ごちそうよ
すすきの野原《のはら》に　赤《あか》とんぼ

歌がおわると、ウィンドチャイムの音がして、秋のせいたちはさる。

㉓次の平面図を参照。秋・冬・春と繰り返す。

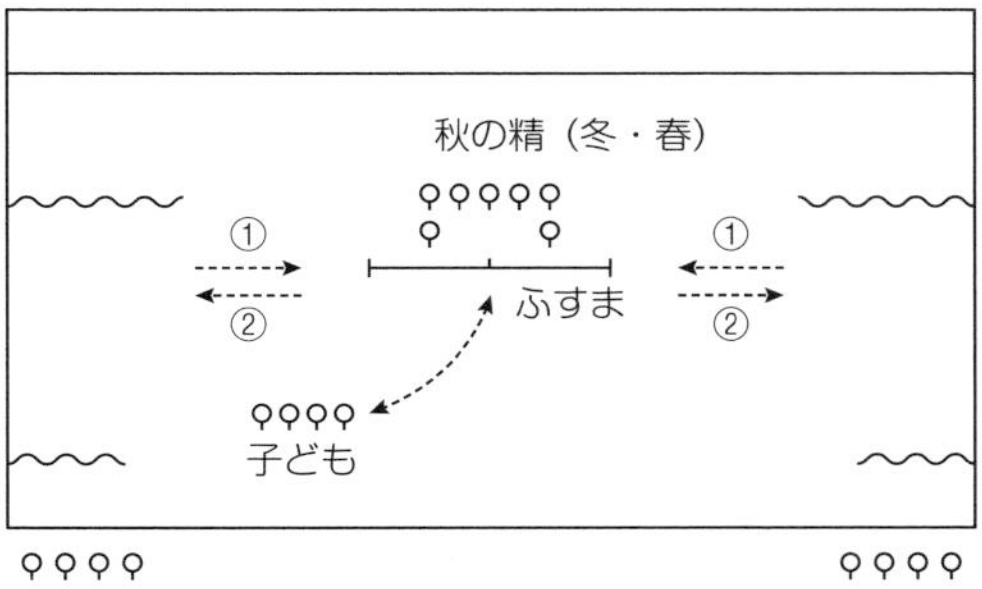

ふすまは、歌《うた》の間《あいだ》にしまっている。
後《うし》ろに冬《ふゆ》のせいたちがかくれる。　㉓①

きく　秋《あき》も、色《いろ》とりどりできれいだねえ。　㉔

たろう　秋ってきれいだったんだな。はじめて知《し》ったよ。　㉔

じろう　それに、おいしいたべものもあるしね。

うめ　じろうは、本当《ほんとう》に食《く》いしんぼうね。

じろう　わるいか？

うめ　わるいなんて言《い》ってない。

たろう　まあまあ。つぎのざしきも、見《み》てみようよ。　㉕

きく　見たい、見たい！　㉖

うめ　こんどはいくつ目《め》？

たろう　まだ三《みっ》つ目だよ。　㉗

うめ　じゃあ大《だい》じょうぶね。

たろう　うん、見てはいけないのは四《よっ》つ目だからね。　㉗

きく　つぎは、冬じゃないかしら？

じろう　おれもそう思《おも》う。

うめときくが、ふすまをあける。ウィンドチャイムの音《おと》。
冬のせいたちがポーズをとっている。　㉓②

じろう　やっぱりそうだ！

たろう　まっ白《しろ》だ！

冬のせい全《ぜん》　ここは、冬の間《ま》。

㉔自分達で考えた感想を言ってもよい。

㉕うめ、じろうの間に入って言う。

㉖飛び跳ねて言うと効果的。

㉗はっきりと大きく言う。

音楽《おんがく》がはじまり、冬《ふゆ》のせいたちは前《まえ》へ出《で》てきておどりながら歌《うた》う。

冬のせい全《ぜん》

♪きせつのきょく三番《さんばん》

つめたい北風《きたかぜ》　ふいてきて
冬しょうぐんの　お出ましだ
まっ白《しろ》お山《やま》に　白うさぎ
くまの子春《こはる》まで　ゆめの中《なか》

歌がおわると、ウィンドチャイムの音《おと》がして、冬のせいたちはさる。
ふすまは、歌の間《あいだ》にしまっている。
後《うし》ろに春のせいたちがかくれる。㉓①

うめ　本当《ほんとう》にさむいような気《き》がしたね。㉘

きく　本当の雪《ゆき》のようだったね。㉘

じろう　つぎのざしきはどんなだろう？

きく　きっと春の間《ま》よ。㉙

たろう　うん、きっとそうだ。㉙

うめ　でも、見《み》ちゃいけないのよ。㉙

じろう　なぜ、見ちゃいけないの？㉚

うめ　知《し》らない。㉛

かたりべ5〜6にスポット。

かたりべ5　つぎのふすまをあけたなら

㉘自分達の感想を入れて言ってもよい。

㉙大きくはっきりと言うことが大切。

㉚問い詰めるように言う。

㉛自信なさげに言う。

かたりべ6　どんなことがおこるやら。
かたりべ7　見《み》るなと言《い》われた
かたりべ8　四《よっ》つ目《め》のざしき。
かたりべ5〜8　見てはならない、見るなのざしき。

かたりべのセリフの間《あいだ》、子《こ》どもたちはそうだんしているしぐさ。

じろう　でも、見たいなあ。
うめ　だめよ。やくそくでしょ？
じろう　うめは、見たくないの？
うめ　それは…見たいけど…。㉛
たろう　それなら、すこーしだけ、のぞいてみようよ、ね？㉜
きく　そうね、すぐにしめれば…。
じろう　そうだよ、すぐにしめれば、きっと大《だい》じょうぶだよ。
うめ　本当《ほんとう》に、大じょうぶかしら？㉝
きく　すきまからのぞくだけ、ね？㉞
うめ　…わかった。㉟
じろう　よし、見よう！㉟
たろう　そうっとだよ。㉟
うめ　少《すこ》しだけね。㉟

じろうときくが用心《ようじん》ぶかく、ふすまを少しだけあけようとするが、ふすまはするすると、ぜんぶあいてしまう。㉓②

㉜誘うように言う。
㉝心配そうに言う。
㉞うめを説得するように言う。
㉟明るく大きく言う。

きく　ああッ！　ふすまが…！

じろう　ふすまが、かってに…！

　ふすまがあくと、うぐいす1～3と春《はる》のせいたちがポーズをとっている。

うぐいす1～3・春のせい全《ぜん》　ホー、ホケキョッ！

　鳴《な》き声《ごえ》とともに、うぐいす1～3と春のせいたちがとび出《だ》してくる。
風《かぜ》の音《おと》が大《おお》きくひびき、しょう明《めい》が明めつする。
ウィンドチャイムが鳴りひびく。
ふすまやうぐいすたちが風にふかれてぶたいをくるくる回《まわ》り、子《こ》どもたちもそれにまきこまれて回る。
春のせいはちりぢりにさり、子どもたちはたおれる。
うぐいすたちは上手前《かみてまえ》でとまり、

うぐいす1　おもてなしを

うぐいす2　したかったのに

うぐいす3　ゆめがさめてしまった。ケキョ、ケキョ、ケキョ、ケキョ、

うぐいす1～3　ホーホケキョッ！

　と言《い》ってから、上手へとびさる。
しんとしずまって、ぶたいは明《あか》るくなり、山《やま》の絵《え》。㊱
もとの場《ば》しょにもどり、朝《あさ》になっている。
子どもたちは、ゆっくりおき上《あ》がって、

たろう　あれ？　ここは…。㊲

うめ　おやしきがないわ…。

㊱次の平面図を参照。

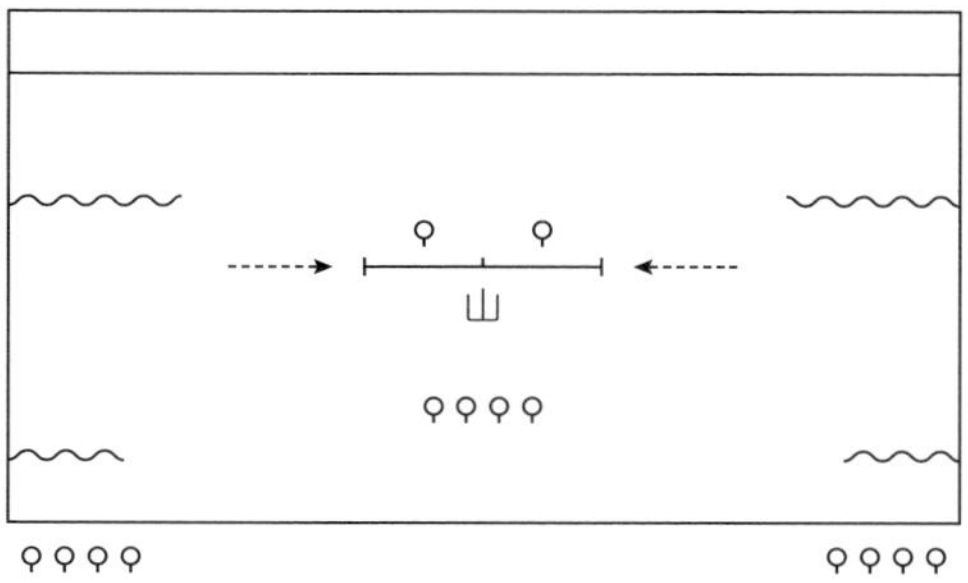

㊲歩き回って言う。

たろう　はじめにワラビをとっていた場《ば》しょだ。

うめ　あれは、ゆめだったのかなあ。

きく　そうだ、うぐいすがいた。

たろう　うぐいすの声《こえ》がしたね。

きく　夜《よる》なのに、鳴《な》いていた。ふしぎね。

じろう　あーっ！　㊳

たろう・うめ・きく　どうしたの？

じろう　ごちそう、食《た》べられなかったあ！

うめ　じろうったら…。㊴

きく　でも、すてきなおざしきが見《み》られたから、いいじゃない。

じろう　そうだけど…はらへったあ。

たろう　じつは、おれも。㊳

きく　わたしも。㊳

うめ　わたしだって…。㊳

じろう　なんだ、みんなへってるんじゃないか。㊵

たろう　よし、道《みち》もわかったから、家《うち》に帰《かえ》るか。

じろう　うん、家でこのワラビをにて食べよう。

きく　きっと、おっかさんたち、心《しん》ぱいしてるね。

うめ　うん、帰ろう、帰ろう。

かたりべ５～８にスポット。

かたりべ５　子《こ》どもたちは大人《おとな》になって

かたりべ６　自分《じぶん》の子どもやまごたちに

㊳大きくはっきりと言う。

㊴がっかりしたように言う。

㊵楽しそうに笑いながら言う。

かたりべ7　ゆめのようにうつくしかった

かたりべ8　ふしぎなやしきの話《はなし》をしたそうな。

拍子木《ひょうしぎ》。

音楽《おんがく》がはじまると、全《ぜん》いん出《で》てくる。[41]

春《はる》のせい全

♪テーマきょく二《に》～四番《よんばん》

みんな

むかしむかし　そのまたむかし
四人《よにん》の子《こ》どもが　おったとさ
山《やま》のおくの　おやしきに
一《ひと》ばんとめて　もらったとさ

うぐいすの鳴《な》く　山のやしき
あけてはならない　見《み》るなのざしき
こらえきれずに　少《すこ》しだけ
ふすまをあけて　しまったとさ

むかしむかし　そのまたむかし
山で出あった　ふしぎな話
春《はる》の一夜《よ》の　うぐいすのやど
風《かぜ》にさらわれ　きえたとさ

---

[41]次の平面図を参照。

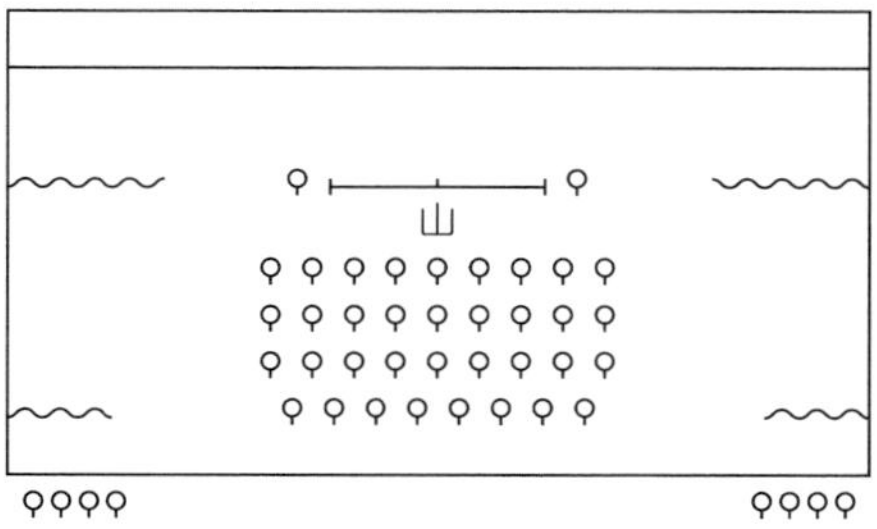

低学年向け

はたらく自《じ》どう車《しゃ》コンクール

作　中村　照子

時
春《はる》のある日《ひ》

ところ
町《まち》の広場《ひろば》

とう場人ぶつ
男《おとこ》の子《こ》　2・4 ❶
女《おんな》の子　1・3 ❶
一年生《いちねんせい》　たすう ❶
しょうぼう車 ❶
きゅうきゅう車 ❶
ろせんバス ❶
ショベルカー ❶
クレーン車 ❶
市長《しちょう》 ❶
やく人《にん》 ❶　1・2
おうだんまくをもつ人《ひと》　二人《ふたり》 ❶

立面図

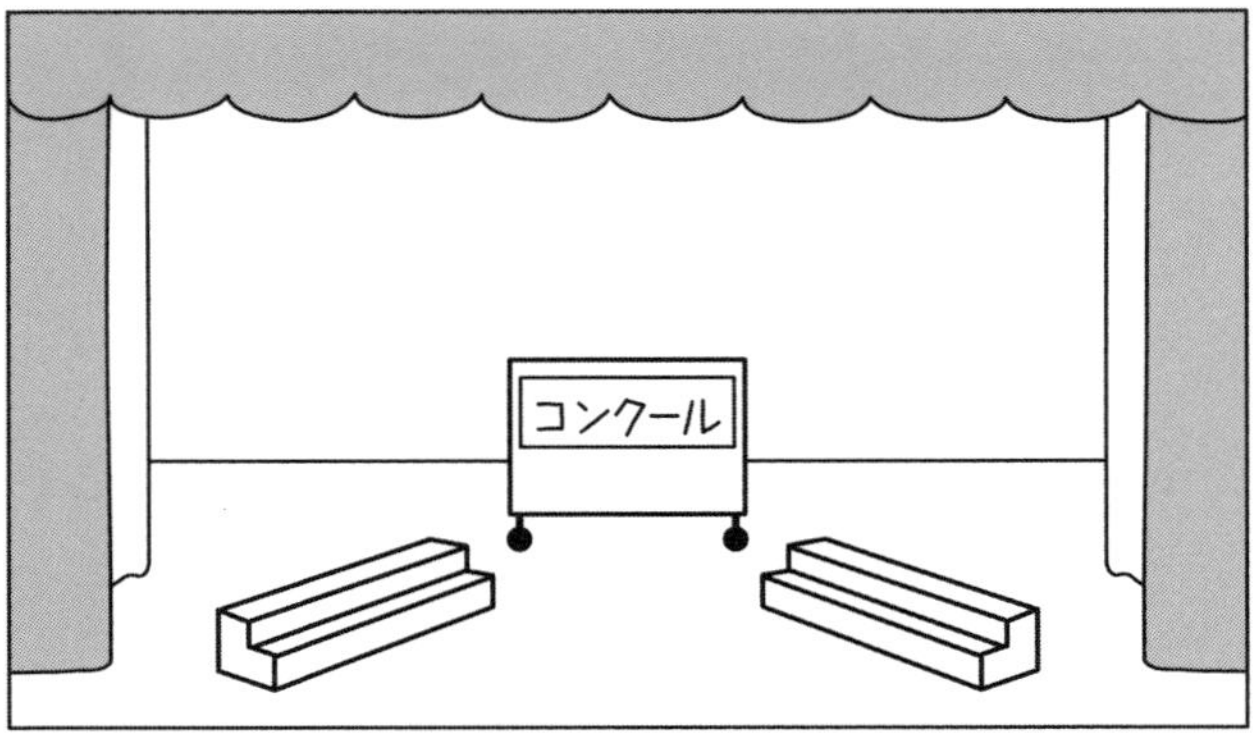

❶基本的には日常の服装でよい。
・消防車、できれば赤のTシャツ。
・救急車、白のTシャツ。
・バスの運転手、青のTシャツ。
・ショベルカー、黒のTシャツ。
・クレーン車、黄色のTシャツ。
・市長、髭にスーツ、蝶ネクタイ。
・役人、シャツにネクタイ。
・横断幕を持つ人、黒の上下。

まくの前《まえ》で、ミニカーであそんでいる二人《ふたり》の男《おとこ》の子《こ》ども。❷
「ブーン」、「ピーポーピーポー」などとつぶやいている。
女《おんな》の子が上手《かみて》から走《はし》ってくる。

女の子1　あれ。まだいたの？　早《はや》く行《い》かないとおくれちゃうよ。
男の子2　うーん、わかってるよ。
女の子3　行きたくないの？
男の子4　だって、一台《いちだい》なんてえらべないよ。
女の子3　しょうがないよ。かざる場《ば》しょせまいんだから。

男の子の手を女の子が引《ひ》っぱる。❸

男の子2・4　あ、まって（ミニカーをポケットにつっこむ）。❹

四人《よにん》、ぶたい下《しも》手へ入《はい》る。

まくがひらく。

そこは、町《まち》の広《ひろ》場。

ぶたいには上手と下手にひなだんがある。上手、下手から、それぞれ一年《ねん》生《せい》と車《くるま》たちが、大《おお》きな声《こえ》で歌《うた》を歌いながら入ってくる。

車は頭《あたま》にそれぞれの車のおめんをかぶっている。❺
手にはその車の絵《え》がかかれたフリップをもっている。❻
車たちは上手ひなだんに立《た》つ。

子どもたちは下手ひなだんに立つ。

みんな、歌い出《だ》す。

---

❷場内が暗くなったら幕の前の位置につく。開幕の合図でスポットを当てる。ミニカーを動かして遊んでいる。
❸腕を取って立たせる。
❹腕を引っ張られながら、ミニカーを拾ってズボンのポケットに押し込む。

平面図（入場の動き矢印で）

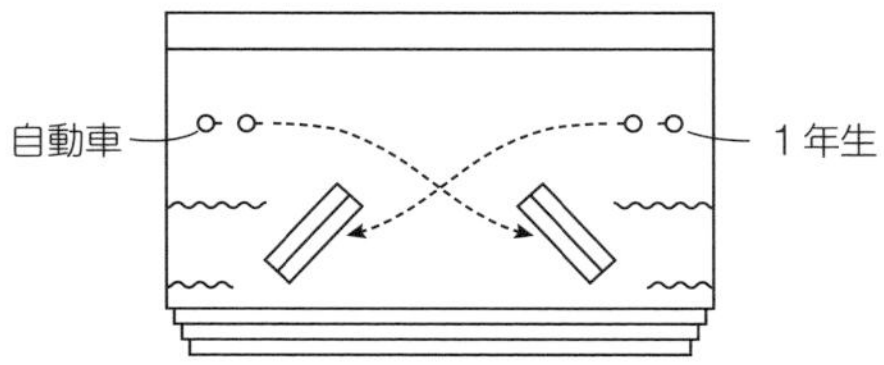

❺お面の図

みんな
♪自《じ》どう車《しゃ》コンクール
きょうは自どう車　コンクール
いよいよはじまる　コンクール
自どう車コーナー　つくられる
ぼくらの町《まち》の　ミュージアム

自どう車コーナー　できたなら
はたらく車《くるま》　あこがれる
みんな見《み》に来《く》る　わたしたち
やく立《だ》つ車は　どれだろう
はたらく車は　どれだろう

どの車を　かざろうか
どの車を　えらぼうか
一番《いちばん》いいのは　どの車
町のヒーロー　どの車
みんなで　えらぼう
みんなで　きめよう　ベスト・カー！
自どう車コンクールの　はじまりだ

コンクールのおうだんまくが、やく人《にん》とともに下手《しもて》から出《で》てくる。❼
市長《しちょう》がぶたい上手《かみ》から中《ちゅう》おうに出てくる。

---

❻十五分割されたフリップを子ども十五人で合体させる。

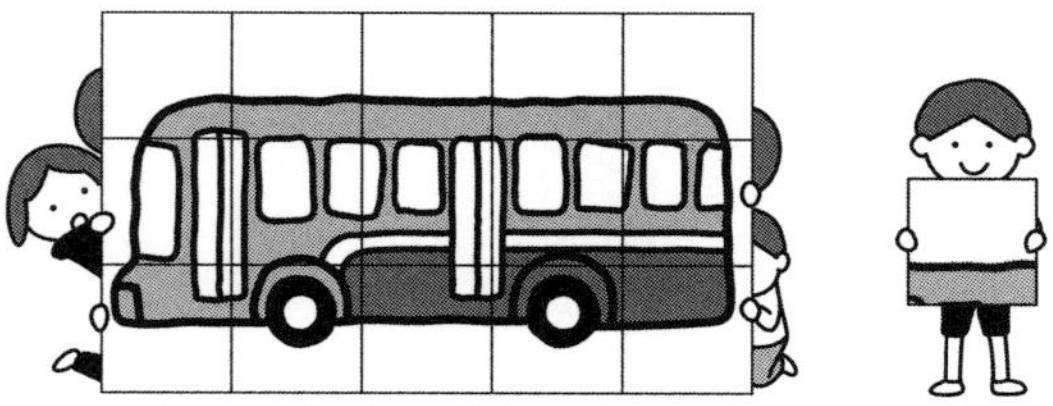

❼横断幕は可動式のパネルに貼ってつくる。

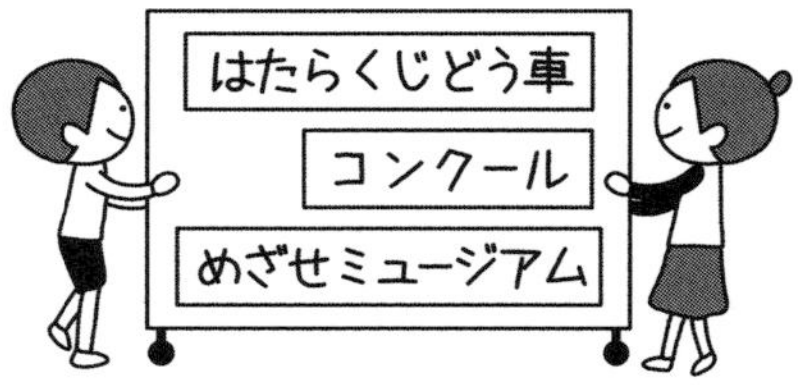

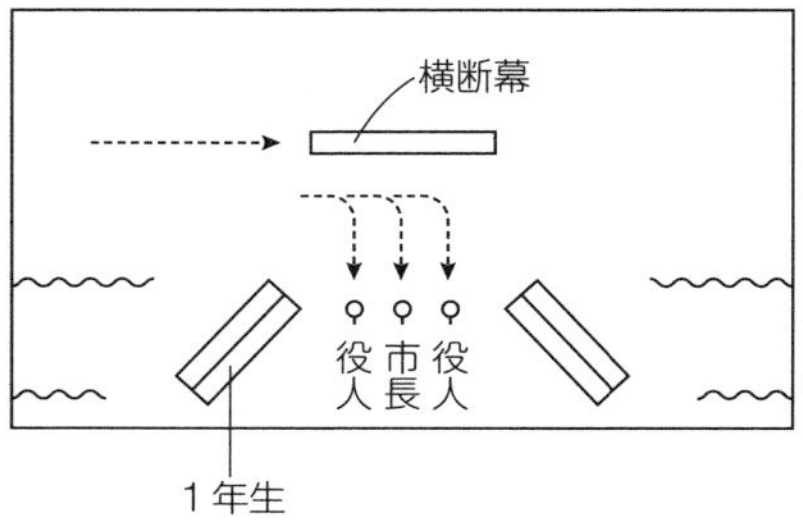

市長《しちょう》　いよいよ、コンクールのはじまりです。このコンクールでゆうしょうした車《くるま》だけが、このミュージアムにかざられます。

やく人《にん》1　町《まち》のミュージアムにふさわしい一台《いちだい》をえらんで下《くだ》さい。

やく人2　しんさいんは、〇〇小学校《しょうがっこう》（えんじる学校の名前《なまえ》）の一年生《ねんせい》のみなさんにおねがいしました。

一年生全《ぜん》　よろしくおねがいします。

車全　こちらこそ、どうぞよろしく。

やく人1　それでは、はじめましょう。

市長　一番《ばん》は、しょうぼう車《しゃ》です。

しょうぼう車の子《こ》どもたちが出《で》てきてフリップを合体《がったい》する。❽

（しょうぼう車の絵《え》になる）歌《うた》い出《だ》す。

（うごきやはたらきをしめすときは、大《おお》きなどうさをくふうする）

しょうぼう車全

♪しょうぼう車の歌

おれたち　しょうぼう車
火《か》じを見《み》つけて　かけつける
まっ赤《か》なボディーが　かっこいい
いさましいサイレン　たよれるぜ
げん場《ば》へきゅう行《こう》　水《みず》を出せ
ホースをつないで　水を出せ
あっという間《ま》に　火じをけす
おれたちやっぱり　ヒーローだ

❽消防車

しょうぼう車《しゃ》1　ぼくたちはしょうぼう車です。
しょうぼう車2　まっ赤《か》なボディはゆう気《き》のしるし。
しょうぼう車3　長《なが》いホースで水《みず》をまきます。
しょうぼう車4　とじこめられている人《ひと》をたすけるどうぐもついてます。
しょうぼう車5　サイレンを鳴《な》らして、すぐにかけつけます。
しょうぼう車6　ぼくたちはしょうぼう車。どうぞよろしく。
一年生《いちねんせい》1　しょうぼう車、やっぱさいこう！
一年生2　人をたすけるどうぐもつんでるのね。
一年生3　たよれるね。
しょうぼう車全《ぜん》　おねがいします。

しょうぼう車の子《こ》どもたち、はく手《しゅ》におくられて、せきへもどる。

やく人《にん》2　それでは、二番目《にばんめ》、きゅうきゅう車さんのとう場《じょう》です。

きゅうきゅう車の子どもたちが出《で》てきてフリップを合体《がったい》する。❾
（きゅうきゅう車の絵《え》になる）歌《うた》い出《だ》す。

きゅうきゅう車全
♪きゅうきゅう車の歌
けが人《にん》びょう人　どこですか
すぐに行《い》くから　がんばって
あなたのけんこう　とりもどそう
だれより早《はや》く　かけつけて

❾救急車

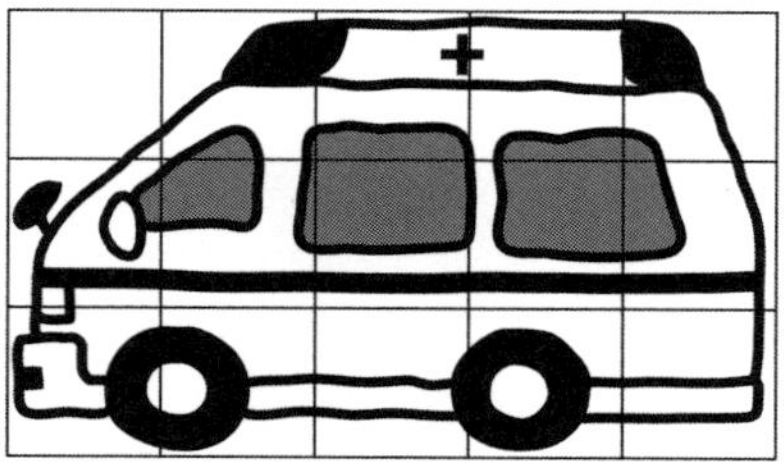

町《まち》のみんなを　たすけます
やさしいヒーロー　きゅうきゅう車《しゃ》
みんなをたすける　きゅうきゅう車

きゅうきゅう車1　わたしたち、119番《ばん》でかけつけます。
きゅうきゅう車2　けがですか？
きゅうきゅう車3　びょう気《き》ですか？
きゅうきゅう車4　ねたままではこべるように、ストレッチャーがついてます。
きゅうきゅう車5　さんそマスクもあります。
きゅうきゅう車6　すばやくびょういんにつくために、サイレンを鳴《な》らします。
きゅうきゅう車7　白《しろ》いボディーが目《め》じるしです。
きゅうきゅう車8　みんなのみかた　きゅうきゅう車！
一年生《いちねんせい》4　かっこいいなあ。
一年生5　ぼく、大人《おとな》になったら、きゅうきゅう車で人《ひと》だすけがしたいなあ。
一年生6　いのちをまもっているってすごいね。
きゅうきゅう車全《ぜん》　おねがいします。

きゅうきゅう車の子《こ》どもたち、はく手《しゅ》におくられて、せきへもどる。

やく人《にん》1　それでは、三番目《さんばんめ》の車《くるま》は、ろせんバスです。どうぞ。

ろせんバスの子どもたち、自分《じぶん》たちのせきから「わーい」と言《い》って、ぶたい中《ちゅう》おうへとび出《だ》す。
けいかいな音楽《おんがく》に合《あ》わせてダンスをする。❿

---

❿ＡＫＢ48『ヘビーローテーション』など明るく元気な曲で。フリップを持ちながら回ったり、簡単なステップを踏んだりする。セリフもくるりと回ってポーズをとりながら言う。セリフを言っている時も音楽は小さく流し続ける。

音楽《おんがく》がながれる中《なか》で一《いち》れつにならび、元気《げんき》よく、コマーシャルのかんじでせんでんをする。

ろせんバス1　みんなをのせて　どこまでも
ろせんバス2　楽《たの》しい思《おも》い出《で》　つくろうよ
ろせんバス3　ちょっとお出かけ　バスにのり
ろせんバス4　ブザーでお知《し》らせ　目《もく》てき地《ち》
ろせんバス5　みんななかよく　のり合《あ》って
ろせんバス6　バスだい、カードでおしはらい
ろせんバス全《ぜん》　「ピッ」「ピッ」「ピッ」
ろせんバス7　楽しいしかけがいっぱいで
ろせんバス8　みんな大《だい》すき　ろせんバス
ろせんバス9　ろせんバスは　みなさんの
ろせんバス全　おでかけの　パートナーです。

フリップを合体《がったい》させてポーズをとる。⓫
一年生《ねんせい》はかん声《せい》を上《あ》げ、みんなはく手《しゅ》して立《た》ち上がる。

一年生7　バスにのるの、ぼく大すき。
一年生8　「ピッ」てカードをつけるの、いつもやらせてもらうんだ。
一年生9　ぼく、ブザーをおすのすき。
一年生10　バスはいつものれるからいいよね。
ろせんバス全　よろしくおねがいします。

⓫路線バス

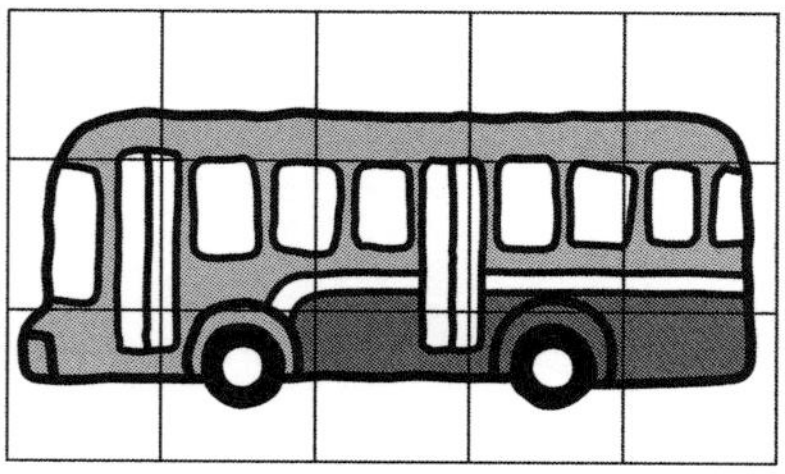

ろせんバスの子《こ》どもたち、はく手《しゅ》におくられて、せきへもどる。

やく人《にん》2　つぎは、ショベルカーです。

ショベルカーの子どもたち、フリップをもち、歌《うた》いながら、ぶたい中《ちゅう》おうへすすむ。

歌の間《あいだ》にフリップを合体《がったい》させる。 ⓬

ショベルカー全《ぜん》

♪ショベルカーの歌

あなをほるのが　大《だい》とくい
こうじげん場《ば》で　大活《かつ》やく
どろの地《じ》めんも　何《なん》のその
大《おお》きなバケット　力《ちから》もち
はたらきものの　おれたちさ
力しごとは　まかしとけ

ショベルカー1　おれら、キャタピラーをつかってすすむんだぜ。

ショベルカー2　太《ふと》いうでが自《じ》まんだぜ。

ショベルカー3　つめのついた大きなバケットで、大きな石《いし》も一《ひと》すくい。

ショベルカー4　うんてんせきがくるりと回《まわ》り、どっちむきでもはたらける。

ショベルカー5　町《まち》を大きくするのが、おれたちのしごとさ。

一年生《いちねんせい》11　なるほどねー。

一年生12　これからの町づくりになくてはならないね。

⓬ショベルカー

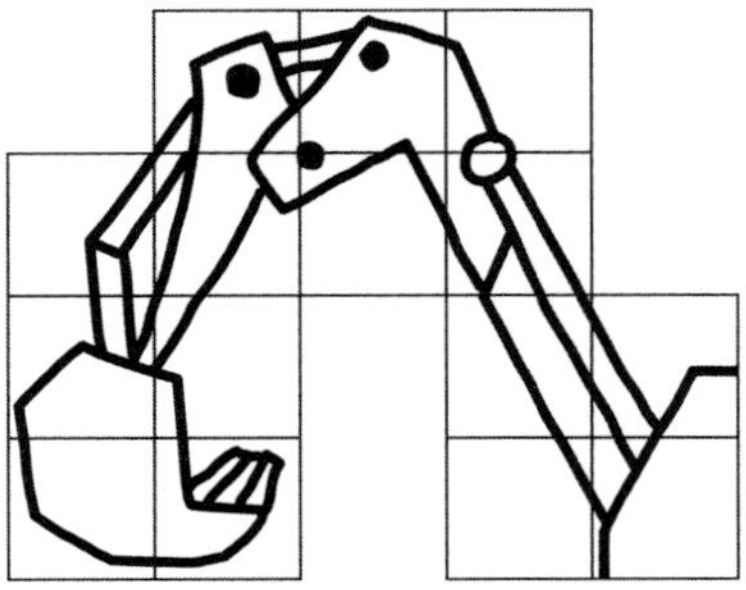

一年生《いちねんせい》13　ぼくも力《ちから》もちのとこ見《み》たことあるよ。

一年生14　キャタピラーで走《はし》るのって、何《なん》だかかっこいいよね。

ショベルカー6　だろう。かざるとしたら、おれたちしかないよな。

　ショベルカーの子《こ》どもたち、しんさいんせきの方《ほう》におしかけて「なっ、おれたちだよな」と口々《くちぐち》に言《い》いよる。

一年生15　（とまどいながら）うーん、そうだねえ。

ショベルカー全《ぜん》　じゃあ、きまりな。

　ショベルカーの子どもたち、せきへもどる。

　クレーン車《しゃ》の子どもたちが中《ちゅう》おうへとび出《だ》してくる。

クレーン車1　おいおい、何《なに》言ってんだよ。

クレーン車2　力もちって言ったら、おれらのこと、わすれちゃこまるよ。

クレーン車3　イヤー、むしろおれらの方が、すごいっていうか。

クレーン車4　これからは、地《じ》めんほるより、高《たか》さでしょう。

やく人《にん》2　えっと、きみたちは。

クレーン車5　クレーン車だよ。

　フリップを合体《がったい》させて大《おお》きなかぎづめを見せる。⑬

クレーン車6　わすれてもらっちゃこまるなあ。

⑬クレーン車

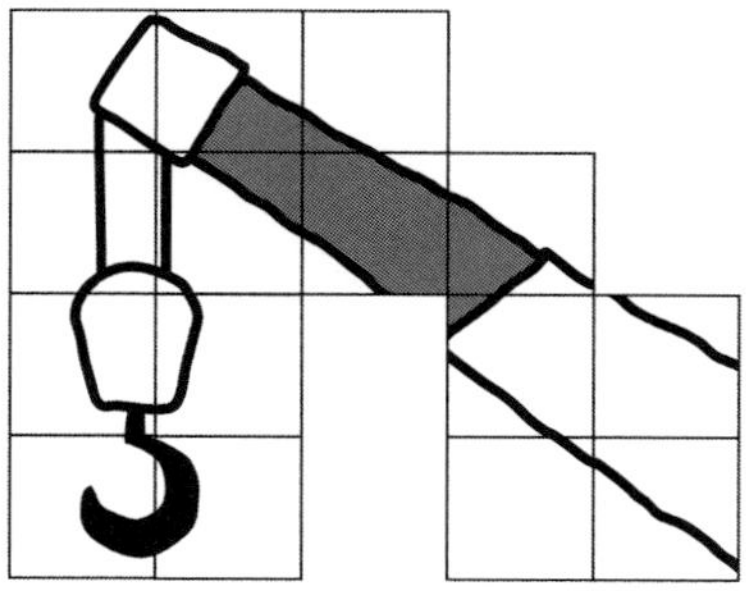

クレーン車全《しゃぜん》
♪クレーン車の歌《うた》
大《おお》きなかぎづめ　シンボルさ
長《なが》いアームは　スマートで
高《たか》くのびるよ　どこまでも
ビルもタワーも　おれたちが
空《そら》へ空へ　もち上《あ》げた
町《まち》のヒーロー　クレーン車

ショベルカー7　ふん、ヒーローだってえ。
ショベルカー8　ただせが高いだけじゃないか。
クレーン車7　なんだと!
しょうぼう車7　ヒーローっていうんなら、しょうぼう車をわすれてもらいたくないね。
きゅうきゅう車9　あら、わたしたちだって。
ろせんバス10　町にはヒーローより、友《とも》だちが大切《たいせつ》だ。

車《くるま》たちはみんな立《た》ち上がって、クレーン車とにらみ合《あ》う。

市長《しちょう》　ああー、どうしたらいいんだ。
やく人《にん》1　一年生《いちねんせい》のみなさん、何《なん》とかして下《くだ》さい。
ショベルカー9　そうだ、そうだ。
クレーン車8　しんさいんなんだから、きちっときめてくれ。
一年生16　それじゃあ、ぼくは、きゅうきゅう車。

一年生《いちねんせい》17　あたしは、しょうぼう車《しゃ》。

一年生18　えー、でもわたしは、スイミングに行《い》くのにいつもバスにのってるもん。

一年生19　ぼくは、ショベルカーにさんせい。

一年生20　クレーン車がいいにきまってるじゃん。

一年生も車《くるま》たちも、てんでにかってなことを言《い》い合《あ》う。
市長《しちょう》や、やく人《にん》もおろおろする。
男《おとこ》の子《こ》2と4がうなずきながら手《て》をうち、まわりの子《こ》に耳《みみ》うちする。
耳うちされた子がまた、ほかの子どもに耳うちして手をうってうなずく。⓮
つぎつぎとうなずきがつたわっていく。
男の子2の「せーの」の合図《あいず》で。

一年生全《ぜん》　じゅん番《ばん》！　じゅん番！　じゅん番！⓯

車全　えっ！

車たちがだまって一年生を見《み》つめる。

市長　えっ、みなさん、今《いま》、なんて言いましたか？

一年生21　じゅん番に、かざればいいんじゃない？

一年生22　そうだよ。じゅん番がいいよ。

一年生23　じゅん番にかざれば、みんな見てもらえるよ。

一年生24　そうそう、そうゆうこと。

しょうぼう車全　それいいね！

平面図

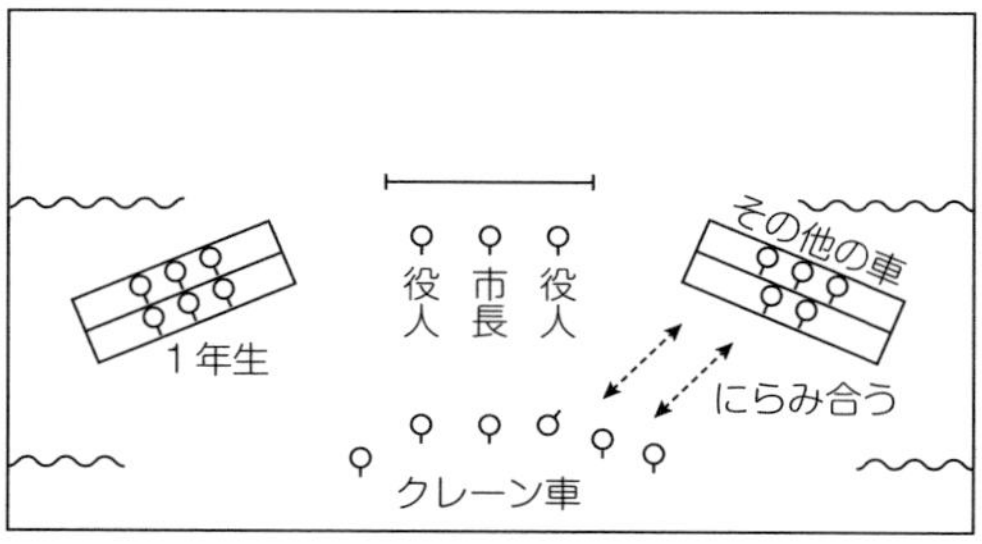

⓮一年生2と4は立ち上がる。話したい子の肩を叩いて立たせてから耳打ちする。次々に同じことをして広げる。次々に立ち上がっていくことで、話が広がる様子を表す。

⓯段々と声を大きくしたり、一言ずつ言う人数を増やしたりする。

きゅうきゅう車全《しゃぜん》　さんせい！
ろせんバス全　そうだよ、じゅん番《ばん》、じゅん番！
ショベルカー全　なるほどね。
クレーン車全　さすが一年生《いちねんせい》、やるなあ。
市長《しちょう》　みなさんありがとう。それでは、来週《らいしゅう》からさっそく、じゅん番にかざる
ようにしましょう。
車《くるま》全　やったあ、ばんざい。

みんな、ひなだんからおりて、ぶたい前《ぜん》めんにならぶ。

みんな
♪はたらく自《じ》どう車
ぼくたちはみんな　はたらく車
みんなのために　やく立《だ》つように
はれの日《ひ》　雨《あめ》の日　休《やす》まずに
自分《ぶん》のしごとを　しっかりと
やっています　元気《げんき》よく
ありがとうって　言《い》われると
しごとのつかれも　ふっとぶよ
これからも　ますます
元気にはたらくぞ　元気にはたらくぞー！

歌高《うたこう》ちょうのうちに、まく。

平面図

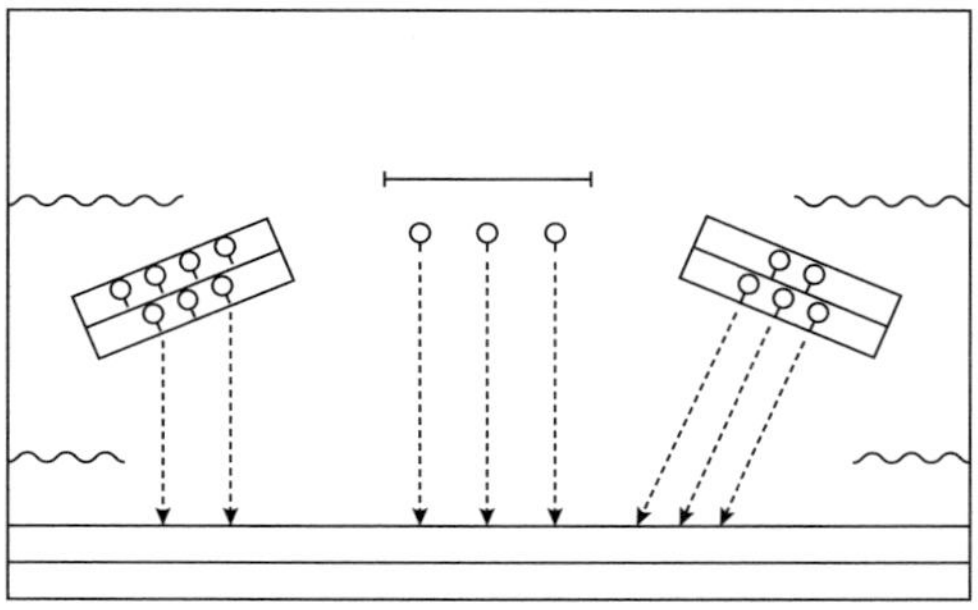

前面に出て並び
みんなで歌う

低学年
向け

おばけの遠足《えんそく》
おばけやしきへん

作 岡 信行

時
夏《なつ》の夜《よる》

ところ
ゆうえんち ❶

とう場人ぶつ
おばけの学校《がっこう》の先生《せんせい》
子《こ》どものおばけたち ❷
ジュースをのんで色《いろ》がついてしまうおばけ ❻
（むらさき・黄《き》・赤《あか》・みどり・青《あお》・黒《くろ》・オレンジ・ピンクなど）
おばけやしきのキャストとボス ⓫
人間《にんげん》の兄弟《きょうだい》
人間の子どもたち
ジュース売《う》り

立面図

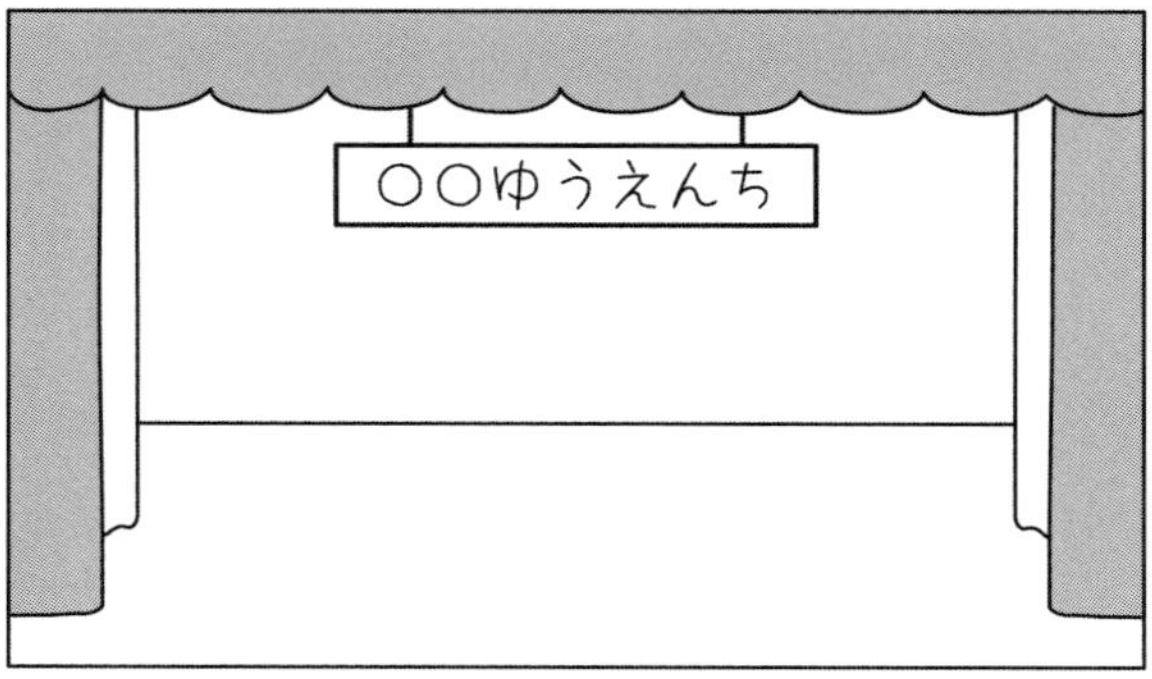

❶舞台の上の奥に、「〇〇ゆうえんち」と書かれた看板が下がっている。

第一場　ゆうえんち

まくがひらくと、楽《たの》しそうなきょくがながれるゆうえんち。たくさんの人《ひと》が行《い》き来《き》していて、その間《あいだ》をジュース売《う》りが「ジュースはいかがですか～」とくりかえしながらジュースを売っている。ぶたいのまん中《なか》でおばけたちが楽しそうに歌《うた》いながらおどっているが、だれも気《き》づかない。

♪おばけの遠足一番《えんそくいちばん》

ゆ～ら　ゆ～ら　おばけの遠足
今夜《こんや》はみんなで　ゆうえんち
どんなにこんざつ　していても
何《なん》でもならばず　のれるんだ
人の目《め》には　見《み》えないからね

先生《せんせい》　は～い、よい子《こ》のおばけのみなさ～ん、あつまって～。
おばけ全《ぜん》　は～い。
先生　あれ、何人《にん》か、いないわね。一、二《に》、三《さん》…
おばけ全　（きょろきょろして、おちつかない）
先生　あ～、もうめんどくさい！　今《いま》から自由時間《じゆうじかん》にするからね。
おばけ全　わ～い！
先生　くれぐれも、人に見つからないようにね。
おばけ全　は～い。
先生　人間《げん》のおかしやジュースをのむと、体《からだ》が見えちゃうからね！
おばけ全　え～？！
先生　え～、じゃないでしょ！　遠足のしおりに、書《か》いてあるでしょ！

❷おばけの衣装は、白い布に首が通るだけの穴を空け、ポンチョのように頭からかぶり、頭には小さな三角巾を着ける。先生は首から笛をかけてメガホンを持ち、子どものおばけはリュックサックを背負わせるなどして違いを出す。

おばけ全《ぜん》　そうだった。

先生《せんせい》　見《み》つかったら、遠足中止《えんそくちゅうし》よ！

おばけ全　が〜ん。

先生　それじゃあ、一時間後《いちじかんご》に、遠足のバスにもどってらっしゃ〜い。

おばけ全　は〜い。

先生が下手《しもて》にさり、おばけたちが楽《たの》しそうに上手《かみ》にさると、数人《すうにん》のおばけがおくれて下手からやって来《く》る。❸

おばけ1　あれ、もうだれもいない。

おばけ2　みんな、どこ行《い》っちゃったんだろう？

おばけ3　まあいいや。

おばけ4　それにしても、すごい人《ひと》だね。

おばけ5　おぼん休《やす》みだから、人がたくさん来《き》ているんだよ。

おばけ6　でも、ぼくたちは、大《だい》じょうぶ！

おばけ7　人には見えないからね。

おばけ8　こんざつなんて、かんけいな〜い！

おばけ9　ジェットコースターにのろうか。

おばけ10　かんらん車《しゃ》がいいな。

おばけ11　その前《まえ》に、人間《げん》の子《こ》どもたちがのんでいる、あのジュース。

おばけ12　おいしそうだね。

おばけ13　よし、もらっちゃおう！

きみょうなこうか音《おん》がながれると、人間たちのうごきがとまる。❹

---

❸子どものおばけ達のセリフは、人数の調整ができるように、通し番号になっている。

❹奇妙な効果音の例としては、スライドホイッスルと、ウッドブロックで、「ヒュ〜〜ウ、コンッ」という感じ。

その間《あいだ》に、おばけたち、子《こ》どもたちがもっているジュースや、ジュース売《う》りが売っているジュースをのんでしまう。❺

おばけ14　あ、これオレンジジュースだ。

おばけ15　これはグレープジュース。

おばけ16　このパイナップルジュース、おいしい！

おばけたちがジュースをのみはじめると、おなかのあたりがのんだジュースの色《いろ》にかわる（グレープ↓むらさき・パイナップル↓黄《き》・いちご↓赤《あか》・キウイ↓みどり・ソーダ↓青《あお》・コーラ↓黒《くろ》・オレンジ↓オレンジ・ピーチ↓ピンクなど）。❻

のみおわると、コップをまた元《もと》の場《ば》しょにもどす。また、きみょうな音《おと》がすると、人間《にんげん》たちがうごきはじめ、ジュースがへっていることに気《き》づく。中《なか》には、けんかをしはじめる兄弟《きょうだい》もいる。

弟《おとうと》　あれ、ジュースがなくなった。お兄《にい》ちゃんのんだでしょ。

兄《あに》　のんでないよ。あれ？　ぼくのジュースもなくなってる。お前《まえ》のんだだろう。

弟　のんでないよ！

兄　うそつけ！　じゃあ、だれがのむんだよ（おこって下手《しもて》に行《い》く）！

ジュース売り　あれ、きゅうにかるくなったと思《おも》ったら、ジュースが空《から》になったぞ。（おばけたちに近《ちか》づき）ねえ、ハロウィンでもないのに、おばけのかっこうをしているきみたち！

おばけ全《ぜん》　え？

---

❺ジュース売りは、ジュースを入れたワゴンを押したり、スタンドを首からかけたりして売る。

❻ジュースを飲んで色がついてしまうおばけは、あらかじめ、胸から腹にかけてそれぞれの色を染めておく。色の部分をマジックテープなどを付けた白い布で隠しておき、ジュースを飲んだ後にその白い布をはがせるようにしておく。

ジュース売《う》り　今《いま》、きみたち、このジュース、のまなかった？
おばけ17　え、え？
おばけ18　お兄《にい》さん、ぼくたちのこと、見《み》えるの？
ジュース売り　当《あ》たり前《まえ》でしょ。
おばけ全《ぜん》　え～！
ジュース売り　このジュース、のまなかったって、聞《き》いてるの！
おばけ19　の、のんでないよ。ね。
おばけ全　うん、うん。
ジュース全　おかしいなぁ。

ジュース売りとほかの人《ひと》たちが下手《しもて》にさるとおばけたち、ぶたいのまん中《なか》にあつまる。

おばけ20　ねえ、どうして、ぼくたちのことが見えたの？
おばけ21　人の目《め》には見えないはずなのに。
おばけ22　ちょっとまって！　遠足《えんそく》のしおりに、何《なに》か書《か》いてあったぞ。❼
おばけ23　なんて書いてある？
おばけ24　あ、のみものをのむと、すがたが見えてしまうって書いてあるぞ！
おばけ25　あ、きみのおなか、黄色《きいろ》くなってるよ！
おばけ26　きみのおなかも、ピンク色になってる。
おばけ27　ぼくは、むらさき。
おばけ28　わたしは、みどり色！
おばけ29　なんでだろう？
おばけ30　きみは、何《なん》のジュースをのんだの？

---

❼おばけ22が慌ててリュックサックの中から遠足のしおりを出すと、みんなのぞき込む。

おばけ31　パイナップルジュースだよ。
おばけ32　わかった、だから、黄色《きいろ》なんだ！
おばけ33　のんだジュースの色にそまってしまうのか。
おばけ34　なーるほど、ぼくは、コーラをのんだから、まっ黒《くろ》！
おばけ35　だから、人間《にんげん》ののみものをのんではいけなかったんだ。
おばけ36　どうしよう。

♪おばけの遠足《えんそく》二番《にばん》　ゆ～ら　ゆ～ら　おばけの遠足
うっかりジュースを　のんじゃった
のみもののむと　見《み》えちゃうの
先生《せんせい》にばれたら　大《たい》へんだ
すぐに遠足　中止《ちゅうし》だぞ　❽

子《こ》ども1　（上手《かみて》、下手《しも》から来《き》て）あれ、こんなところに、おばけがいるぞ。❾
子ども2　おばけやしきから出《で》てきたのかな？
子ども3　サインして下《くだ》さい。
おばけ37　ちょっ、ちょっとまってね。
おばけ38　みんな、どうしよう？
おばけ39　（下手をゆびさして）あそこのおばけやしきににげようよ。
おばけ40　でも、人《ひと》がたくさんいるなぁ。
おばけ41　じゃあ、うら口《ぐち》から、おばけやしきのぶたいうらに入《はい》ろう！
おばけ42　よし、みんな、行《い》くぞ！
おばけ全《ぜん》　お～！

❽踊り始めると、お客さん達が珍しそうに集まってくる。そして、歌い終わると、子ども達が集まってきているので、慌てるおばけ達。

❾子ども達とおばけ達の位置の平面図

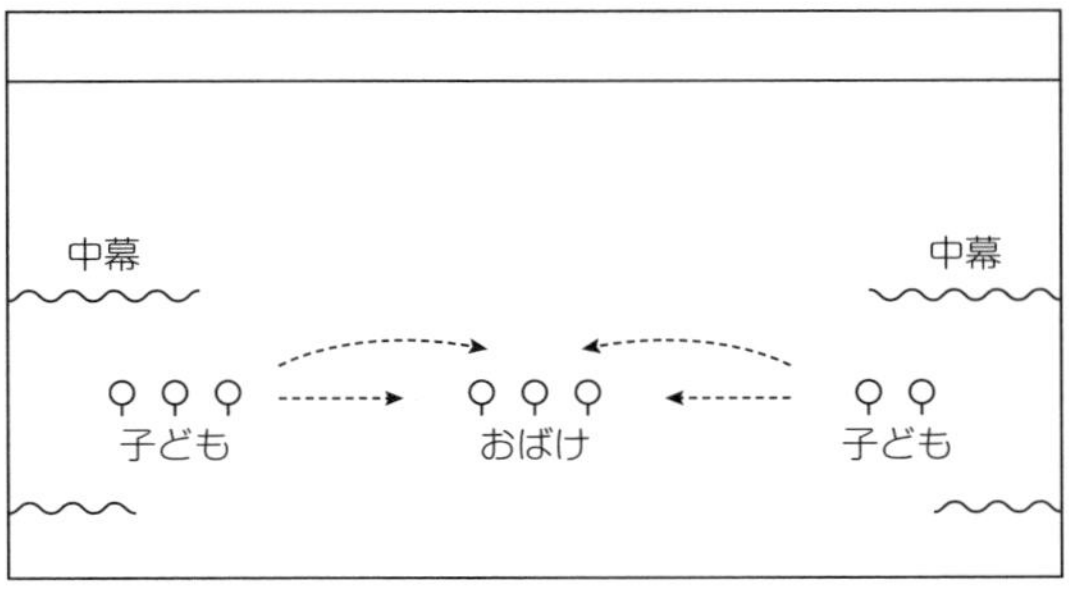

第二場　おばけやしきのぶたいうら、おもて ⑩

中《なか》まくまん中から、おばけたちがこっそり出《で》てきておどる。

♪おばけの遠足三番《えんそくさんばん》

ゆ〜ら　ゆ〜ら　おばけの遠足
おばけやしきに　やって来《き》た
ここなら見《み》えても　大《だい》じょうぶ
どんなおばけが　いるのかな
いっしょにおきゃくを　おどかそう

おどりおわるころ、おばけのかっこうをしたキャストが、上手《かみて》からとう場《じょう》。⑪

キャスト1　ふ〜、つかれた。
キャスト2　人《ひと》をおどかすのも、楽《らく》じゃないね。
キャスト3　みんな、ちっともこわがってくれないしね。
キャスト4　（おばけに気《き》づき）あれ、きみたち、見なれないおばけだな。
キャスト5　いつから来ているの？
おばけ43　あ、先《さき》ほどから…
キャスト6　アルバイト？
おばけ44　そ、そうです。
キャスト7　（キャストたちに）ねえ、聞《き》いてる？
キャスト全《ぜん》　聞いてな〜い。
キャスト8　それにしても、よくできてるね、そのおばけのいしょう。
おばけ45　え、ええ。まあ。

---

⑩おばけ達が下手に入ると、中幕を閉め、「〇〇ゆうえんち」という看板を隠す。中幕にはあらかじめ、おばけの絵や衣装などをつるしておく。

中幕の中がおばけ屋敷の表舞台という設定

⑪キャストは、着物姿に、おばけの顔のお面を着け、それを取りながら入ってくる。うちわなどで、暑そうにあおいでもよい。

おばけのお面，かぶりもの

キャスト9　まあ、これからもよろしく。

キャストたち、あく手《しゅ》をしようとする。
おばけたちも手《て》を出《だ》すが、手がすりぬけてしまう。

キャスト10　あれ、あれ?
キャスト11　すりぬけちゃうぞ。
キャスト12　ど、どういうこと?
キャスト13　もしかして、こいつら、
キャスト14　ほ、本《ほん》ものの、おばけ?
おばけ46　え。ええ、まあ。

どろどろとぶきみなこうか音《おん》がながれ、おばけたちがポーズをとると ⓬
キャストたちは「ぎゃ～！　出《で》た～」と言《い》って、上手《かみ》ににげていく。

おばけ47　どうしよう、キャストたちが、にげちゃったよ。
おばけ48　しょうがない、ぼくたちがかわりに、おきゃくさんをおどかそう。

♪おばけの遠足《えんそく》四番《よんばん》　ゆ～ら　ゆ～ら　おばけの遠足
おばけやしきの　キャストたち
びっくりして　にげちゃった
それならぼくらが　お手つだい
人《ひと》をおどかす　お手のもの

⓬不気味な効果音は、和太鼓などを、ドロドロと小さな音で連打し、スライドホイッスルで「ヒュ～～ウ」というおばけの雰囲気の音を鳴らす。可能であれば、照明を暗くしたり、明るくしたりする。

⓭おばけ屋敷の表舞台
6～70センチの高さにしたハードルか物干し竿に黒い布をかぶせたものが舞台真ん中に並ぶ。

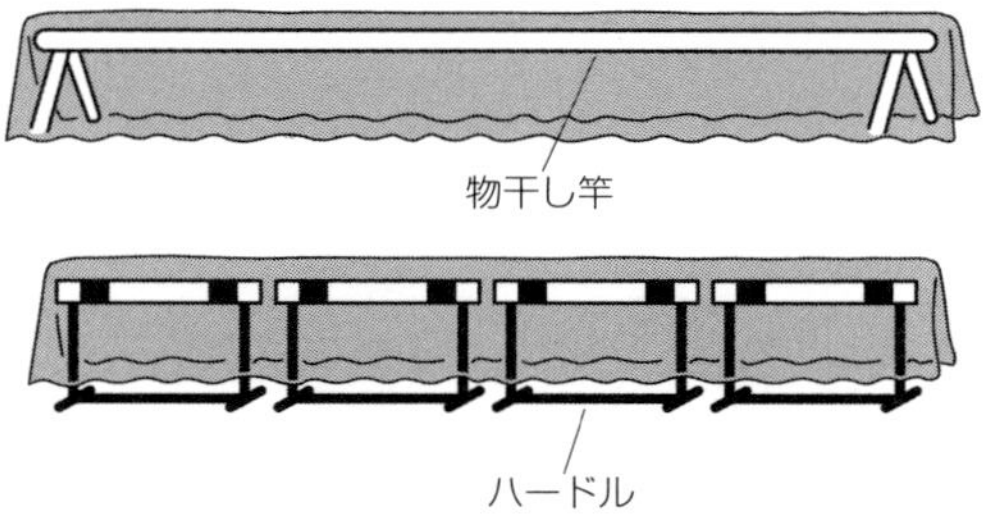

おばけたちは上手《かみて》に入《はい》る。
ぶきみなこうか音《おん》が小《ちい》さくながれつづけている。
おばけたちが上手から出《で》てくる。⓭
黒《くろ》まくの後《うし》ろにかくれて、色々《いろいろ》と人《ひと》をおどかす。⓮
(色々な方《ほう》ほうをみんなで考《かんが》えましょう。色んなもの、一りん車《しゃ》、竹馬《たけうま》、フラフープなどをつかってみるのもよいです)
その前《まえ》を下手《しも》から上手にむかっておきゃくがこわそうに入ってきて、こわがって、さけんだり、ないたり、わらったりする。

♪おばけの遠足五番《えんそくごばん》

ゆ〜ら　ゆ〜ら　おばけの遠足
おばけやしきで　お手つだい
おきゃくはびっくり　しているぞ
ないたりわらったり　さけんだり
人をおどすの　楽《たの》しいね

歌《うた》いおわると、おばけの学校《がっこう》の先生《せんせい》の大《おお》きな声《こえ》がひびく。

先生　こら、お前たち、何時《なんじ》だと思《おも》っているんだ。
おばけ49　あ、先生だ！
先生　とっくにしゅうごう時間《かん》をすぎているぞ！
おばけ50　みんな、いそげ！

おばけたちがあわてて上手にさると、おばけやしきのキャストたちが、下手からボスをつれて、とびこんでくる。

⓮おばけ達のおどかし方の例
A　手が伸びるおばけ（黒幕の後ろから、3人で首と右手と左手を出し、不気味な効果音で、左右の手が離れていく）
B　ろくろっ首（黒幕の後ろから首だけを出し、首を描いた黒色の模造紙や布で体を隠し、上下に伸びたり縮んだりする）

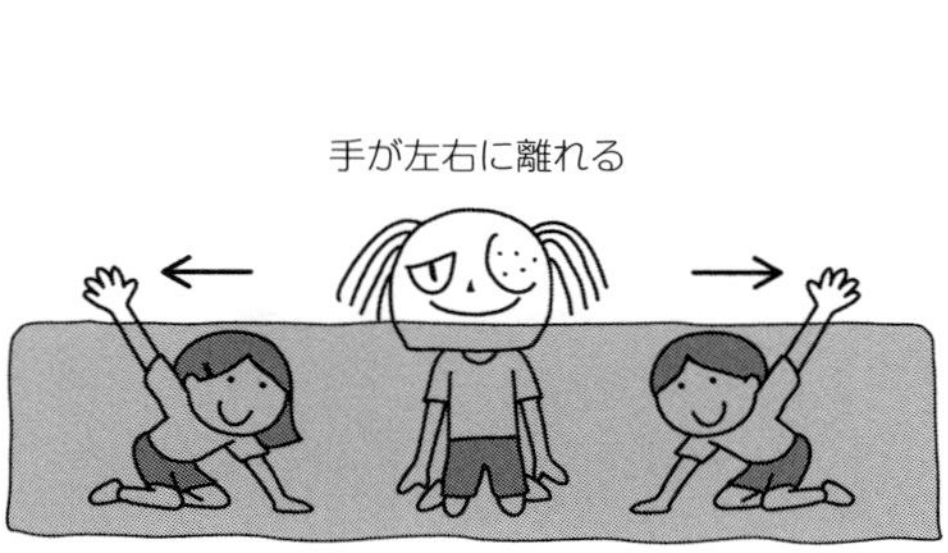
A
手が左右に離れる

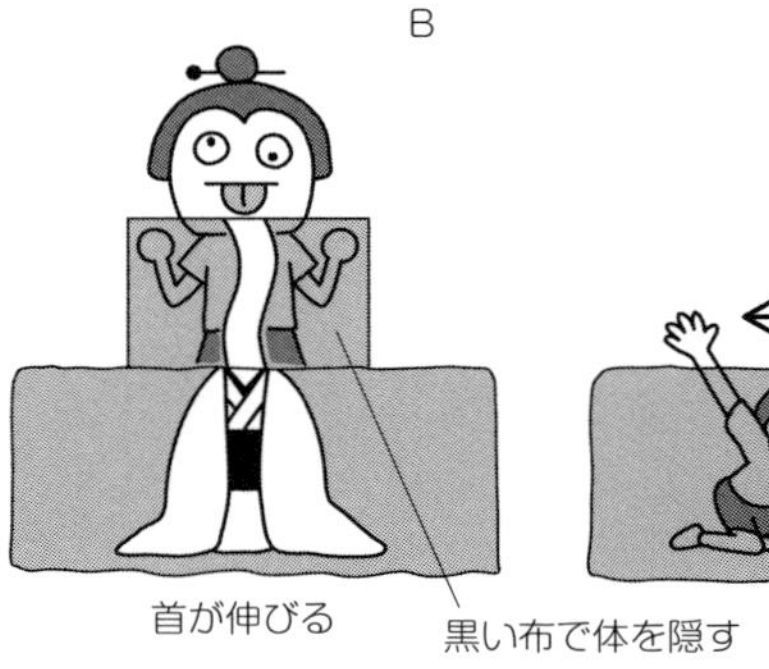
B
首が伸びる
黒い布で体を隠す

キャスト15　ボス！　来《き》て下《くだ》さい。
ボス　おい、お前《まえ》たち、何《なに》やってんだ！
キャスト16　本《ほん》もののおばけが出《で》たんです。
ボス　じょうだん言《い》ってる場合《ばあい》じゃないんだよ！
キャスト17　本当《とう》なんです。ここで、おばけが！
ボス　おい、おばけやしきの前を見《み》てみろ！
キャスト18　あ、すごい人《ひと》！
ボス　本ものそっくりのおばけがいるっていって、大行《だいぎょう》れつができているんだ！　さっさと、はたらけ～！

キャストたち、ボスに引《ひ》っぱられて上手《かみて》に入《はい》っていく。
おばけたち、楽《たの》しそうに歌《うた》いながら出てくる。⓯

♪おばけの遠足六番《えんそくろくばん》
ゆ～ら　ゆ～ら　おばけの学校《がっこう》
こんなに楽しい　遠足は
おばけになって　はじめてだ
こんどもジュースを　のみながら
おばけやしきで　はたらくぞ　⓰

まく。

⓯バスに乗った形で並んで上手から来る。

⓰「おばけの遠足」の六番は、ハ短調の暗い感じから、ハ長調の明るい感じのメロディにして、元気に歌う。

中学年向け

民話劇《みんわげき》 吉四六《きっちょむ》さんの人助《だす》け

構成　金平　純三

時
夏のある日

所
村の畑《はたけ》（第《だい》一場）　町の市（第二場・第三場）

登場人物
吉四六（場ごとに代《か》わってもよい）
村人　1～18
どろぼう
キジ売り　1・2
キジ売りの子
町の人　1～4　他《ほか》数人
村の子　1・2
村の子2の母
魚屋《や》
ナレーター（N）　1～8

立面図
舞台中央が少し高くなり、スイカ畑でかかしが立てられるようになっている。

第一場　**動《うご》くかかし**

N1　とざい、とーざい。これよりお話しいたしますは、❶
N2　九州《きゅう》大分県《けん》に伝わる民話《みん》、吉四六《きっちょむ》さんのお話です。
N3　吉四六さんは、働《はたら》き者《もの》で、悪《わる》さをする者や意地悪《い》な者は大きらい。
N4　そんな人を見つけると、得意《とく》のとんちで、こらしめていました。
N全　第一話　動くかかし　❷

ナレーター5を上手に残《のこ》し、たい場。
まくが開《ひら》くと、村人達《たち》数人が話している。　❸

N5　ここは、スイカ畑《ばたけ》。スイカは昔《むかし》から人気のある夏の食べ物《もの》でした。

ナレーター5、たい場。
くわをかついだ吉四六が歌に合わせ、上手から出てくる。　❹

♪挿《そう》入歌一番

昔　昔　おったとさ
とんちの得意な　吉四六さん
やさしくゆかいに　人助《だす》け
吉四六　吉四六　吉四六さん
弱きを助け　強きをくじく
ユーモアたっぷり　吉四六さん
とんちをきかせて　こらしめる
吉四六　吉四六　吉四六さん

---

❶ナレーターは、昔の瓦版屋の町人のように、手ぬぐいを頭に巻き、元気よく出てくる。幕前に広がって、同じような間隔で立つ。
❷全員でそろえて言う。
❸村人達は、2～3人ずつが集まってスイカのつるを持ち、「困った困った」「何ということだ」「せっかくここまで育てたのに」などと、困った様子で話しながら、下手側に集まって話をしている。手には棒やら網やらを持っている。
❹吉四六はくわを担ぎ、手ぬぐいを下げて、周りを見回しながら、ゆっくりと歩いて出てくる。

せみが鳴き、季節《きせつ》は夏。
上手側《がわ》には、吉四六《きっちょむ》の家がある。❺

吉四六　おはよう。みなのしゅう、朝早くから集《あつ》まって、どうかしたのかね？
村人1　おはよう、吉四六さん。待《ま》っていたよ。
村人2　ちょっと、これを見てくれ。❻
吉四六　スイカのつるが、どうかしたかい？
村人3　どうかしたかも何も、よそ者《もの》が来て、スイカを盗《ぬす》んでいったんだ。
吉四六　スイカを？
村人4　あーあ。このあたりのスイカが、いくつかやられた。
村人5　吉四六さんの所《ところ》はどうかね？
吉四六　わしはまだ見とらん。これから、畑《はたけ》に行くところで。
村人6　そうかい。無事《ぶじ》ならよいが。
村人7　しかし、これから、しゅうかくの時期《き》をむかえる。
村人8　わしらがしゅうかくする前に盗《と》られたのでは、これまでの苦労《くろう》が水のあわじゃ。
村人9　吉四六さん、スイカを盗られない、何かよい方法《ほう》はないものかの？
村人10　そのために、みんな集まったのじゃが。❼
吉四六　そうか。わかった。わしのスイカ畑も見てくるが、これだけの、みんなの畑、なかなか、難《むずか》しいの。
村人1　そうか。やはり、順《じゅん》番に、見はりを立てないといけないかの。❽
村人2　では、みんなで協《きょう》力して、見はり小屋《や》を建《た》てに行こう。
村人3　これからしゅうかくが終《お》わるまで毎ばん見はるのは、難儀《なんぎ》じゃのう。
村人4　しかし、みんなでやるしかないの。

---

❺村と村の間の畑で、村人達が往来している。中央奥は、吉四六のスイカ畑。

❻スイカのつるを見せる。

❼村人達と吉四六の会話の場面は、動きが少なくなる。一歩前に出てセリフを言ってまたもとに戻るような演技にならないように注意する。村人達の立ち位置で吉四六が動けるようになり、村人達も動けるようになる。

❽吉四六に期待していたが、やはりだめかというがっかりした様子を表す。

吉四六の扮装

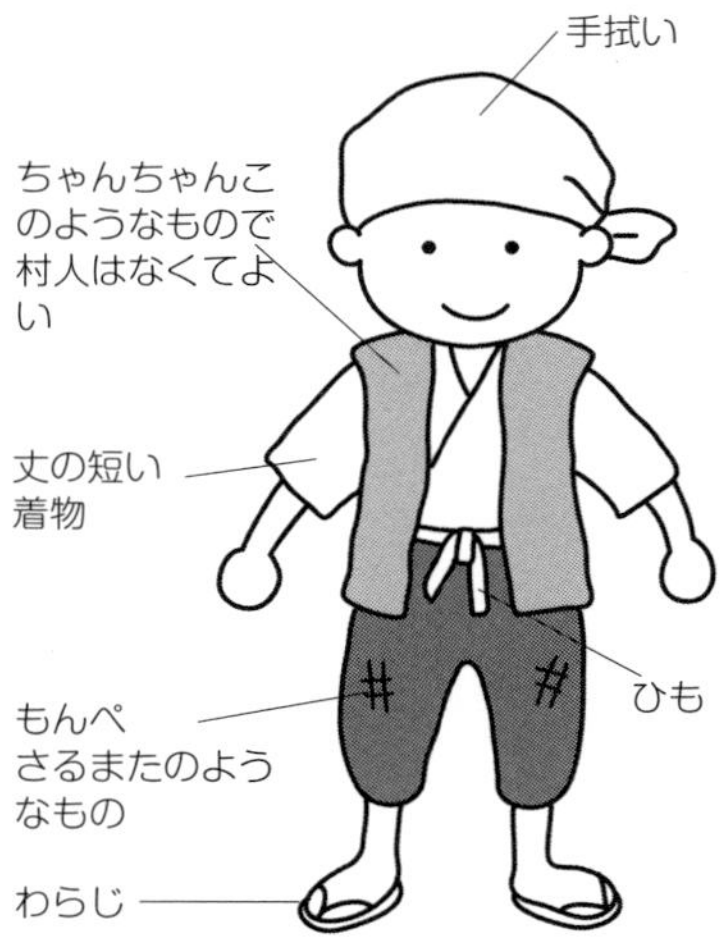
手拭い
ちゃんちゃんこのようなもので村人はなくてよい
丈の短い着物
ひも
もんぺ さるまたのようなもの
わらじ

村人5　吉四六《きっちょむ》さんも、よろしくたのむで。
　村人達《たち》、上手に入る。暗転《あんてん》。
　ナレーター6が出てくる。❾

N6　次の日になりました。
　吉四六は、かかしをつくっている。村人達が上手から出てくる。

村人6　おはよう、吉四六さん。スイカ、どうだったかね？
吉四六　やあ、みなのしゅう。わしの所《ところ》も、やられた。今朝も二つ盗《と》られていた。❿
村人7　そうかい。やはりのう。又兵衛《またべえ》さんの所は、わしらが見はり小屋《や》を建《た》てて見はっておったから、昨日《きのう》は無事《ぶじ》じゃった。
村人8　吉四六さんも、わしらといっしょに、見はりをしないかい？
吉四六　わしはいい。毎日見はりをするのは、つかれるからな。⓫
村人9　見はりをしなくて、スイカを盗られない方法《ほう》はあるのかい？⓬
村人10　あるのなら、教えて下さい。昨日は思い付かなかったようですが。⓭
吉四六　昨日は急《きゅう》だったので。帰ってから考えて、よい方法を見つけた。
村人10　よい方法？　おーい、みなのしゅう、吉四六さんが、スイカどろぼうから、守《まも》る方法を教えて下さるそうだ。⓮
村人1　吉四六さん、スイカどろぼうから守るよい方法とは？
吉四六　見ればわかるじゃろう。ほら（つくりかけのかかしを見せる）。
村人2　吉四六さん、それは、かかしじゃろ。

---

❾暗転により、日付の違いを出す。ナレーター6は、上手から出て上手に去る。

❿吉四六は、盗られてしまって悔しい気持ちを表す。

⓫吉四六は、見張りをするよりもよい方法があると確信している。

⓬昨日は聞けなかったが、自分のスイカも盗られたので、きっとよい方法を思い付いたのだと、その方法を教えてほしいという、はやる気持ちから詰め寄る。

⓭村人10は、吉四六に詰め寄り、よい方法を教えてもらおうと必死で訴える。

⓮村人達は、「なになに」「スイカ泥棒から守れる」「どんな方法だ」などと言いながら、吉四六の周りに喜んで集まる。

吉四六《きっちょむ》　あー、かかしじゃが。

村人3　かかしで、スイカどろぼうがつかまるはずなかろう。⓯

吉四六　いいや。毎ばん見はるのは、わしもかなわんからなぁ。よそもんじゃろ。よそもんなら、かかしを立てておけば、きっとこわがって盗《と》りに来んじゃろ。

村人4　吉四六さん。本気かい？　本当にかかしで、どろぼうがにげるとでも思っておるのかい？　⓰

吉四六　あー。だって、鳥だって、にげていくんじゃ。まして、よそもん。村のことなど、わかっておらんから。つかまえられるかはわからないが、見はり小屋で見はっているのと同じじゃ。⓱

村人10　あーあ、吉四六さんに期待《きたい》したわしが、間ちがいじゃった。みなのしゅう、せっかく集《あつ》まってもらったのに申《もう》しわけない。⓲

村人5　吉四六さん。スイカを盗られないといいね。

村人6　吉四六さん、お前さん、どうかしているんじゃないのかい？

吉四六　いいや、わしは、どうもしとらん。

村人1　相手《あい》にせん方がええ。吉四六さんは、頭がいいのか悪《わる》いのか、わしには、わからんようになった。⓳

吉四六　さあ、わしにそっくりなかかしをつくるぞ。気が散《ち》るからもう行っとくれ。

村人7　やれやれ。ほんじゃあ、まあ、やってみるんだな。

村人達《たち》は「かかしだって」「あんなんでどろぼうよけになるなんて」などとバカにして大笑《わら》いしながら下手に去《さ》る。吉四六はかかしをつくっている。上手からあたりをうかがうようにしてどろぼう達が出てくる。⓴

⓯呆れたように。バカにしているのかと、少し怒ったように。

⓰吉四六が真面目に答えるので、ふざけているとは思わず、しかし、信じられない様子で。

⓱真剣に、真面目に、村の衆を説得するように答える。

⓲吉四六が本気で答えているので、怒る気にもならず、また、みんなに申し訳ないという気持ちで言う。

⓳半ば呆れて、しかし、頼りにしていた分、困惑している。

⓴泥棒は少し前から、吉四六と村人の会話を聞いている。舞台の隅でもよい。そこで聞いたことに反応するように、辺りをうかがいながら出てくる。二人のやり取りは吉四六にまんまとだまされる大事なセリフである。

どろぼう1　おい、聞いたかい？　バカなやつが、この村にはいるもんだ。

どろぼう2　本当に。おれ達《たち》が、かかしにおどろくとでも思っているのか。

どろぼう1　今夜も、もう一回やれるな。

どろぼう2　あー、あのかかしの立っている畑《はたけ》で、今夜もひともうけだ。

　どろぼう達は笑《わら》いながら、上手にたい場。歌を歌う。

♪挿《そう》入歌二番

おかしな　おかしな　吉四六《きっちょむ》さん
スイカ畑に　かかしを立てて
スイカどろぼう　見はらせる
吉四六　吉四六　吉四六さん

　歌が終わると、吉四六は「できた」と言って、かかしを立てて上手に去《さ》る。
　下手から村人達が出てくる。

村人1　おやおや、吉四六さんのスイカ畑には、本当に、かかしが立っているぞ。㉑

村人2　本気で、かかしをどろぼうよけにするつもりか。㉑

村人3　知らねんぞ。明日になったら、スイカが一つ残《のこ》らず盗《ぬす》まれても。㉑

村人4　何とも変《か》わった、吉四六さんじゃ。㉑

村人5　今夜は月もなく、どろぼうにはうってつけの夜だぞ。㉒

N7　夜になりました。吉四六さんの畑には、かかしが立っています。

N8　吉四六さんが、スイカをかかしに見はらせているといううわさは、村人

㉑吉四六のことをすっかりバカにするように、大げさにセリフを言う。

㉒村人達は、笑いながら下手に去る。暗転。ナレーター7・8が上手から出る。ナレーターにスポット。舞台は青色の照明で薄暗い様子。

かかし

被り笠
手拭い
着物
かかしに扮した時のための支え

や子ども達《たち》の口から、村中に知れわたりました。

不気味《ぶきみ》な音楽とともに、どろぼうが二人、あたりをうかがいながら上手から出てくる。かかしのかっこうをした吉四六《きっちょむ》が中央《おう》に立っている。

どろぼう1　今夜は、月も星もなく、スイカをいただくにはうってつけだ。

どろぼう2　(かかしに気付《づ》いて) おいおい、やはり、かかしか立っていない。❷❸

どろぼう1　畑《はたけ》にかかしなんか立てて。見はり小屋《や》すらないぜ。

どろぼう2　おれ達をカラスといっしょにするとは。とんだバカも、いたものだ。

どろぼう1　全《まった》くだ。おかげで、今夜は、うんとかせげるというもんだ。おい、時間はたっぷりある。できるだけ大きなスイカをさがせよ。

どろぼう2　ああ。❷❹

どろぼう1はスイカをさがしながら動《うご》き、かかしの前に行く。かかしはどろぼう1をたたく。ポカという音がする。❷❺

どろぼう1　あいた! おい、何だって、おれの頭をなぐるんだ。

どろぼう2　はあ? おれは、なぐらないぞ。❷❻

どろぼう2　あいた! お前こそ、おれをなぐったじゃないか。

どろぼう1　バカ言うな。なんでおれがなぐるものか。お前こそ、あいた!
こら、またなぐったな。❷❼

かかし（吉四六）　ケッ、ケケケケ。

---

❷❸様子をうかがい、かかしがあることに気付いて大げさにバカにする。

❷❹どろぼうは畑に入り、手探りで大きなスイカを探し回っている。

❷❺かかしと泥棒で、滑稽な動きをする。泥棒がかかしの方を向いていない時に、かかしがポカリと叩き、振り向いた時は、かかしになっている。ここが、この場面の見せ場である。その動きとタイミングをコミカルに演じる。ウッドブロックで動きに合わせて音を出すとよい。

❷❻かかしは泥棒の傍に行き、殴る。そのたびに、ポカという音がする。

❷❼泥棒は、思わず後ろを振り返る。

どろぼう1　お、お、おばけだー。

どろぼう2　た、た、助《たす》けてくれー！ ㉘

吉四六《きっちょむ》　わしが、かかしじゃ。ポカッ。

どろぼう1・2　ひぇー、ごかんべんをー。

吉四六　村のしゅう、スイカどろぼうをつかまえたぞー。 ㉙

第二場　おとりのキジ ㉚

明るくなると、ぶたいは町の市場の様子。歌に合わせて、吉四六が上手から出てきて、市場で買い物《もの》をしようと見て回っている。そこに、キジ売りの親子がかけ声を上げながら、キジを売っているが、だれも買わない。

ナレーター1～4が上手から出てくる。

♪挿《そう》入歌三番

昔　昔　おったとさ
とんちの得意《とくい》な　吉四六さん
こまった親子の　人助《だす》け
やさしくゆかいな　吉四六さん

N全《ぜん》　おとりのキジ

N1　ここは、町で一番にぎやかな所《ところ》。毎日、たくさんの市が立っています。

N2　今日も吉四六さんは、市での売り物を考えるために、町に来ていました。

N3　吉四六さんが、お店を見て回っていると、キジ売りが、やって来ました。 ㉛

㉘泥棒達は逃げ出そうとするが、スイカのつるに足を取られて、その場に倒れてしまう。かかしは、泥棒の上にのしかかる。

㉙大声で叫ぶ。村人達は「えー」「スイカどろぼうをつかまえた」「やったー」などと言いながら、下手から出てくる。村人達が出てきて、泥棒を捕まえようとしているところで、暗転。

㉚暗転と同時に歌が入る。

㉛ナレーターは上手から出て、キジ売りの売り声とともに、上手に入る。

キジ売り　えー、キジー。キジー、キジは、いらんかね。極《ごく》上のキジだよー。㉜

村人11　そこのキジ売りさん、キジはいくらかね？

キジ売り　へい、五〇文で。㉝

村人11　五〇文、それは高い。㉞

N4　キジ売りは、親子で、一生けん命《めい》にキジを売ろうとしていますが、キジは一向《こう》に売れませんでした。

吉四六《きっちょむ》　キジ売りさん、そのキジは高いので、もっと安《やす》くならんかのう。

キジ売りの子　このキジは、お父さんが、やっとの思いでつかまえたキジだよ。病《びょう》気の母の薬《くすり》を買うために、どうしても、五〇文が必要《ひつよう》なんだ。

キジ売り　申《もう》しわけありません。家はびんぼうで…。安くするわけにはいかんのです。

吉四六　それはおこまりですね。でも売れなかったら、どうするんです？

キジ売り　明日また来て、売れるまでがんばります。

吉四六　そうですか。売れるといいですね。もし、キジが売れなかったら、明日また、ここに来て下さい。わたしによい考えがあります。キジを売るお手伝《つだ》いをいたしましょう。

暗転《あんてん》。

かごにカラスを入れた荷《に》車を引いて、吉四六が上手から出てくる。㉟

ナレーター5が下手に立ち、村人12・13が下手から出てくる。

N5　次の日、吉四六さんは、二十羽あまりのカラスをつかまえて、町へ出かけていきました。

㉜キジ売りの格好は、キジが入る籠があり、それにキジを入れて、担いで売り声を上げながら、歩いている。

キジ売りの扮装

㉝キジ売りは、声をかけられたら、そこに籠を下ろしてキジを見せながら話をする。

㉞村人11は、手を横に振りながら、だめだというような仕草で、キジ売りから去っていく。

㉟小型の大八車のようなものに、籠を乗せ、籠の中にはカラスがたくさん入っている。籠の中は、外からよく見えないようになっている。

村人12　やあ、吉四六《きっちょむ》さん。何をつかまえたかね？

吉四六　なーに、カラスでさ。畑《はたけ》をあらすし、カァー、カァー、とうるさいでな。

村人13　このカラス、どうするんだ？ ㊱

吉四六　町の市で売って、人助《だす》けさ。

村人13　人助け？　無理《む》、無理。カラスなんか買う者《もの》は、おらんよ。

村人12　カラスは、他の鳥とちがって、食べてもおいしくないでな。㊲

村人13　人助けなんかできないよ。まあ、そのまま、すてるしかないな。

吉四六　いいや、カラスを使って、あの親子を救《すく》ってあげるのさ。

村人12　親子を救う？　カラスなんかで、何をしようとしちょるんかね？

村人13　まあ、せいぜい、気ばってな。

村人12　吉四六さんも、変わったお人じゃ。

暗転《あんてん》。

明るくなると、町の市。

カラスのたくさん入ったかごをおして、吉四六が上手から出てくる。

キジ売りの親子が下手から出てくる。

吉四六　キジ売りさん。やはりキジは、売れなかったかい。㊳

キジ売り　あー、昨日《きのう》のお方。ごらんの通り。やはり、高いのですかね？

吉四六　わしによい考えがある。そのキジをちょっとかしてくれんかね。お礼は、後でするから。

キジ売り　それはかまいませんが。一体、何をしようと？

吉四六　まあ、だまって、見ていて下さい。㊴

㊱籠の中のたくさんのカラスを見る。

㊲カラスの籠をのぞいて、呆れたような顔をして、手を横に振りながら言う。

㊳キジ売りを見つけて駆け寄り、話しかける。

吉四六の押す台車

㊴キジを受け取り、自分の籠の上に見えるようにくくり付ける。

吉四六《きっちょむ》　ええー、カラスは、いらんかな。カラスの大安《やす》売りだよ。一羽がたったの十文。カラスは、いらんかな。❹⓪

村人18　おい、見ろよ、カラス、カラスと言っているが、かごにつけているのは、キジじゃないか。❹①

村人14　なるほど、キジに間ちがいない。あの男、よほど、いなか者《もの》と見える。

村の子1　教えてあげたら。それは、カラスじゃなくてキジだよって。❹②

村人15　いやいや、キジ一羽がたったの十文なら、安い買い物《もの》だ。ちょっとからかってやるか。❹③

村人16　そうだな。かごの中のものを全部《ぜんぶ》買ってから、教えてやるか。

村の子1　なんか、かわいそう。あのおじさん、そんをするんじゃないの？

村人17　いいんだよ。自分で、キジ、じゃない、カラスが十文って言ってるんだから。

村の子1　そうかな。父ちゃん、本当にいいの？

村人14　う、うん。まあ、仕《し》方ないな。❹④

村人18　おい、そこのキジ、じゃない、カラス売りさん。本当に、カラスが、たったの十文かい？❹⑤

吉四六　へぇ、十文です。

村人18　それじゃあ、もらおうか。

吉四六　へい、ありがとうさんで。お金を先に。

村の子1　おじさん、そんはしないの？

村人15　おい、よけいなことは言うな。❹⑥

吉四六　おー、ぼうずか。そんはしないよ。心配《ぱい》してくれたんだね。ありがとうよ。

村人16　それじゃあ、わしにも、そのキジ、じゃない、カラスをくれ。

---

❹⓪市にいる村人達は、周りに集まる。
❹①村人18は、村人14に声をかけ、一緒に吉四六の売っている籠の傍に行く。
❹②村の子1は、村人14に向かって話をする。村人14は父親である。
❹③村の子1の声を制し、ささやくような仕草をして、吉四六に聞こえないように言う。
❹④村人達、吉四六の傍に行く。
❹⑤吉四六をからかうような素振りで言う。
❹⑥村の子1を慌てて黙らせる。

町の市の様子

村人17　わしには、二羽くれ。
村人16　おっと、それじゃあ、わしは、三羽にしよう。㊼
吉四六《きっちょむ》　お代《だい》を先に。
村の子1　父ちゃんも買うの？
村人14　わ、わしはよしておくかな。㊽
村の子1　そうだね。後で、教えてあげようね。カラスじゃなくてキジだって。
村人15　こ、こら！　声がでかい。ところで、あと、何羽、残《のこ》っているかな？
吉四六　へい、六羽、買っていただいたので、あと、十四羽、残っておりま す。㊾
村人15　よーし、じゃあ思い切って、十羽、もらおうか。
吉四六　カラスを十羽。これはこれはまいど、ありがとうございます。それでは、カラス十羽のお代、百文をいただきます。
（代金を受《う》け取《と》る）
吉四六　あと四羽、カラスが残っていますが、他《ほか》に、いませんか。カラス、カラスが、たったの十文ですよ。
村人15　おい、もういいから早くそのキジ、じゃなくてカラスをよこせ。㊿
吉四六　はい。お待《ま》たせいたしました。
吉四六はキジをどかして、かごの中からカラスを取り出してわたす。
村人15　何だこれは？　カ、カラスではないか。51
村人18　そうだ。なぜ、キジをくれない！ 52
村人16　カラスを三羽も買って、どうしろというんだ。
村人15　わしは、十羽も買ったんだぞ。金を返《かえ》せ。

㊼早く買わないと損をするというように、急いで、畳みかけるように注文をする。
㊽村の子1に見つめられ、見つめ返して、困って、戸惑うように言う。
㊾吉四六は、村人達の会話は聞こえているのに、聞こえていないふりをする。
㊿村人達は、早くもらおうと急かす。
51村人達は、キジだと思っていた鳥が本当にカラスなので、驚いて言う。
52キジではないため、怒っている。

吉四六《きっちょむ》　おや、何をおこっていらっしゃるのですか。わしは、ちゃんとカラスは、いらんかな、カラスが、たったの十文と言ったではありませんか。

村人15　あなた様《さま》にも、カラス十羽で百文と言ったと思いますが。❺❸

村の子1　そっ、それはたしかに…。

村人14　お父ちゃん。あのおじさん、キジとカラスのちがいをちゃんとわかっていたんだね。

村の子1　そ、そうだな。

村人14　ぼく達《たち》、買わなくてよかったね。

吉四六　そ、そうだな。

キジ売り　そこのキジ売りさん。キジをかしてくれて、ありがとう。これはそのお礼《れい》だよ。そして、このキジ、お返《かえ》ししますよ。❺❹

吉四六　ひゃ、百文も。それに、キジまで。

キジ売りの子　このお金で、お母さんの薬《くすり》を買ってあげなさい。

吉四六　おじさん、ありがとう。

　ええー、カラスは、いらんかな。カラスの大安《やす》売りだよ。一羽がたったの十文。カラスは、いらんかな。カラスは、いらんかなー。❺❺

暗転《あんてん》。

♪挿《そう》入歌四番

昔　昔　おったとさ
とんちの得意《とくい》な　吉四六さん
やさしいやさしい　吉四六さん
らんぼう者《もの》を　こらしめる

❺❸吉四六は平然とした口調で話し、村の子1の方を向いて、ニコッと笑う。
❺❹吉四六は百文とキジをキジ売りに渡す。吉四六とキジ売りの様子を村人達は、唖然とした表情で見ている。
❺❺吉四六はふたを閉めて、売り声を上げながら、下手に去る。

歌が終《お》わると、下手からナレーター1〜4が出てくる。
ナレーターにスポットが当たる。

第三場　吉四六《きっちょむ》さんの物《もの》売り

N全《ぜん》　吉四六さんの物売り

N1　町の市で、こまっていた親子を助《たす》けた吉四六さん、

N2　今日は、家でつくったフルイを売りに出かけて行きました。

N3　フルイというものは、今では、あまり使《つか》われていませんが、畑仕事《はたけしごと》などをする時、石のように大きい物と土のように小さい物を分ける時に使います。

N4　吉四六さんが、町に向《む》かって、歩いていた時のことでした。

魚屋《や》　えーい、どけどけ。じゃまだ、じゃまだ。(56)

村の子2　いたーい。

村の子2の母　ちょっと、あんた、うちの子に何すんの？

魚屋　うるせい。なにぼさーと、歩いてんだ。こちとら、急《いそ》いでんだ。

村の子2の母　ちょっと待ちなさいよ。ぶつかっておいて、そのまま行くつもり？

魚屋　うるせい。こちとら、新せんな魚を売るために、急いでんだ。道を開《あ》けろい。

村の子2　おじさんが、ぶつかってきたんでしょ。

魚屋　なんだと（こぶしをふり上げる）。

村の子2　お母ちゃん、こわいよ。

魚屋　わかったら、さっさと道を開けろい。新せんな魚がくさっちまう。(57)

---

(56)魚屋と村の子2の親子にスポットが当たる。魚屋が上手から勢いよく出てきて、村の子2にぶつかる。その時、吉四六が下手から出てきて立ち止まり、親子と魚屋のやり取りを見ている。魚屋の乱暴ぶりを強調する。
魚屋は天秤棒の桶に魚を入れて走り出てくる。

フルイ

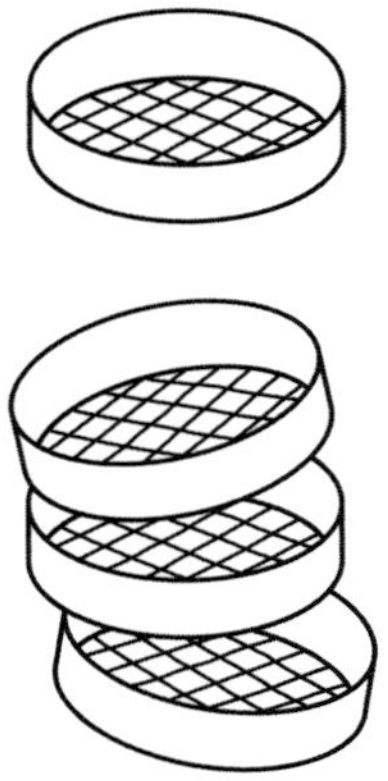

魚屋

(57)村の子2の親子は道を開ける。魚屋はそのまま通り過ぎていく。吉四六が村の子2に近付く。

吉四六《きっちょむ》　おい、ぼうず。大じょう夫《ぶ》かい？　全《まった》く、ひどい魚屋《や》だ。おじさんがこらしめてあげるよ。いっしょに、市に来るかい？　(58)

村の子2はうなずき、スポットは消《き》える。

明るくなると、町の市。人々でにぎわっている。

魚屋が下手から売り声を上げながら出てくる。

魚屋　イワシ、イワシ、イワシは、いらんかあ。イワシ、イワシ、イワシは、いらんかあ。生きのいいイワシだよ。

町の人1　魚屋さん。イワシを下さいな。

魚屋　へーい、まいどありい！　今朝、とれたばかりの、生きのいいイワシだよ。　(59)

吉四六　いたいた。さっきの魚屋だ。

村の子2　ねえ、おじさん、何をするの？

吉四六　まあ、見ててごらん。これから、面《おも》白いことをしてあげるよ。　(60)

魚屋　イワシ、イワシは、いらんかあ。

吉四六　ええー、フルイ

魚屋　イワシ、　(61)

吉四六　フルイー

魚屋　イワシは、いらんかあ。　(62)

村の子2　ねえ、お母ちゃん。あの魚屋さん、古いイワシを売ってるよ。　(63)

村の子2の母　本当。おかしいわ。古いイワシなんて、買う人、いるのかしら？　(64)

魚屋　イワシー。

---

(58)吉四六に村の子2はうなずく。

(59)魚屋から、少し離れて吉四六と村の子2の親子が出てくる。吉四六はフルイを持って、魚屋の様子を見ている。

町の市の様子

(60)吉四六は魚屋をにらみつけながら、村の子2に話しかける。そして、フルイを持って、魚屋の傍に行き、売り声を上げる。

(61)魚屋と吉四六のかけ声はテンポを合わせ、うまく重なるようにする。

吉四六《きっちょむ》　フルイー

魚屋《や》　イワシは、いらんかあ。

町の人2　イワシの古いのなんて、食べられないよね。

町の人3　全《まった》くだ。❻❺

町の人4　おーい、魚屋、そんな古いイワシなんか売って、はらでもこわしたら、どうしてくれるんだ。❻❻

魚屋　いやいや、このイワシは、今朝とれたばかりの新せんな…。

吉四六　えーっ、フルイー。フルイー。❻❼

魚屋　おい、てめえ、（村の子2に気付《づ》いて）あーっ、お前達《たち》は、さっきの。

村の子2の母　そうです。あなたにけとばされた、通りがかりの者《もの》です。

村の子2　おじさん、古いイワシ、売ってるの？

魚屋　うーっ、…（くやしがる）。そこの、フルイ売りの人。すまんが、わしからはなれてくれんか？　いっしょに売り声を上げられていると、商売《しょう》にならん。❻❽

吉四六　いーや、わしも、このフルイを売っているのでな。ただでは、引き下がれんわ。それに、この親子のためにも。

魚屋　わ、わかった。わしが、悪《わる》かった。（村の子2の方に向いて）さっきは、悪かったな。いくら急《いそ》いでいたからといって、転《ころ》ばしたまま、行ってしまって。もう二度《ど》としないから、ゆるしてくれ。❻❾

村の子2　うん、いいよ。

村の子2の母　よかったね。

吉四六　では、魚屋さん。このフルイ、全部《ぜんぶ》買っていただけますか？　そうすれば、売る物《もの》がないので、帰りますが。

魚屋　わかった。わかった。買うよ、買う。だから、もう二度と、商売の…。

---

❻❷吉四六は魚屋についてしばらく売り声を上げながら歩く。魚屋は吉四六を気にしながら、逃げるようにして売り歩くが、吉四六はわざとしっかりとくっ付いて歩く。その動きの滑稽さを表したい。

❻❸村の子2とその母は、周りの人に聞こえるようにわざと大きな声で話す。

❻❹その声につられて、町の人達は魚屋と吉四六の周りに集まってくる。魚屋を冷やかすような顔をしている。

❻❺町の人の声を聞いて、魚屋は振り返り、吉四六から離れようとするが、吉四六はしっかりと後をついて、売り声を上げている。町の人達はその様子を笑いながら見ている。魚を買う者はいない。

❻❻からかうように叫ぶ。

❻❼驚いたように大きな声で叫ぶ。その声を聞いて、魚屋は吉四六の方に向く。横には、村の子2達がいる。

❻❽魚屋は悔しがりながら、吉四六に頼む。

❻❾村の子2の方を向いて、魚屋は心から悪かったというように、必死で親子に謝る。

吉四六《きっちょむ》　えっ、何か言いましたか？
魚屋《や》　い、いや、そのフルイ、全部《ぜんぶ》おくれ。
吉四六　へい、まいどありい。では、新せんなイワシ、しっかりと売って下さい。

町の人全　よっ、いいぞ。吉四六さん。

吉四六は、フルイをわたし、お金を受《う》け取《と》る。
親子とともに上手に去《さ》る。
市は、元《もと》通りにぎわいを見せている。
ナレーター4が上手から出てくる。

N4　吉四六さんは、明日は、どんな人助《だす》けをするのでしょう？

歌を歌いながら、全員《いん》が出てくる。

♪挿《そう》入歌一番
昔　昔　おったとさ
とんちの得意《とくい》な　吉四六さん
やさしく　ゆかいに　人助け
吉四六　吉四六　吉四六さん
弱きを助け　強きをくじく
ユーモアたっぷり　吉四六さん
とんちをきかせて　こらしめる
吉四六　吉四六　吉四六さん

N5　これにて、吉四六《きっちょむ》さんの人助《だす》けのお話は、

N全《ぜん》　お・し・ま・い。

まく。

中学年向け

ナマケロ　ナマケロ

作　野口　祐之

時　二学期《き》の初《はじ》め　❶

所　学校

登場人物

てつお
しょうじ
ごうた
ゆい
ますみ
さやこ
子ども　1〜20
先生
ナマケロ星人　1〜12　❷

❶子どもの衣装は私服。二学期の初めで、暑いという設定なので、半袖、半ズボンなど。てつお、しょうじ、ごうた、ゆい、ますみ、さやこの六人の私服の色合いは、それぞれはっきり違うものにしたい。先生の衣装は、スラックスにワイシャツ、ネクタイでよい。

❷ナマケロ星人は、黒っぽい上下服。タイツのように、なるべくピタッとしたものがよい。

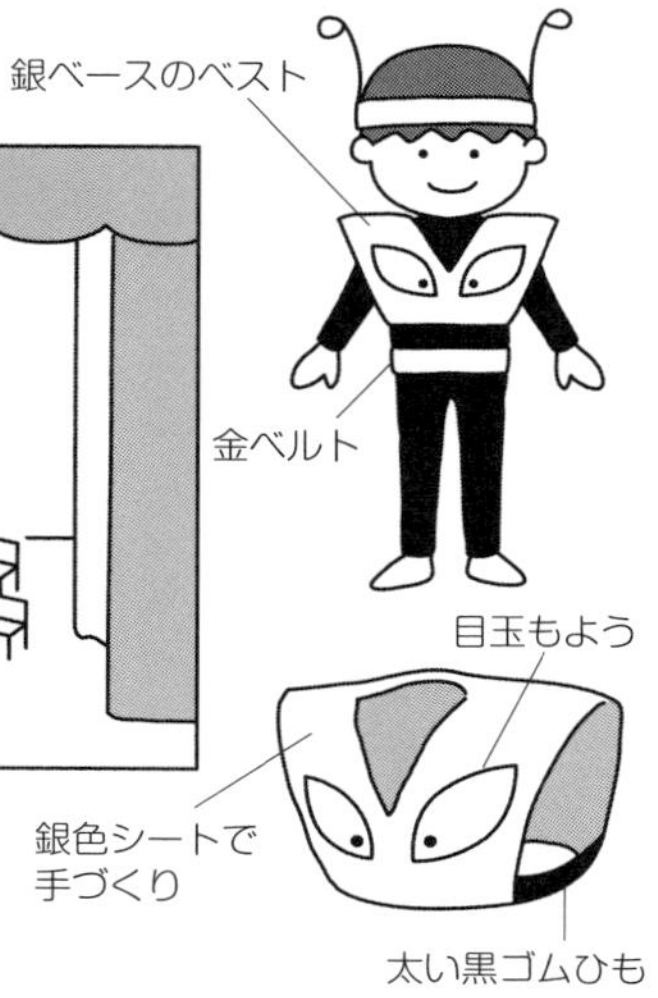
銀ベースのベスト
金ベルト
目玉もよう
銀色シートで
手づくり
太い黒ゴムひも

まくが開《ひら》くと、そこは教室。❸

先生　二学期《き》が始《はじ》まりました。みなさん、どんなことをがんばりたいですか?

子ども1　はい、ぼくは、勉《べん》強をがんばります。❹

子ども2　わたしも、苦《にが》手な算数を一生けん命《めい》勉強しよう。❹

先生　えらいですね!

子ども3　わたしは、ダンスの発表《はっぴょう》会に向けて、がんばります。❹

子ども4　ぼくは、運動《うんどう》会の練習《れんしゅう》、がんばります!❹

先生　スポーツの秋だからね。がんばってね!

子ども3・4　はい!

先生　てつお君《くん》は?

てつお　え?

先生　てつお君の二学期の目標《ひょう》は?

てつお　えーっと、食べることかな?❺

子ども1　え、食べること?

子ども2　そんなの、目標になるの?

てつお　秋って、うまいもの多いじゃん。

子ども5　たしかに。

子ども6　なしにぶどう。

子ども7　くりにまつたけ。

子ども8　さつまいも!

てつお　うまいもの、食べそこねないように、がんばります!❻

子ども9　がんばれ、てつお。

先生　食よくの秋ですね。てつお君は。それでは、明日から勉強にスポーツに

---

❸子ども達は、椅子に座っている。先生が話をしている。子ども達と先生が、客席から見て真横に向き合うと、表情などが見えにくい。やや中央寄りに向くように、椅子の向きを決めておく。

❹二学期初めの張り切った、希望に満ちあふれた雰囲気で。明るく元気よく言う。

❺てつおだけが、力まずにひょうひょうと答える。

❻両手をグーにして腕の前でポーズ。

平面図（先生と子ども達の位置）

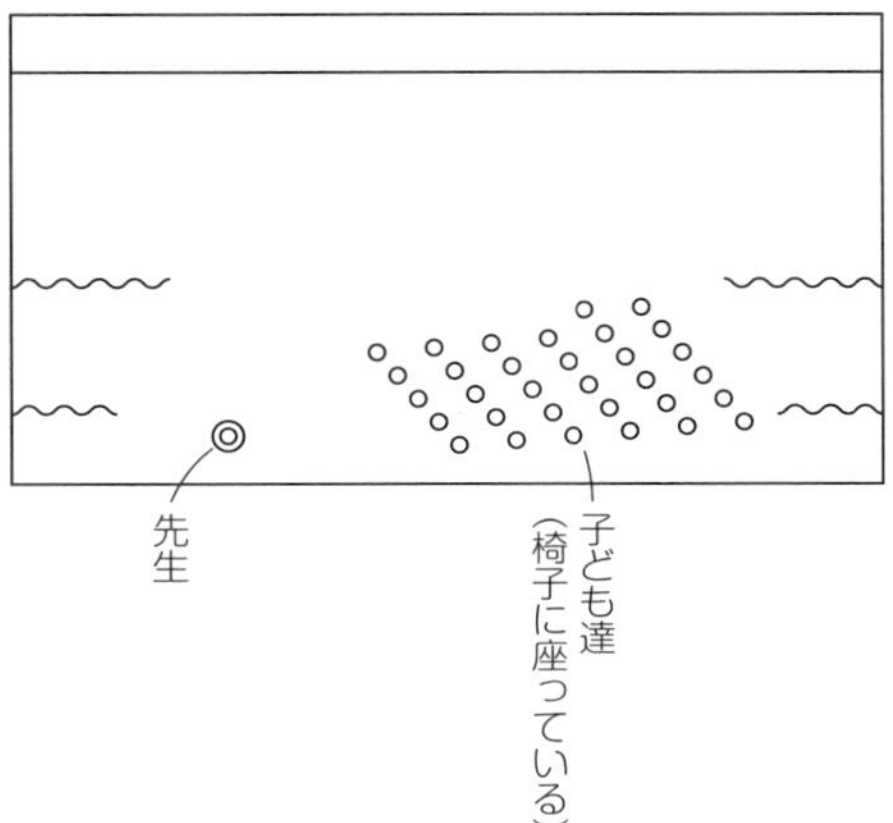

当番に、とことんがんばりましょう！

子ども全《ぜん》　はーい！

先生　さようなら。

子ども全　さようなら。❼

子ども5　よし、がんばるぞ！

子ども6　やる気わいてきたあ！

子ども7　これから、いっしょに勉《べん》強しようよ。

子ども8　ああ、いいよ。

子ども9　ね、いっしょにバスケの練習《れんしゅう》しよう！

子ども10　オッケー（子ども達《たち》、下手に入る）！❽

てつお　あ～、暑《あつ》い。暑い。❾

しょうじ　本当、この教室暑いよな。

ゆい　クーラー、全《ぜん》然きかないね。

ごうた　しょうがないよ。残暑《ざんしょ》、残暑。

ますみ　なんて、暑いんざんしょ！

しょうじ　みんな、がんばってもえているから、よけいに暑い。

さやこ　すごいよねえ。

ゆい　それにくらべて、てつおくんの目標《ひょう》。

みんな　ゆるいよねえ。❿

てつお　へへへ。⓫

ごうた　でも、二学期《き》は、ゆるんでばかりいられないよ。⓬

さやこ　勉強もがんがん進《すす》みそうだし、⓬

ゆい　大きな行事《じ》もあるし、⓬

しょうじ　二学期は、長いしね。

---

❼起立して礼をする。すぐに先生は下手に去る。

❽子ども達はおしゃべりしながら下手に去る。てつお、しょうじ、ごうた、ゆい、ますみ、さやこの六人は、椅子を舞台前方に持ってきて座る。

❾手をひらひらさせてあおぐ。

❿声をそろえて、みんなでてつおを見る。

⓫悪びれず、「よい目標でしょう？」という感じで。

⓬立ち上がって、強めに言う。

平面図（てつお達の位置）

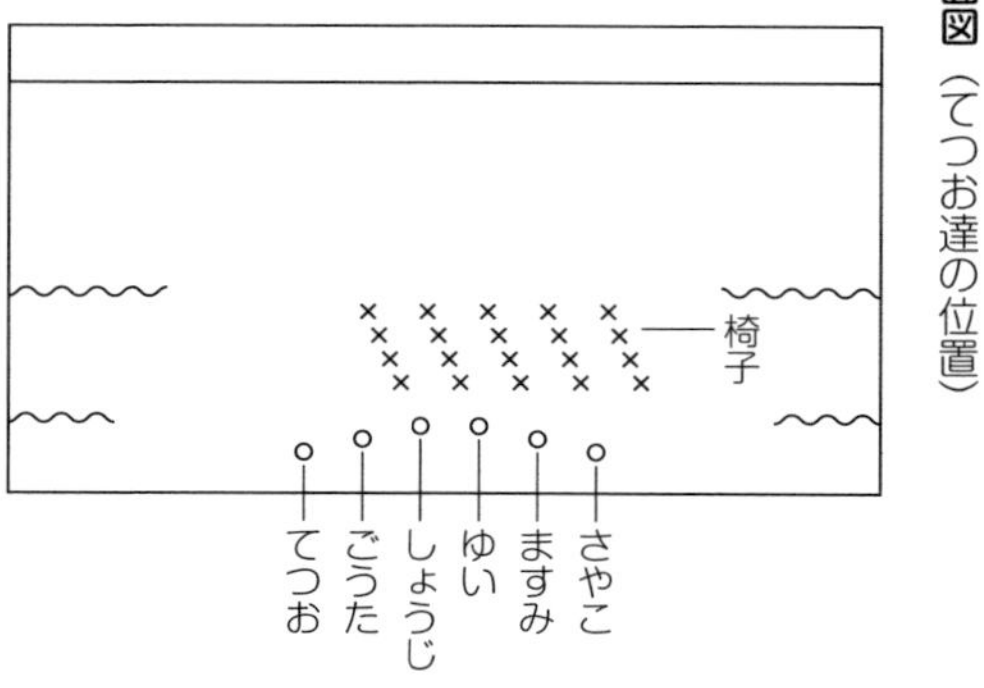

てつお　あ〜、夏休みはよかったなあ。⑬
ますみ　ねぼうできたし。⑬
ごうた　いっぱい遊《あそ》べたし。⑬
ゆい　だらだら、まんが読めたし。⑬
さやこ　のんびりひるね。⑬
てつお・しょうじ　夏休み〜、カムバーック！⑭
しょうじ　それにしても、暑《あつ》い（うちわをかばんから出してあおぐ）。⑮
ゆい　あ、うちわ、いいな。
ますみ　わたしも、持《も》ってるよ（かばんから出してあおぐ）。
ごうた　うちわなんか持ってきちゃだめなんだよ。
しょうじ　まあまあ（ごうたをあおぐ）。
てつお　ほら、これ（かばんからミニせんぷうきを出す）！⑯
さやこ　あ、せんぷうき！
しょうじ　てつお、いいの持ってるなあ。かせよ。⑰
てつお　やーだよ（上手に走って入る）。⑱
しょうじ　こら、待《ま》てよー（てつおを追《お》いかけて上手に入る）。

ごうた達《たち》も上手に入る。下手から、ナマケロ星人があらわれる。⑲

ナマケロ1　ナマナマナマ〜。
ナマケロ全《ぜん》　ナマナマナマ〜。⑳
ナマケロ2　ケロケロケロ〜。
ナマケロ全　ケロケロケロ〜。⑳
ナマケロ3　あれが、地球《ちきゅう》人の子どもか〜（上手を指《さ》して）。

---

⑬夏休みを懐かしむように思い出してにやにやしながら。
⑭大げさなポーズで。
⑮鞄は、学校指定の補助バッグ。なければ、紺色の大きめの手提げ鞄。
⑯おもちゃ屋や遊園地で売っているようなハンディー扇風機。
⑰ふざけて。ジャイアンみたいに。
⑱しょうじに向かって言い、言い終わってから上手に走る。
⑲怪しげな音楽が流れるとよい。体をゆっくりとくねらせて、不思議な感じを出す。
⑳ナマケロ1・2がセリフに合わせて動作をする。その動作を他のナマケロ星人が真似する。

平面図（ナマケロ星人が立つ位置）

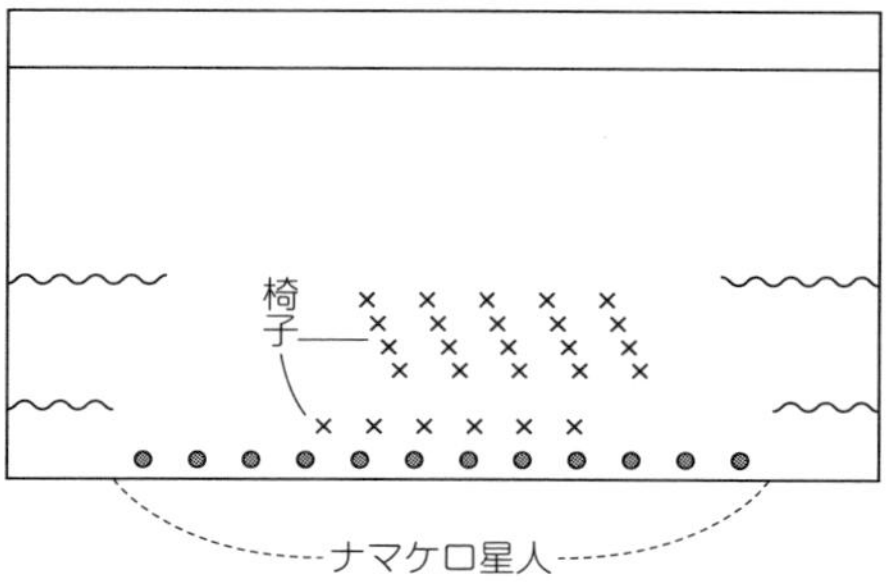

ナマケロ4　地球《きゅう》人は、働《はたら》き者《もの》と聞いていたが。
ナマケロ5　そうでもなさそうだ。
ナマケロ6　われわれの仕事《しごと》も早くすみそうだ。
ナマケロ7　では、仕事に取《と》りかかろうか。
ナマケロ8　われわれの仕事は、地球を乗《の》っ取ること。
ナマケロ9　まず、手始《はじ》めにこの小学校を乗っ取りましょう。㉑
ナマケロ10　どうやって？
ナマケロ11　これを使うのだ（きん着《ちゃく》ぶくろをかかげる）。㉒
ナマケロ12　おう、それは、ナマケロ病《びょう》の粉《こな》。㉓
ナマケロ全《ぜん》　ナマケロ病！
ナマケロ11　そうだ、この粉を子ども達《たち》に、ふりかけるのだ。
ナマケロ1　でも、この粉のきき目は、せいぜい三日。㉔
ナマケロ2　これで、地球を乗っ取れるのですか？
ナマケロ3　一度、ナマケロの味《あじ》を覚《おぼ》えたら、かんたんには、もどれない。
ナマケロ4　地球人なんて、ちょちょいのちょいだ（バカにするように）。
ナマケロ2　よし、作戦開始《せんかいし》だ！
ナマケロ全　ナマナマナマ〜。㉕

暗転《あんてん》。㉖
明るくなると、ぶたいの上には何もない。子ども達が立っている。

子ども11　さあ、やるぞ、勉《べん》強！㉗
子ども12　まずは、宿題《しゅくだい》からね。㉗
子ども全　オッケー！㉗

㉑このセリフは、この劇にとって大変重要。はっきりと強めに言う。他のナマケロ星人は、ナマケロ8をしっかり見る。
㉒メタリックな色合いの巾着袋。
㉓粉は、折り紙やメタリックテープを三角形に1センチほどに切ったもの。
㉔「三日」を強調して言う。
㉕ナマケロ版エイエイオー！だが、不気味な感じでおもしろいポーズで。
㉖暗転中に椅子を片付ける。
㉗すごいやる気で張り切って言う。動作もきびきびしている。

平面図（子ども達の立つ位置）

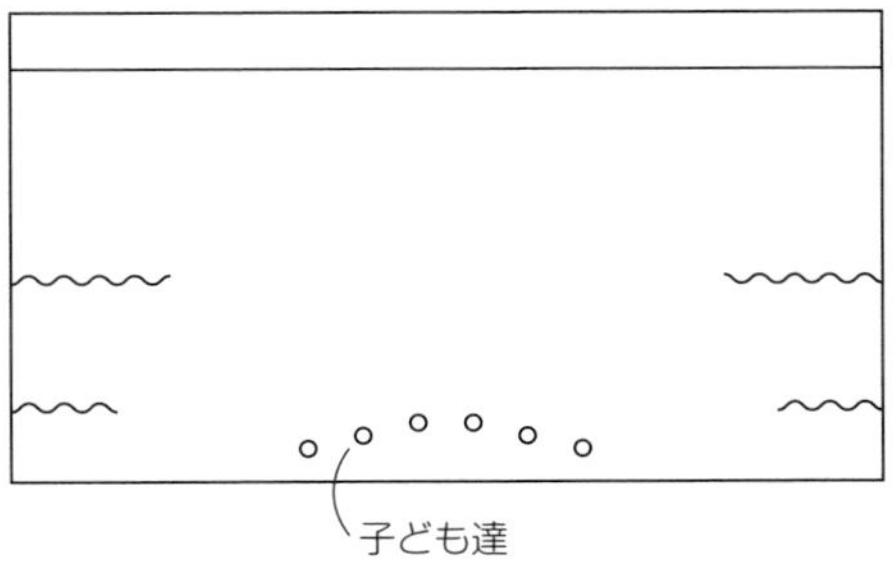

子ども13　宿題《しゅくだい》終《お》わったら、図書館《かん》行こうよ。㉗
子ども14　いいねえ。読書の秋。㉗
子ども15　ぼくは、歴史《れきし》を調《しら》べよう。㉗

みんな、一生けん命《めい》に勉《べん》強をする。㉘
ナマケロ星人2〜4、下手から出てきて後ろから子ども達《たち》に近付《づ》く。
粉《こな》を子ども達にかける。㉙

子ども全《ぜん》　うわー！㉚
ナマケロ2〜4　ナマケロナマケロ〜。㉛
子ども全　ナマケロナマケロ〜。㉜
子ども11　宿題なんて、やーめた。㉝
子ども12　勉強なんてつまらないよ。㉝
子ども13　図書館行くのもやーめた。㉝
子ども14　みんなでひるねでもしようか。㉝
子ども15　そうしよう、そうしよう（下手に入る）。㉝㉞

子ども16〜20が上手から出てくる。㉟

子ども16　ヘイヘイヘーイ、パスくれよー！㊱
子ども17　オッケー、オッケー。パスするよー！㊱
子ども18　ガガガ、ガードだ。ガガガガードだ！㊱
子ども19　シュシュシュシュートだ。シュシュシュシュートだ！㊱
子ども20　もうすぐ試合《し》だ、がんばろう！㊱

㉘パントマイムで書いたり、問題集をめくったりする。
㉙子ども達に気付かないように忍び足で。粉は手に持ってきて、上に放り投げる。

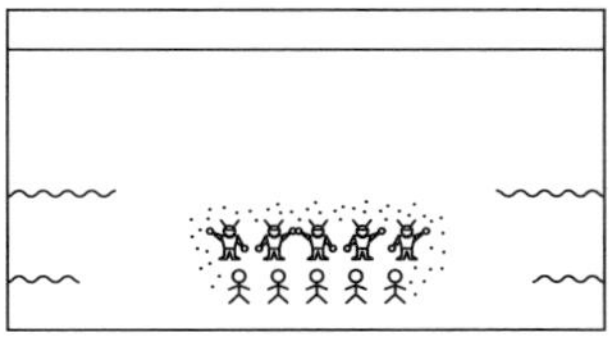

㉚危なくないようにゆっくりと倒れる。
㉛子ども達に両手を差し出して、念を送るように。

㉜ゆっくりと立ち上がる。
㉝㉗の言い方とは正反対。だらけてやる気のない様子で。
㉞子ども達は、「ナマケロナマケロ」とつぶやきながら、うつむき加減でだらだら歩いていく。
㉟張り切って元気一杯に。バスケットボールでドリブルやパスをしながら出てくる。
㊱ラップみたいな口調で。

子ども全《ぜん》　オーイエイ（決《き》めポーズで前を向《む》く）！　㊱

ナマケロ星人5〜7、下手から出てきて子ども達《たち》に粉《こな》をかける。　㊲

子ども全　うわー！　㊳

ナマケロ5〜7　ナマケロナマケロナマケロ〜。　㊴

子ども全　ナマケロナマケロ〜。　㊵

子ども16　ああ、つかれた。　㊶

子ども17　ああ、かったるい。　㊶

子ども18　自主《しゅ》練習《れんしゅう》なんてやーめた。　㊶

子ども19　バスケットボールやーめた。　㊶

子ども20　もっと、楽しようぜー。　㊶

子ども全　さんせーい（ナマケロ星人と子ども達、下手に入る）。　㊶　㊷

てつお達が上手から出てくる。　㊸

しょうじ　みんなの様子《よう》が、おかしいよな。　㊹

ますみ　たしかに、さっきまでは、はりきっていたのに。　㊹

ゆい　みんな、急《きゅう》にだらけちゃって。　㊹

ごうた　一体何が起《お》こったんだ？　㊹

さやこ　何か、こわーい。　㊹

校内放送《ほうそう》の声　（マイクを通して）（チャイムの後で）みなさん、わたし達は、ナマケロ星人。とっても大切な話があります。みなさん、講堂《こうどう》に集《あつ》まって下さい。　㊺

㊲㉙のように忍び足で。

㊳ゆっくりと倒れ込む。

㊴㉛のように念を送る。

㊵ゆっくりと立ち上がる。

㊶だらけて、やる気のない様子。

㊷「ナマケロナマケロ」とつぶやきながら、だらだらと歩く。

㊸小走りで出てくる。

㊹不思議なことが起こって、わけがわからないという感じで。

平面図（てつお達の位置）

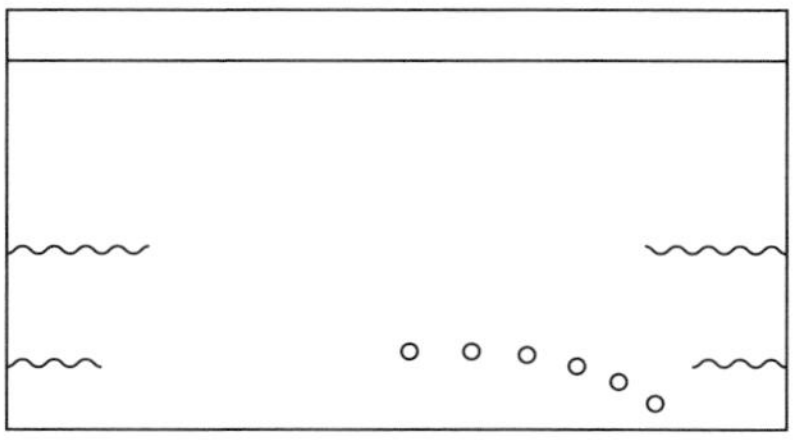

㊺スピーカーが前にあるという設定で、みんな同じ方向を見る。

しょうじ　ナマケロ星人？ [46]
さやこ　大切な話って…。[46]
ごうた　きっと、このだらけげん象《しょう》のことだよ。[46]
てつお　講堂《こうどう》に行ってみよう！ [46]
みんな　ああ（下手に走って入る）。

暗転《あんてん》。明かりがつくと、そこは講堂。ナマケロ星人達《たち》がいる。[47]
後ろには、子ども1～20がうなだれて立っている。てつお達が下手から[48]走って出てくる。下手はじに立ってナマケロ星人を見る。[49]

ナマケロ8　みなさん、こんにちは。
ナマケロ9　わたし達は、ナマケロ星人。
ナマケロ全《ぜん》　ナマケロナマケロ～。[50]
ナマケロ10　みなさんに、一曲おとどけしましょう。
ナマケロ11　心をこめて歌います。
ナマケロ12　わたし達のメッセージソング。
ナマケロ全　ナマケロロックンロール！

音楽が入る。ナマケロ星人、のりのりで歌う。[51]

♪ナマケロロックンロール

どうしてそんなにがんばるのー（ナマケロナマケロ）[52]
仕事《しごと》に勉《べん》強おつかれさーん（ヤメトケヤメトケ）[52]
そんなにがんばってどうするのー（ナマケロナマケロ）[52]

---

[46] 一つひとつの言葉を大切に言う。お互いに顔を見合わせて、確かめるように。
[47] 暗転中に不気味な音楽がかかって、不安な雰囲気を高めるとよい。
[48] 講堂は特に大道具はなくてよい。
[49] 舞台がせまい場合は、舞台下に降りてみてもよい。
[50] くねくねと不思議な動作をする。
[51] 子ども1～20も出てきてバックダンサーをする。練習の時、子ども達のアイデアを生かしながら、振りつけをつくっていく。
[52] （ナマケロナマケロ）と（ヤメトケヤメトケ）の部分は、バックダンサーの子ども達が歌う。

平面図（ナマケロロックンロールを歌う時）

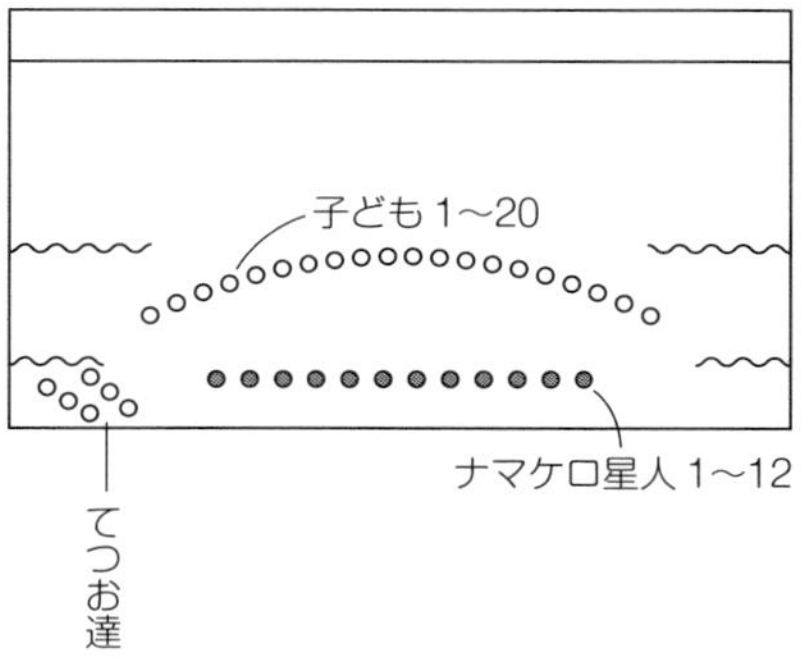

くたくたストレスおつかれさーん（ヤメトケヤメトケ）(52)
はーあー、さあ、全《すべ》てをすてなさい　とーっても楽になるー
それ、ナマケロロックンロール　それ、ナマケロロックンロール
ナマケロロックンロール　ナマケロロックンロール　ひゃー！

ナマケロ1　オウ、イエイ、サンキュー！
ナマケロ全《ぜん》　サンキュー！

先生、上手から飛《と》びこんでくる。(53)

ますみ　あ、先生！
先生　こらー、君達《きみたち》、何しているんだ（ナマケロ星人達に）！(54)
ナマケロ2　これはこれは、先生。(55)
先生　君達は、何者《もの》だ？
ナマケロ3　わたし達は、ナマケロ星人。
先生　ナマケロ星人？　ふざけるな！(56)
ナマケロ4　ふざけてなんかいませんよ。
ナマケロ5　ほら、先生も熱《あつ》くならないで。
ナマケロ6　落《お》ち着《つ》いて、落ち着いて。
ナマケロ7　この粉《こな》を浴《あ》びなさい（粉を先生にかける）！
先生　うわー（たおれる）！
ナマケロ8　ナマケロナマケロ。
先生　ナマケロナマケロ。(57)
みんな　先生（さけぶ）！

---

(53)怒りながら、すごい勢いで走ってくる。
(54)きつい口調で、注意するように。
(55)わざと丁寧な口調で。
(56)怒って強い口調で。
(57)ゆっくりと立ち上がる。

平面図（先生が入ってきて）

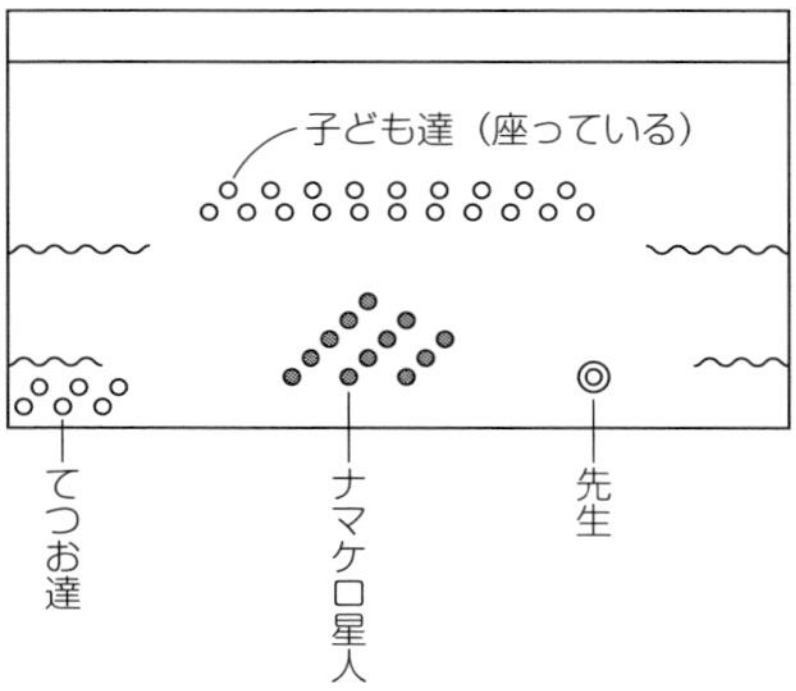

先生　ああ、わたしは、今までなぜこんなにがんばってきたのだろう。やめた、やーめた。あ、みなさんも、もう勉《べん》強なんかしなくていいからね。さぼって下さーい。[58]

てつお　え、本当？　うれしいな。

ごうた　てつお、何言ってるんだ。

ゆい　先生、しっかりして下さい（さけぶ）。

先生　ぼくちゃん、あーそぼっと（スキップして上手に入っていく）。[59]

ナマケロ9　ほら、先生も幸《しあわ》せになりました。[60]

ナマケロ10　さあ、みなさんも幸せになりましょう。[60]

ナマケロ11　今まで、みなさんはがんばりすぎました。[60]

ナマケロ12　もう、何もしなくていいのです。[60]

ナマケロ1　ゆっくり休んで下さい。[60]

ナマケロ2　わたし達《たち》に、全《すべ》てまかせて下さい。[60]

ナマケロ全《ぜん》　ナマケロナマケロ〜。

しょうじ　やい、ナマケロ星人。

ごうた　お前達は、何をたくらんでいるんだ？　[61]

ナマケロ3　たくらみなんてありません。

ナマケロ4〜6　わたし達は、みなさんの幸せを願《ねが》っているのです。

ナマケロ7〜9　ほら、ごらんなさい。

ナマケロ10〜12　この幸せそうなすがたを（ポンポンと手をたたく）。

子ども1〜20、ゆっくりと立って前に出てくる。[62]

ナマケロ1　みんな、幸せですかあ（よびかける）？

---

[58]軽い口調で。

[59]甘ったれた感じで幼児のように。

[60]優しく諭すように、語りかける。

[61]ぽんと前に出て、強い口調で叫ぶ。

[62]ナマケロ星人が両脇にどいて、その中を進み出てくる。

平面図

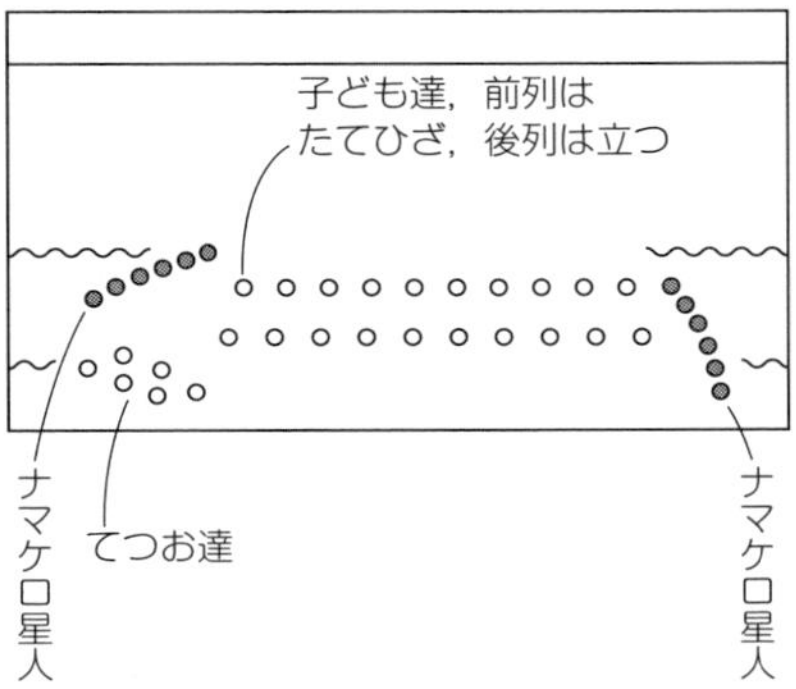

子ども全《ぜん》　幸《しあわ》せで～す。 63

ナマケロ2　どうして、幸せなの～（よびかける）？

子ども1～6　楽ちんだからあ。 63

子ども7～12　何もしなくていいからあ。 63

子ども13～20　ナマケロナマケロ～。 63

ナマケロ3　ね、幸せそうでしょ？

ナマケロ4　君達《きみたち》も、仲《なか》間になろうよ。

しょうじ　なるか、そんなの！

てつお　ゆうた、ひろし、かなちゃん…。 64

ゆい　おかしいよ、絶対《ぜったい》。

さやこ　みんな、はりきっていたのに…。

ますみ　ひどいよ、ひどいよ。こんなの幸せじゃない！ 65

ナマケロ5　いやいや、がんばっていたのをやめさせてあげたのです。

ナマケロ6　わたし達は、やさしいのですよ。

ナマケロ7　ねえ、わかるでしょ、てつおさん？

てつお　おれは、おれは。

ナマケロ8　さあ、ナマケロの世界《せかい》にいらっしゃい！ 66

ナマケロ1～4　宿題《しゅくだい》も勉《べん》強もないですよー。 66

ナマケロ5～8　遊《あそ》んでばかりですよー。 66

ナマケロ9～12　好《す》きな物《もの》、食べ放《ほう》題！ 66

てつお　おれは、おれは…う～。 67

ナマケロ全　さあ！

しょうじ　てつお、ゆうわくに負《ま》けるな！

みんな　てつお！

---

63 無表情で、生気のない声で。

64 子ども達の傍に寄って言う。子ども達は、黙って上手、下手に分かれて出ていく。

65 悲しみながら訴える。

66 明るく誘い込むように。

67 頭を抱えて苦しむ。

平面図

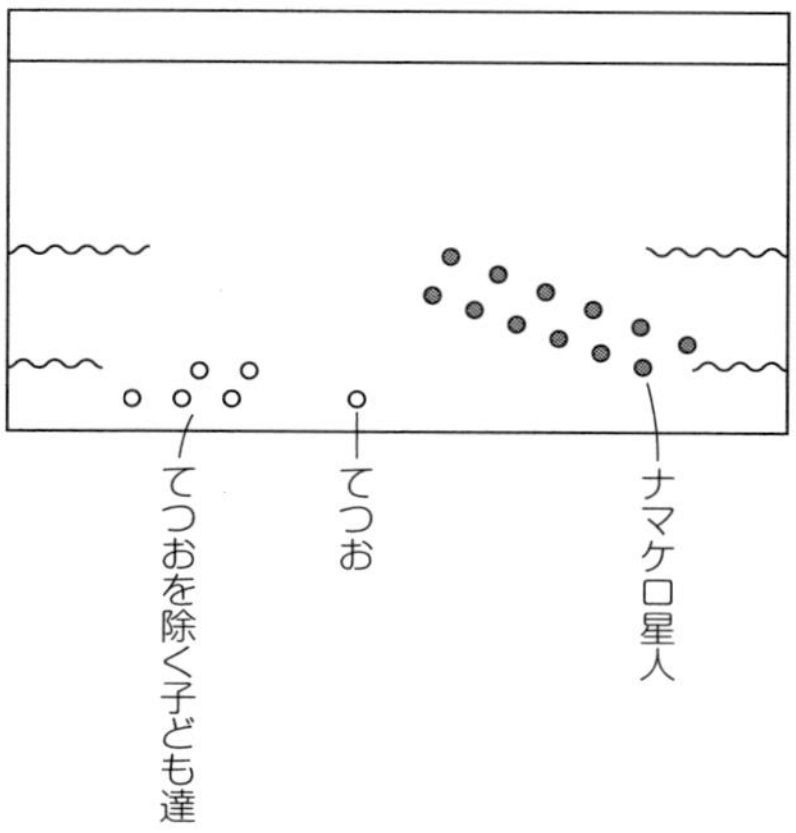

てつお　おれは、たしかになまけ者《もの》さ。でもなあ、友達のやる気を、希望《きぼう》をうばうやつは、ゆるさない！ (68)
しょうじ　てつお、よく言った！
ますみ　かっこいい！ (69)
ナマケロ9　かっこつけても、むだだよ。
ナマケロ10　さあ、粉《こな》を浴《あ》びろ。
　ナマケロ星人、せまってくる。子ども達《たち》、にげ回るが、追《お》いつめられる。
ナマケロ11　ひひひ、これで、おしまいだな。 (70)
ナマケロ12　お前達に粉をかければ、この学校全《ぜん》体がナマケロ病《びょう》となる。 (71)
ナマケロ1　うまくいったなあ。 (71)
ナマケロ2　今度は、となりの学校を乗《の》っ取《と》ろう。 (71)
ナマケロ3　世界《せかい》中の子ども達を、ナマケロ病にすれば、 (71)
ナマケロ4　地球《きゅう》人は、勝《かつ》手にほろびるだろう。 (71)
ナマケロ5　そして、地球は、われわれの物《もの》！ (71)
ごうた　やっぱり、そうだったのか！
ナマケロ6　そうとも、地球をうばうためさ！ (71)
ナマケロ7　手始《はじ》めに、この学校で、実験《じっけん》をしたのさ。 (71)
ナマケロ8　実験大成功《せいこう》！ (71)
ナマケロ全　ヒヒヒヒヒ（笑《わら》う）！ (72)
ナマケロ9　さあ、粉をくらえー！
　粉をかけると、粉がぎゃくにナマケロ星人9に飛《と》んでくる。 (73)

---

(68) びしっとナマケロ星人達を指差して、にらみつける。
(69) 胸の前で両手を合わせて。
(70) 子ども達はじりじりと迫ってくるナマケロ星人から逃げる。ナマケロ星人がスピードを上げると、子ども達もスピードを上げる。舞台上を大きく一回りして、上手ぎりぎりの所に、子ども達は追いつめられる。

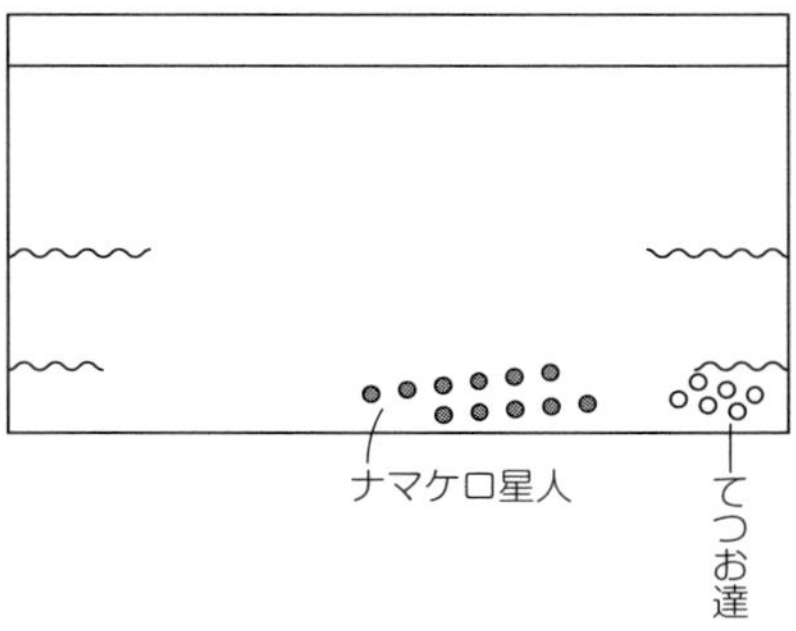

(71) もう全然優しさを捨てて、ワルっぽい感じで言う。
(72) 体をくねらせて、高笑い。
(73) てつお達、六人は一度、上手袖の中に入る。ナマケロ星人9は、上手袖の中に向かって粉を投げる。すると、すぐに袖から粉が戻ってくる。実は、粉を投げる役割の者がタイミングを合わせて、放っていたのである。

ナマケロ9　うわー（たおれる）！

ナマケロ10　どうしたことだ？

てつお　全部《ぜんぶ》、お返《かえ》しします（ミニせんぷうきをかざす）。(74)

さやこ　せんぷうき！

しょうじ　よーし、おれも（うちわを出す）！(75)

ますみ　わたしも（うちわを出す）！(75)

ゆい　うちわ！

ごうた　いいぞ、ぎゃくしゅうだ！

ナマケロ11　なまいきなあ。(76)

ナマケロ12　やれー！

　ナマケロ星人がかけた粉《こな》をせんぷうきやうちわではね返していく。粉を浴《あ》びたナマケロ星人はたおれていく。ゆい、ごうた、さやこは、ナマケロ星人が持《も》っていたふくろをうばって、粉をナマケロ星人にかけていく。ナマケロ星人は、次々《つぎつぎ》にたおれていく。(77)

ナマケロ1　（起《お》き上がって）ねえ、地球《きゅう》しんりゃく、どうする？(78)

ナマケロ2　めんどうくさくなったよ。(78)

ナマケロ3　やる気なくしたあ。(78)

ナマケロ4　やめた、やめたあ。(78)

ナマケロ5　地球しんりゃくやーめた。(78)

ナマケロ全　やめた、やーめた。(78)

ナマケロ6　ナマケロ星に帰ろうよ。(78)

ナマケロ7　うんうん、帰ろ、帰ろう。(78)

---

(74)客席にもはっきりと見えるように掲げる。

(75)うちわも上に掲げる。

(76)怒りでわなわな震えて。

(77)アップテンポのノリのよい音楽をBGMとして流すとよい。

(78)やる気のない様子でだらだらと。

平面図（ナマケロ星人はやる気をなくして帰っていく）

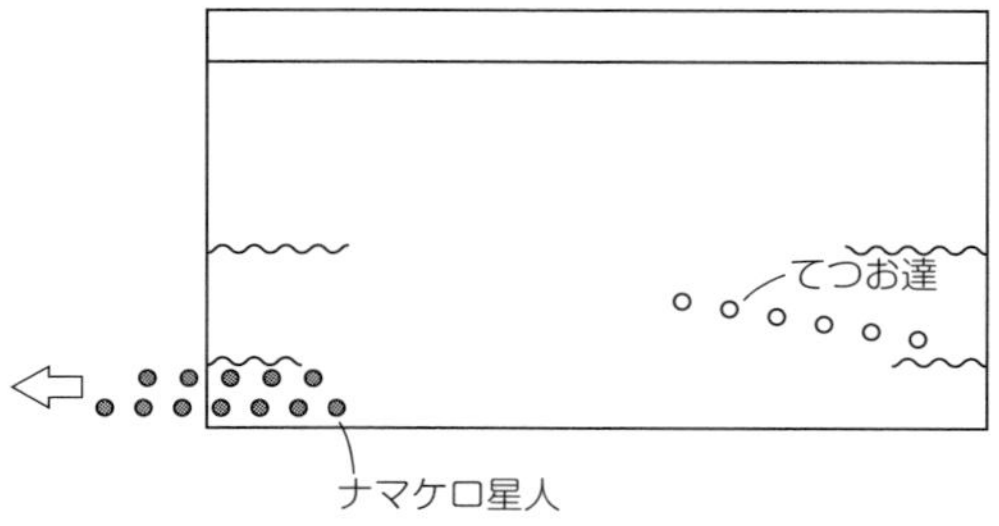

ナマケロ全《ぜん》　帰ろ、帰ろう（ナマケロ星人、帰る）。79

暗転《あんてん》。明るくなると、そこは教室。80

ゆい　あれから、一週間。81

さやこ　みんなのナマケロ病《びょう》も治《なお》ってよかったね。81

ますみ　みんな、元気になってよかったね。81

ごうた　学校は、やっぱり、活気がないとね。81

しょうじ　でも、みんな、すっかりナマケロ星人のこと、わすれているんだから。82

てつお　本当、だれが学校を救《すく》ったか、わかってないんだから。82

ゆい　いいじゃない。みんな、ほら、楽しそうだし。

先生　おい、てつお君《くん》、宿題《しゅくだい》まだ出てないぞ。出しなさい。83

てつお　は、はい。84

子ども1　てつお君、グループ学習のかべ新聞、仕《し》上げないと。85

てつお　ちょ、ちょっと待《ま》ってね。86

子ども2　お、てつお、てつおのお母さんからの言付《づ》け。「今日、ピアノ教室があるから、早めに帰って練習《れんしゅう》しなさい」だって。87

てつお　ひえ〜、いっぺんにきたあ！88

しょうじ　ほら、てつお、がんばれ！

みんな　がんば！　てつお！

てつお　ナマケロ星人、カムバック！89

みんな、笑《わら》う。まくがしまる。

79「ナマケロナマケロ」とつぶやきながら帰る。手をつないで行く者たちがいてもよい。てつお達は、呆然と見送る。

80暗転中に椅子を出し、教室にする。

81明るく、晴れやかな表情で。

82すねるように。

83上手から出てきて、少し強めに注意するように。

84ピシッと「気を付け」をする。

85下手から出てきて、焦っている様子で。

86後ずさりをするように。

87「」は、母親が言うように、厳しく。

88中央で頭を抱えて。

89大げさなポーズをとる。

平面図

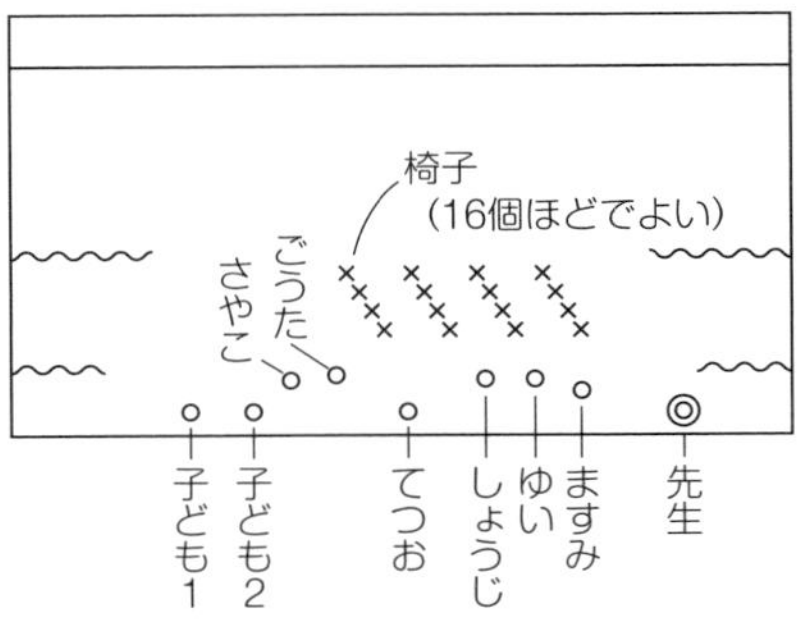

中学年向け

タヌキのおん返《がえ》し

作　蒔田　敏雄

時
秋の終《お》わり

所
お百しょうさんの家

登場人物

タヌキ１（しっかり者《もの》、リーダー的《てき》）
タヌキ２（小心者）
タヌキ３（理知的）
タヌキ４（お調《ちょう》子者）
タヌキ５（おっとり）
おじいさん
おばあさん
ネコ（鬼《おに》２・３）　１〜２
太郎《ろう》
子分（犬・猿《さる》・キジ・鬼１）　１〜４
女の子（タヌキが化《ば》けた）❶
おさむらい（タヌキが化けた）　１〜４
さいげんシーンプラカードの人
化け鬼（タヌキが化けた）　１〜５

平面図

舞台中央に立ち木。
下手側にはお百姓さんの家が一軒。

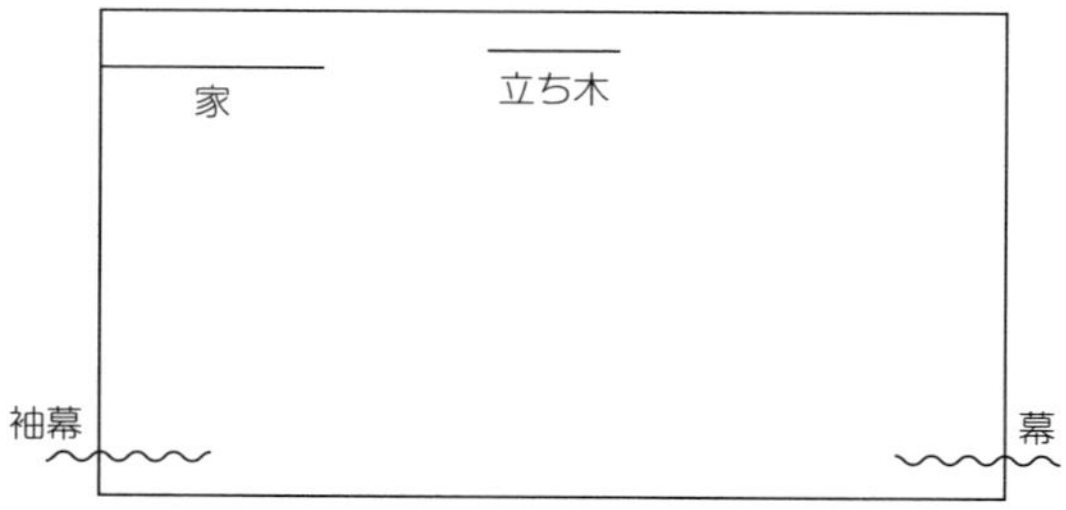

❶タヌキが変身して変わるものは、別の子どもが演じた方が変化がスムーズ。変身の際、けむりなどをあしらった布を出し入れし、その陰で変身を表現できるとよい。

タヌキ達《たち》、暗《くら》い感《かん》じでとぼとぼと出てくる。❷

タヌキ1　おなかが空いたなあ。
タヌキ全《ぜん》　はらぺこだー。
タヌキ2　寒《さむ》いし。
タヌキ全　寒いー。
タヌキ3　このままでは、死《し》にいたるかのうせいもありますね。
タヌキ全　死にたくないー。
タヌキ4　そうだ、寒い時はおどるにかぎる。
タヌキ5　おどるの？　月夜でもないのに。
タヌキ3　ここは、おどって温《あたた》まった方がいいですね。
タヌキ4　おどろうよ！
タヌキ1　よーし、おどろう。
タヌキ全　おどろう！

♪歌とおどり「タヌキ音頭」 ❸ ❹

タタタタ　タヌキのお祭《まつ》りは　月夜のお山のてっぺんで
みんなで楽しく　おどります　ハーァアー　どっこいしょ
よいしょこらしょ　どどんがどーんで　はらつづみ
ばばんがばんで　手びょう子鳴らせ
タタタタ　タヌキのお祭りは　月夜の野原の真《ま》ん中で
みんなで楽しく　歌います　ハーァアー　どっこいしょ
よいしょこらしょ　どどんがどーんで　はらつづみ
ばばんがばんで　手びょう子鳴らせ

---

❷タヌキの衣装は、茶色系の服に、しっぽと耳を付ける。

平面図

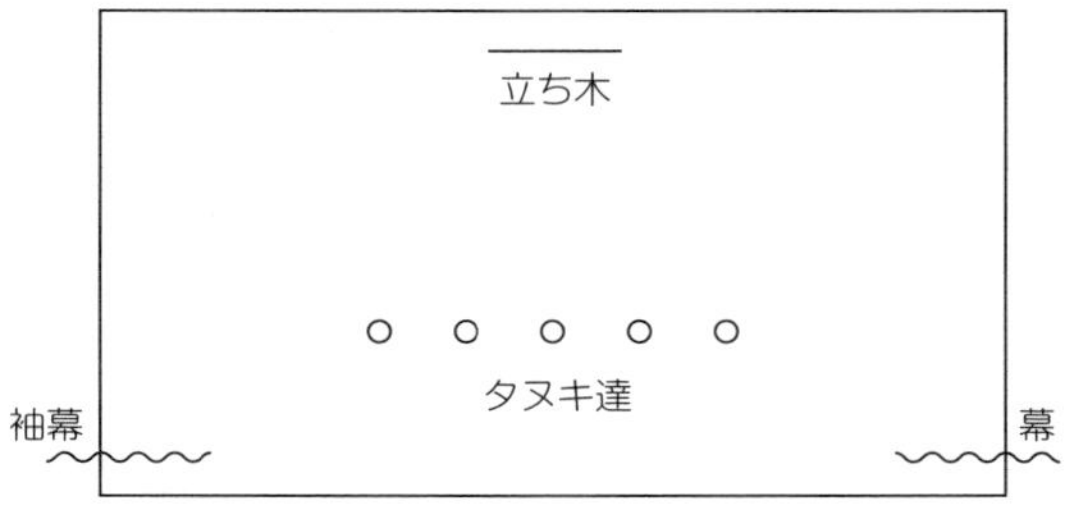

❸舞台全体を使い、元気一杯に踊る。

❹スポットがあれば、背景に当てて月に見立てるのもよい。

タヌキ5　あー楽しかった。あったまった。
タヌキ4　あったまったけど、おなか空いた…。
タヌキ3　たしかに。動《うご》いてエネルギー使《つか》いましたから…。
タヌキ2　ますます、おなか空いたー。
タヌキ全《ぜん》　はらぺこだー。
タヌキ2　どこかに食べる物《もの》はないかなあ。
タヌキ全　食べ物ー。
タヌキ5　あ、あそこ、人間の家がある。
タヌキ4　人間の家？　あぶなくない？
タヌキ1　とにかく、行ってみよう！

　タヌキ達《たち》、ぐるっと回る。その間に、下手側《がわ》に家を出す。そこにおじいさん、おばあさんが出てくる。❺　❻

おじいさん　何だか、急《きゅう》に寒《さむ》くなったねえ、ばあさん。
おばあさん　本当に…。太郎《ろう》、風ぜひいていなけりゃいいが。
おじいさん　また、太郎のことかい。
おばあさん　だって、おじいさん…。
おじいさん　太郎のことだ、どこかで元気にしているさ。
おばあさん　そうですね、そうですね。

　二人、家へ入る。タヌキ達、そーっと家に近付《づ》く。

タヌキ4　ねえ、ほしてある魚やカキ、おいしそうだねー。

平面図

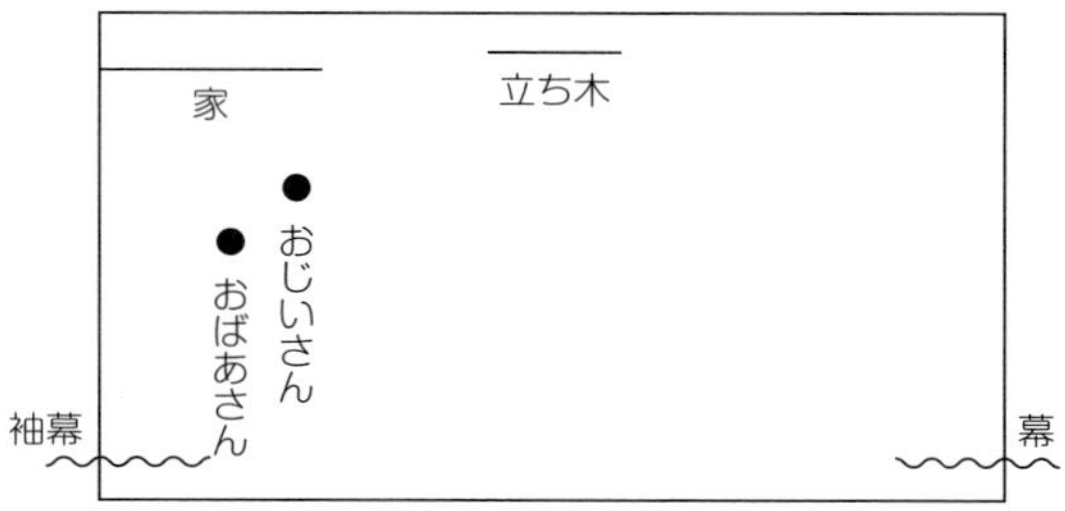

❺家は出入りができるようにする。入口は布でもよい。
❻家の軒に干してあるカキと魚をわかりやすく観客に伝わるように工夫する。

タヌキ3　わたしの口からは、よだれが出そうです。
タヌキ1　よし、いただこう。
タヌキ全《ぜん》　いただこう！

魚とカキをとろうとした時、おじいさんが出てくる。

おじいさん　そうだ、ネコにやるほし魚はあったかな、あっ。
タヌキ全　あっ。
おじいさん　たっ。
タヌキ全　たっ。
おばあさん　あったならあったと言いなさいよ…あら。
おじいさん　（大声で）このタヌキ達《たち》！
タヌキ全　（小声で）ごめんなさーい。
おじいさん　かわいそうに、はらを空かせているんだな。
おばあさん　山に食べ物《もの》がなくなってしまったんですよ。
おじいさん　ほらっ、ほしガキでも食うか。魚はやれんが。
おばあさん　代《か》わりに、おいもをあげましょうね。❼

おじいさんはほしガキを、おばあさんはおいもをわたす。

タヌキ4　やったー、ほしガキだ！　いっただっきまーす。❽
タヌキ5　おいも、おいしい。
タヌキ3　ちゃんとお礼《れい》を言わなければね。ありがとうございます。
タヌキ全　ありがとうございます。

平面図

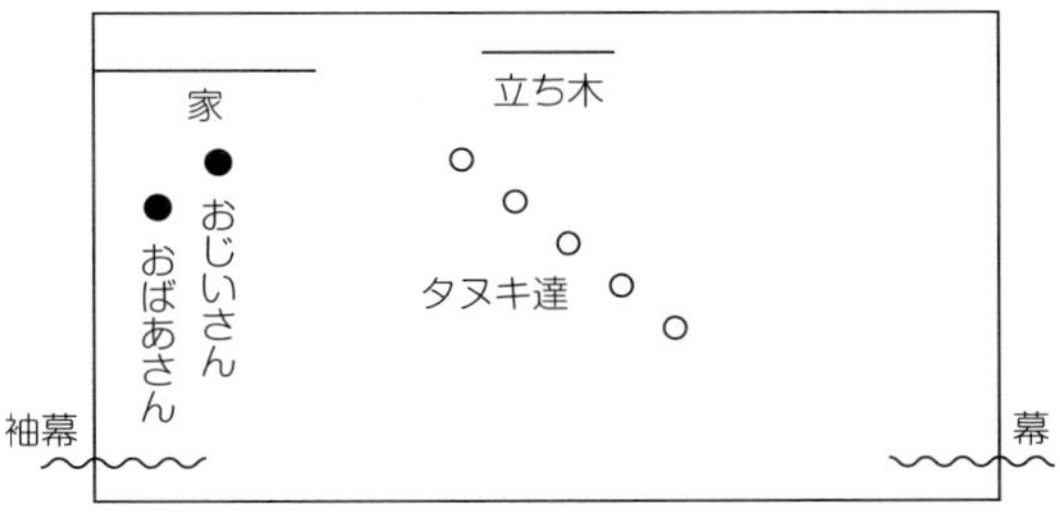

❼カキやおいもは、大きく見やすくつくる。

❽食べる様子は、マイムで表現する。

おばあさん　いえいえ、何でもありませんよ。
おじいさん　やせっぽっちで、たぬきじるもできないしな。
タヌキ全《ぜん》　えっ、たぬきじる！
おばあさん　おじいさん！
おじいさん　冗談《じょうだん》だよ、冗談。さ、もっとお食べ。
おばあさん　食べたらお行き。猟師《りょうし》がいるからね。

おじいさんとおばあさん、家に入る。

タヌキ5　あー、おいしかった！　満《まん》足満足。
タヌキ1　ねえ、おん返《がえ》しをしたくないか？
タヌキ4　おん返し、さんせーい。
タヌキ全　さんせーい。
タヌキ3　何かいい方法《ほう》、ないかなあ？
タヌキ全　ないかなあ？
タヌキ2　あ、なんか来る。
タヌキ1　かくれろ。
タヌキ全　かくれろ！

タヌキ達《たち》、下手にかくれる。上手からネコ達が登《とう》場。❾ ❿

ネコ1　あ、こんにちは、ニャーこんにちは。
ネコ2　ちょっとおじゃまをするニャーよ。
ネコ1　お魚、ちょうだいするニャーよ。

---

❾ネコ達の衣装は、それっぽいシャツなどに、できればしっぽ、耳を付けるなどする。
❿ネコ達は、忍び寄る感じをコミカルに表現する。

平面図

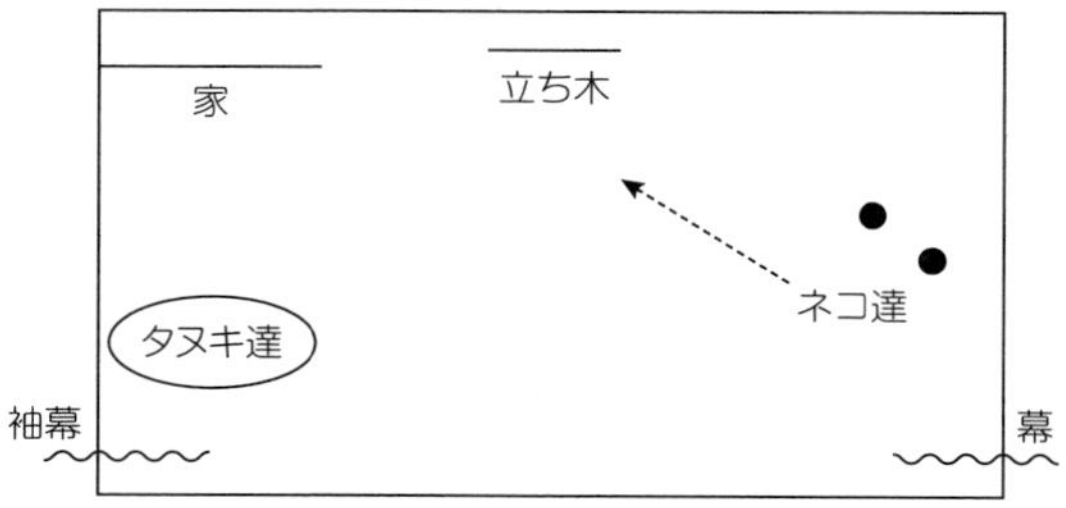

ネコ2　あ、ぬき足、さし足、しのび足、ニャー、

ネコ全《ぜん》　ぬき足、さし足、しのび足、ニャー。

ネコ達《たち》、ほしてある魚をねらってしのびよる。

タヌキ5　あっ、どろぼうネコだ。

タヌキ4　魚をねらってる。

タヌキ2　盗《と》られたら大変《へん》。

タヌキ全　大変だ！

タヌキ4　そうだ！　あのネコを追《お》いはらったら、

タヌキ3　おん返《がえ》しになる。

タヌキ全　なる、なる！

タヌキ1　よーし、そうと決《き》まれば。用意《い》はいいか？

タヌキ全　オー！

タヌキ2　葉《は》っぱを一まい頭に乗《の》せて。

タヌキ全　頭に乗せて。

タヌキ3　化《ば》けるぞ化けるぞ、ポンポコポン。

タヌキ4　犬にへんし～ん。 ⓫

タヌキ全　へーんしん。

タヌキ全　ワンワン、ワンワン！

ネコ1　ニャニャッ、犬だ！

ネコ2　いつの間に、犬なんてかったんだ！

ネコ1　もう、この家のお魚ねらうのはムリだニャ～。

⓫犬に変身するところは、お面などをかぶって表現するだけでもよい。驚かそうとする犬の鳴き声をどのようにするか、子ども達に相談させるとよい。

平面図

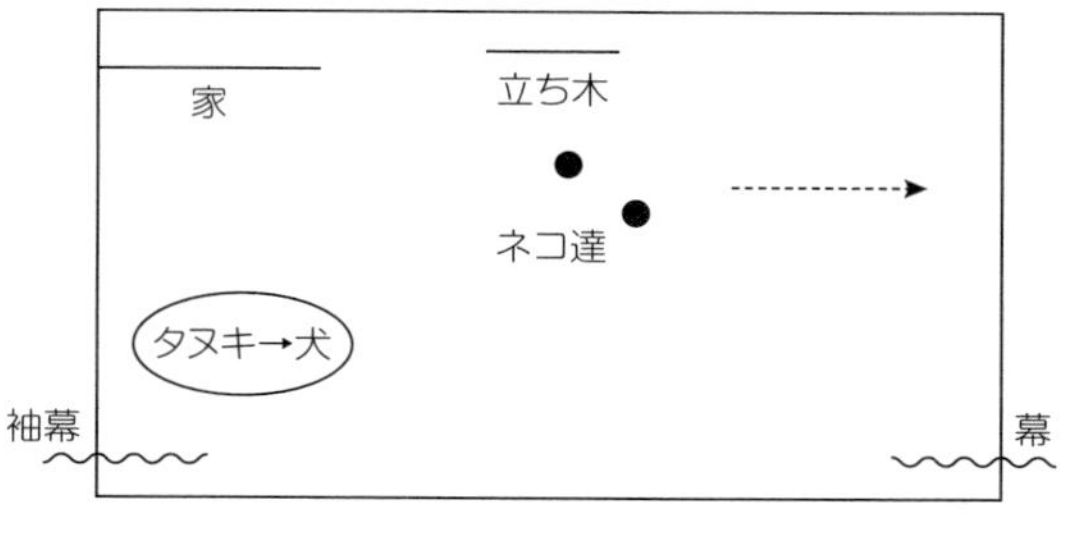

ネコ達《たち》、あきらめて上手へ入る。

タヌキ5　やったー、大成功《せいこう》！

タヌキ全《ぜん》　大成功！

タヌキ2　これで、おん返《がえ》しできたね。

喜《よろこ》んでいると、おじいさん達が出てくる。

おばあさん　何だか、さわがしいわね。

おじいさん　犬の声がしたようだが。

おばあさん　あら、お魚まだ残《のこ》っているわ。

おじいさん　おどろいて、にげちゃったみたいだな。

おばあさん　そりゃ、かわいそうなこと、したわね。

おじいさん　家に来てくれるのは、あの子達くらいだからな。

おばあさん　明日は来てくれるといいですね。

おじいさん　そうだのう。それにしても、どこの犬じゃろう？

おばあさん　さっきのタヌキ達は、大じょう夫《ぶ》かしらね。

おじいさん達は家に入り、タヌキ達は出てくる。

タヌキ1　わー、失敗《しっぱい》した。⓬

タヌキ全　失敗したー。

タヌキ2　そうだよね、やさしい二人だものね。

タヌキ3　ネコにお魚あげていても、不思議《ふしぎ》じゃないですよね。

⓬タヌキ達、しょんぼりした感じ。

平面図

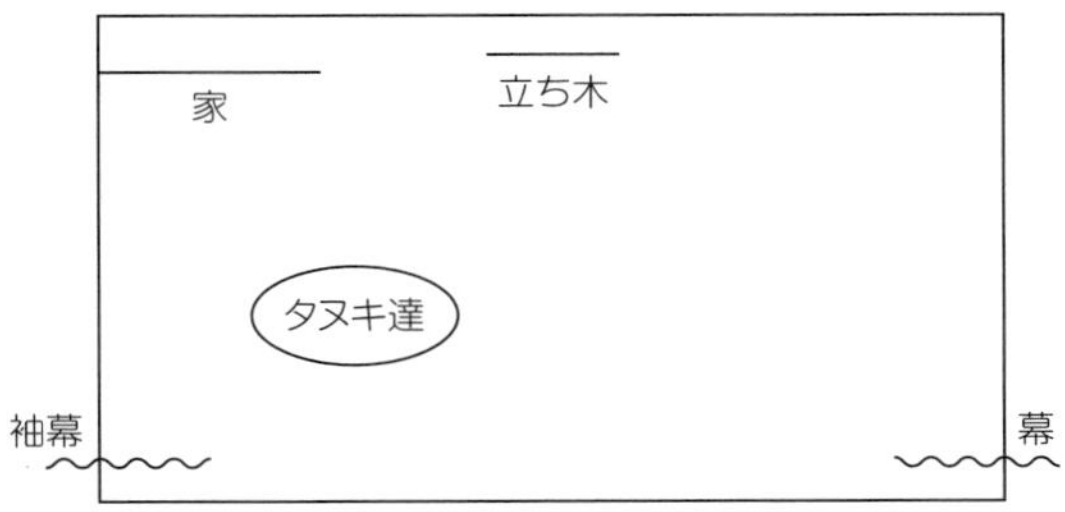

タヌキ全《ぜん》　はあ。

そこに、上手から、強そうな山ぞく風の親分（太郎《ろう》）と子分達《たち》が出てくる。⓭

子分1　で、太郎親分、これからどうされるんで？

子分2　山ぞく、やめないで下さいよ。

子分全　お願《ねが》いしますよ。

太郎、うで組みをして何か考える様子《よう》。子分達もそばにすわる。それを、タヌキ達、そっとうかがう。

タヌキ4　なんかこわそうな人達だね。

タヌキ3　何を考えているのでしょう。強盗《とう》とか？

タヌキ全　強盗！

タヌキ2　大変《へん》だ！　だったら、やっつけなきゃ。

タヌキ5　でも、おじいさん達の知り合いじゃないよね？

タヌキ全　まさかあ。

タヌキ1　念《ねん》のため、たしかめよう。

タヌキ全　たしかめよう。

タヌキ2　だれがたしかめるの？

タヌキ3　（タヌキ4→5→1→2の順《じゅん》に）お願いします。⓮

タヌキ全　（タヌキ2に）お願いします。

タヌキ2　えっわたし…はい。葉《は》っぱを一まい頭に乗《の》せてと。

平面図

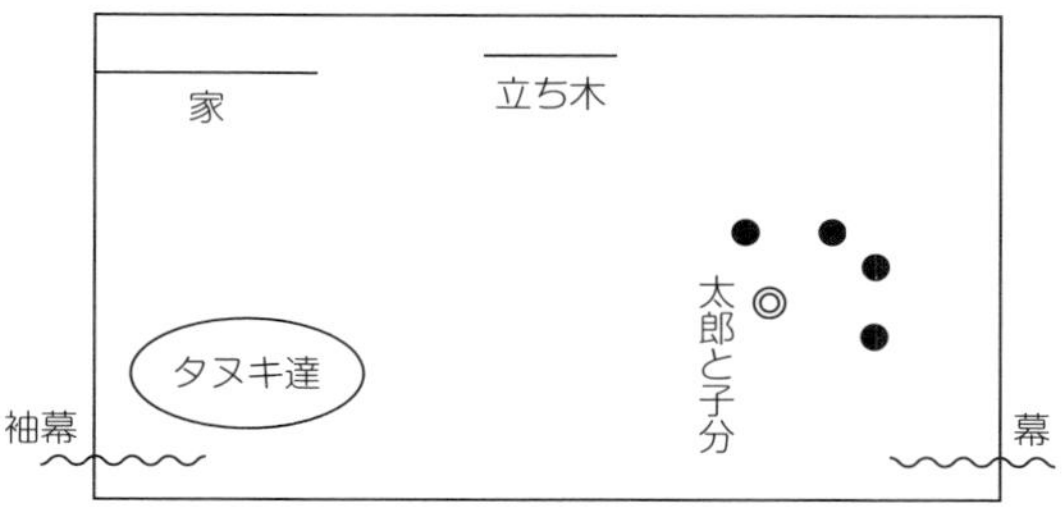

⓭山賊風の服は、着物風に前で布を合わせ、腰をひもなどで結ぶと雰囲気が出る。太郎だけは少し派手にして違いが出せるとよい。

⓮「お願いします」のところは、順にコミカルに言うとおかしさが出る。

タヌキ全《ぜん》　化《ば》けるぞ化けるぞ、ポンポコポン。
タヌキ２　女の子に、へんし～ん。⑮ ⑯

タヌキ２、女の子に変身《へんしん》すると、男達《たち》に声をかける。

女の子　強そうなお兄さん達、こんにちは。
子分３　なんだ、お前は。
女の子　わたしはこの家の方々にお世《せ》話になっている者《もの》です。
子分４　何の用だ。
女の子　いえ、あなた方がこの家の方とお知り合いかどうかが知りたくて。
子分２　知り合い？　はっ、おれ達はさむらいだぞ。
子分１　お百しょうに知り合いなどいないわ。ね、太郎《ろう》親分。
太郎　…（目をとじたまま、返事《へんじ》をしない）。
女の子　ですよね。ありがとうございます。

女の子、下手に行き、タヌキ達にほう告《こく》する。

女の子　知らないそうです。遠りょはいりませんよ～。
タヌキ全　化けるぞ化けるぞ、ポンポコポン。おさむらいにへんし～ん。

２以外のタヌキ達、おさむらいに変身する。

さむらい１　いざ、勝負《しょうぶ》。
さむらい全　勝負！

---

⑮女の子の衣装は着物が望ましいが、それっぽい感じが出ればよい。

⑯女の子やお侍への変身では、タヌキ役とは別の人が演じるとよい。

平面図

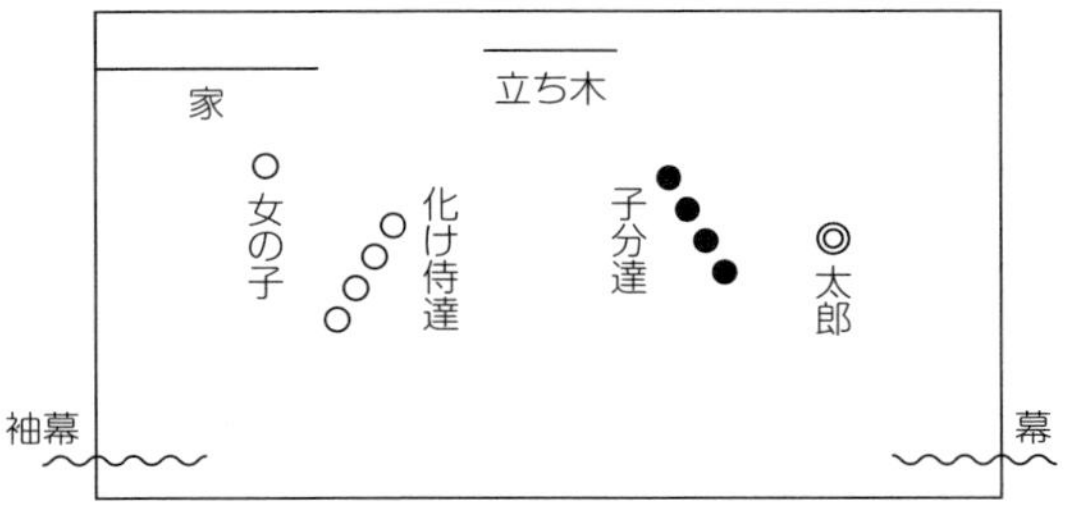

タヌキのおさむらい達《たち》と子分達は戦《たたか》い、タヌキのおさむらい達が勝《か》つ。⓱

子分2　やられたー。
子分3　太郎《ろう》親分。
子分全《ぜん》　おやぶーん。

子分のよびかけに、太郎、目を開《あ》けてすっくと立つ。

太郎　一つ聞きたい。
さむらい2　何でござろう。
太郎　あなた方は、そこの家の者《もの》達と何か関《かか》わりがあるのか?
さむらい2　関わり?　ございますとも。
さむらい3　われわれはごおんを受《う》けた者。
さむらい4　あの家のお二人を守《まも》るために戦ったのです。
太郎　なるほど…。参《まい》った!　参りました。
さむらい1　え、参っちゃうの?
さむらい2　こう参《さん》しちゃうの?
子分3　そんなー。
太郎　すまん…。

そこに、ネコ達がやって来る。

ネコ1　何だか、にぎやかだニャ。
ネコ2　お祭《まつ》りかニャ。

平面図

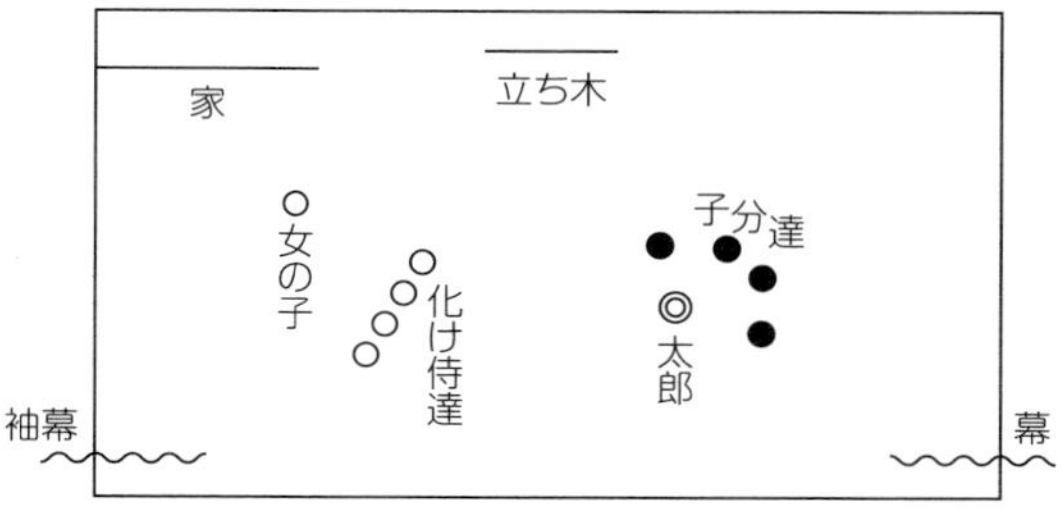

⓱お侍達と子分達の戦いは、どうやったら迫力が出るか、相談しながらつくっていくとよい。

ネコ1　ニャニャニャ。にゃんと、太郎《ろう》ニャ〜。

　ネコ達《たち》、太郎にだきつく。

女の子　え、ネコさん達、この人知ってるの？

ネコ1　あの家の子どもだった、太郎だニャ〜。

みんな　ええ〜。

さむらい3　だから、わたし達にこう参《さん》したのですね。

さむらい4　あの家の二人を守《まも》ると言ったから。

子分全《ぜん》　おやぶーん。

女の子　で、太郎さんは、どうして山ぞくの親分に？　なぜ、ここに来たの？

太郎　聞いてくれるか。

　さいげんシーンのプラカードが出て、さいげんシーンスタート。⑱

太郎　あのころ、わたしは桃《もも》太郎にあこがれてな。鬼《おに》たいじの旅《たび》に出たんだ。お約束《やくそく》の家来も見つけ…
犬！（子分1、犬のお面《めん》を着《つ》けて）ワン！
猿《さる》！（子分2、猿のお面を着けて）ウキー!!
キジ！（子分3、キジのお面を着けて）ケーン！
だが、鬼が島《しま》の鬼は強すぎた。（子分4、鬼のお面を着け、ネコ達にも鬼のお面をわたして）こしゃくな。返《かえ》りうちだ！

ネコ全　（鬼のお面を着け）返りうちだニャー。

---

⑱再現シーンは、テンポよく、コミカルに。再現シーンの最初と最後には、「再現シーン」と表示をするとわかりやすい。

平面図

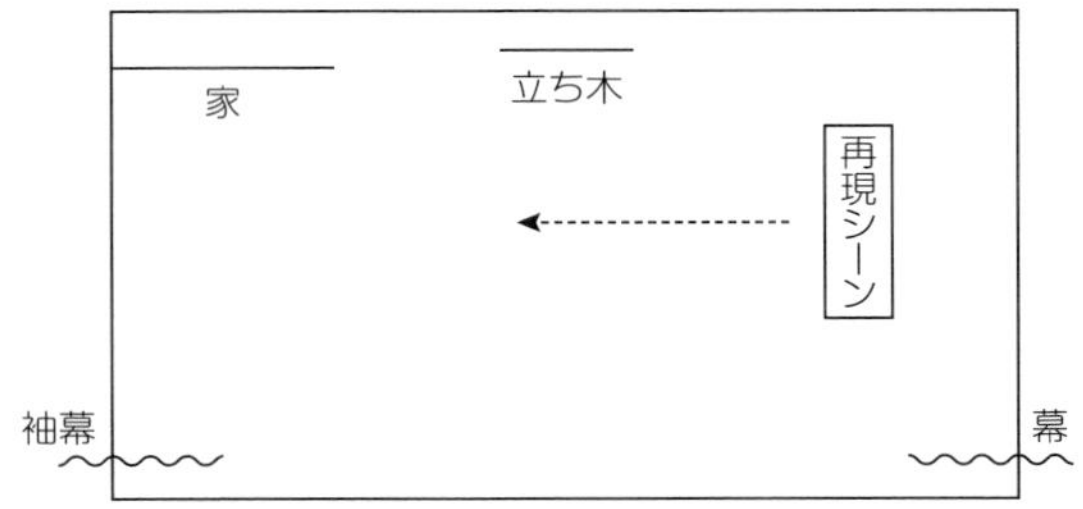

太郎達《ろうたち》、一げきでたおされる。

太郎　こうして、自分の弱さを知ったわたしは、旅《たび》をしながら強い相手と戦《たたか》うことにしたんだ。

さむらい1　勝負《しょうぶ》！（切られて）参《まい》った。

さむらい2　いざ！（なぐられて）わー。

さむらい3　こい！（投《な》げられて）どすこい。

さむらい4　参れ！（くすぐられて）うひょー。

太郎　好《す》きになった人もいたが…。修行《しゅぎょう》のじゃまになると別《わか》れ…。

女の子と太郎、手に手を取って見つめ合うが、太郎からその手をふりはらってしまう。

太郎　気が付《つ》いてみれば、山ぞくに親分とよばれるようになっていたってわけさ。

さいげんシーン終《お》わりのプラカードが出される。⑲

女の子　で、太郎さんはどうしてここに来たの？

太郎　二人がなつかしく…でも、こんなすがたを見せられない…。

さむらい1　なんと、そんな事情《じじょう》が。

さむらい2　何とかしてあげたいですね。

さむらい4　おじいさんおばあさんも会いたがっていたし。

子分1　会いに行ったらいいじゃないですか、親分。

---

⑲再現中と再現が終わった後の、太郎の様子の違いを強調するとわかりやすい。

平面図

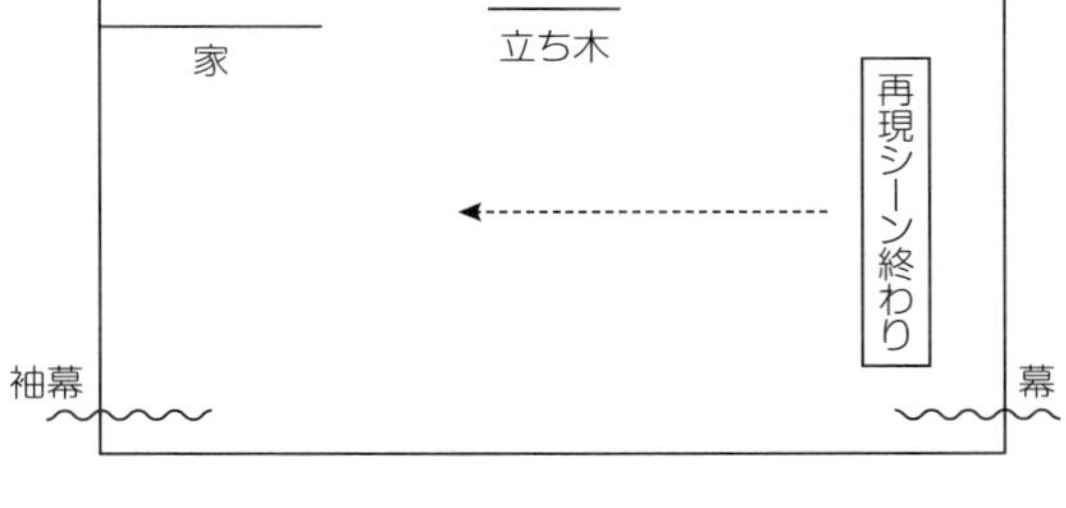

子分全《ぜん》　親分。

太郎《ろう》　鬼《おに》たいじして来る！　って家を出たんだぞ。だめでした、山ぞくになりました！　なんて帰れるか。

女の子　そうだ、それだわ、鬼たいじよ。

子分3　鬼たいじ？

ネコ全　ニャニャ？

子分4　それっておれ達《たち》が鬼に？

女の子　じゃなくて、わたし達が鬼になって、太郎さん達がわたし達をやっつけるの。

太郎　そんなこと、できるわけが…。

さむらい3　できるのさ。それがしたちは、本当は…。

さむらい達と女の子、タヌキのすがたにもどる。⑳

タヌキ2　タヌキですから。

太郎　え〜。

子分全　え〜。

タヌキ3　ですから、化《ば》けるのはお手のもの。

タヌキ2　みんな、集《あつ》まって。

みんな、タヌキ2の周《まわ》りに集まって話す。

タヌキ1　よし、では、みなさん、いいですね。

みんな　オー！

---

⑳女の子とお侍達の変身はスムーズに。

平面図

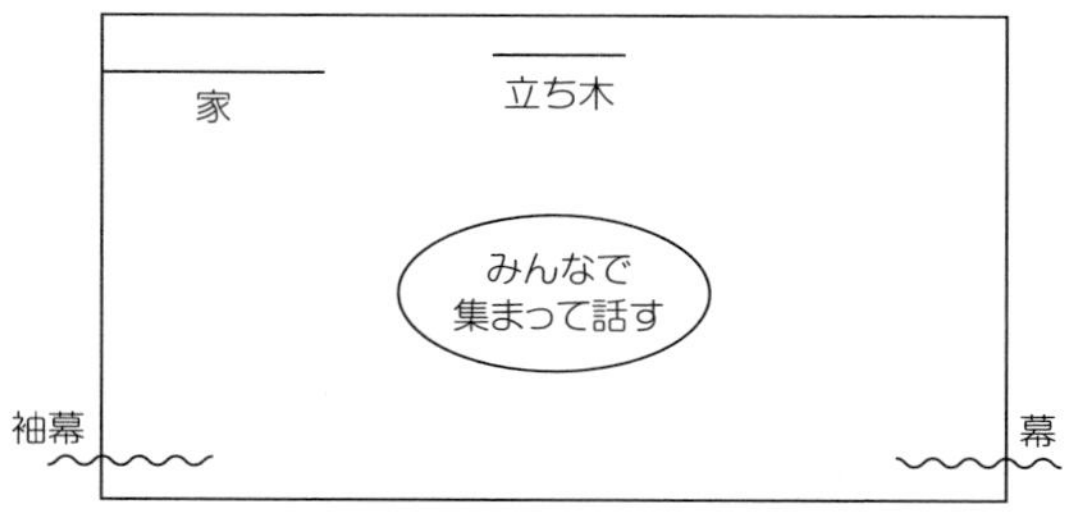

タヌキ3　化《ば》けるぞ化けるぞ、ポンポコポン。
タヌキ4　鬼《おに》にへんし～ん。
タヌキ全《ぜん》　へーんしん。㉑

　タヌキ達《たち》、鬼に変身《へんしん》すると上手へ。太郎《ろう》達は下手へ。
　そして、ネコ達は家の前でさけぶ。

ネコ1　大変ですニャ。鬼がせめてきたニャ。
おじいさん　鬼？　こんな所《ところ》に？
化け鬼1　ウオー。
化け鬼5　ウオー。
おばあさん　大変だ。どうしましょ。
ネコ全　助《たす》けてニャー！

　よび声を合図に、太郎達が出てくる。

ネコ2　ニャーニャーニャンと、太郎だニャ。
おじいさん　本当だ、太郎だ！
太郎　もう大じょう夫《ぶ》。鬼ども、かかってこい。
子分全　かかってこい！

　太郎達と化け鬼達、戦《たたか》うふり。㉒

化け鬼2　グオー、やられた。

平面図

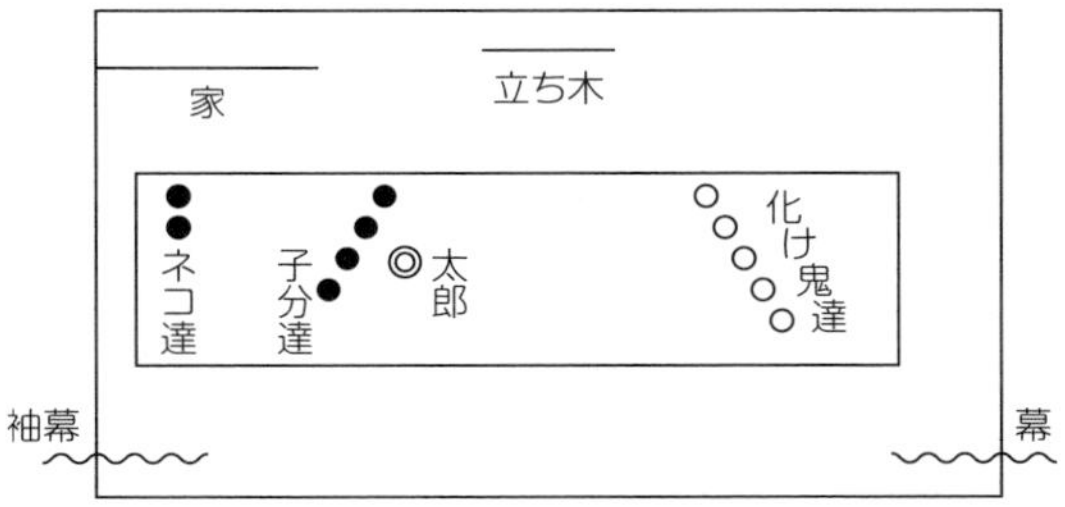

㉑鬼への変身はスムーズに。鬼の格好は「いかにも！」というものを考えて。

㉒鬼と太郎達との戦いは、わざとらしく、大げさに。

化《ば》け鬼全《おにぜん》　やられたー。
化け鬼3　覚《おぼ》えてろー。
化け鬼全　覚えてろー。
化け鬼4　（しっぽを出してしまい）あっ、いけない！
おばあさん　あら、しっぽ。
おじいさん　さてはタヌキだな。
ネコ2　ニャニャ。見間ちがいだニャ。

鬼達《たち》、下手ににげこむ。㉓

ネコ1　やったー。やっつけたニャ。
ネコ全　太郎《ろう》、ばんざいニャー！
おじいさん　太郎、本当に太郎か？㉔
太郎　おじいさん、おばあさん、長く留守《るす》にして、すみませんでした。
おばあさん　よく、よく帰ってきてくれたね。
子分1　ばんざーい。
子分全　ばんざーい！
おじいさん　さあ、太郎、中にお入り。
おばあさん　みなさんも、ネコさん達も、さあどうぞ。
ネコ全　ありがとニャ。
子分全　おじゃましまっす。

太郎達、家に入る。下手からタヌキ達が出てくる。㉕

㉓鬼達が逃げ込む様子も大げさに。

㉔おじいさん、おばあさんと太郎との再会のシーンは、動きなど相談して膨らませて。

㉕作戦が成功した喜びと、でも去らなくちゃならない寂しさとを表現できるとよい。

平面図

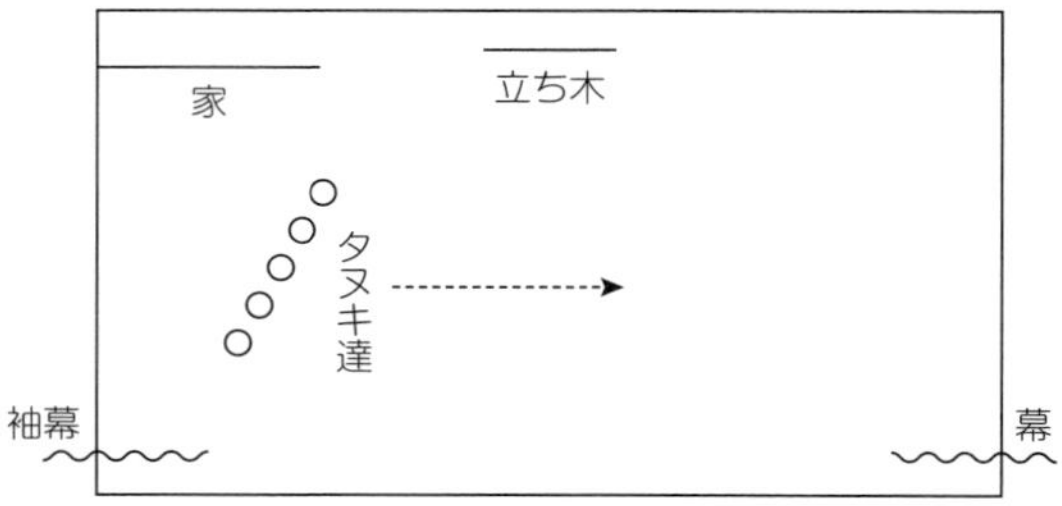

タヌキ2　太郎《ろう》さん、喜《よろこ》んでいたね。
タヌキ3　見事《ごと》な作戦《せん》でした。
タヌキ5　おん返《がえ》しも、できたね。
タヌキ全《ぜん》　できた、できた。
タヌキ4　しっぽ、出しちゃったけれど。
タヌキ全　だったね。
タヌキ1　さ、行こう。
タヌキ全　ハーッ…。行こう。

　タヌキ達《たち》、さびしそうに上手へと向《む》かう。
　そこに、太郎達がよびかける。

太郎　ありがとう！　タヌキさん!!
おじいさん　太郎に聞いたよ。おん返しをしてくれたんだね。
おばあさん　もどっていらっしゃいよ。いっしょに、太郎がもどったお祝《いわ》いをしましょう。
ネコ1　おどかされたこともゆるすニャー。
ネコ2　いっしょに祝おうニャー。
タヌキ1　えっ、いいんですか？
タヌキ全　いいんですか？
みんな　もちろん！
タヌキ全　やった〜！　㉖

　音楽が流《なが》れ始《はじ》め、♪「タヌキ音頭」をおどる中、まく。　㉗

㉖寂しさから一転、声をかけてもらった嬉しさがほとばしるように演技できるとよい。
㉗最後の踊りで、恩返しが成功し、みんなが仲良しになった感じが出せるとよい。

平面図

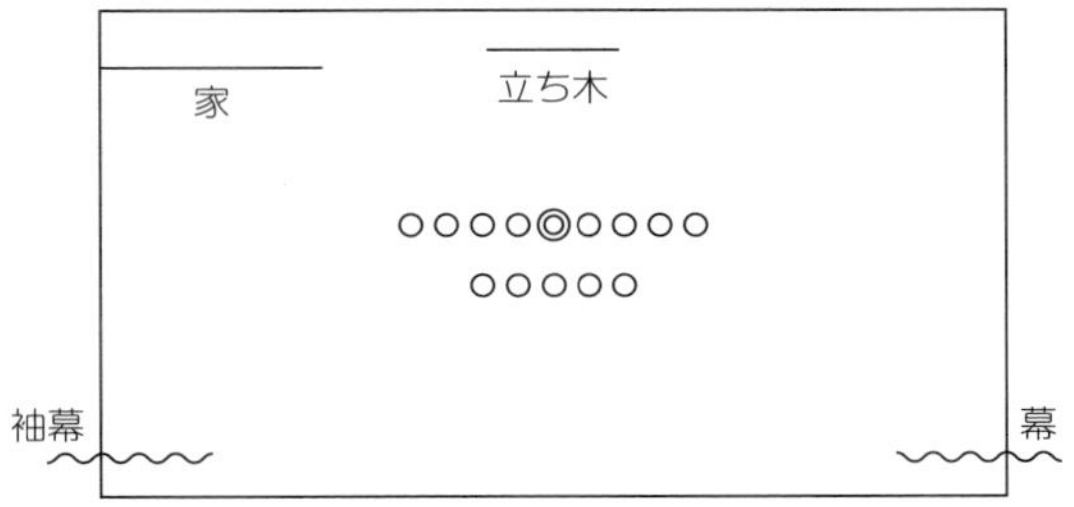

中学年向け

みんなで歌えば

作　百合岡　依子

時　ある日ある時

所　動物《どうぶつ》村の広場

登場人物
うさこ
ミミコ
リリコ
うさぎ　1～15（多数）
たぬき　1～15（多数）
ねずみ　1～15（多数）❶❷
すずめ　1～5

立面図

森の広場のイメージ。木は中央に一本でもよい。後で看板を付けるので、中央には必要。台はすずめが乗る。丸椅子を4～5個置いてもよい。

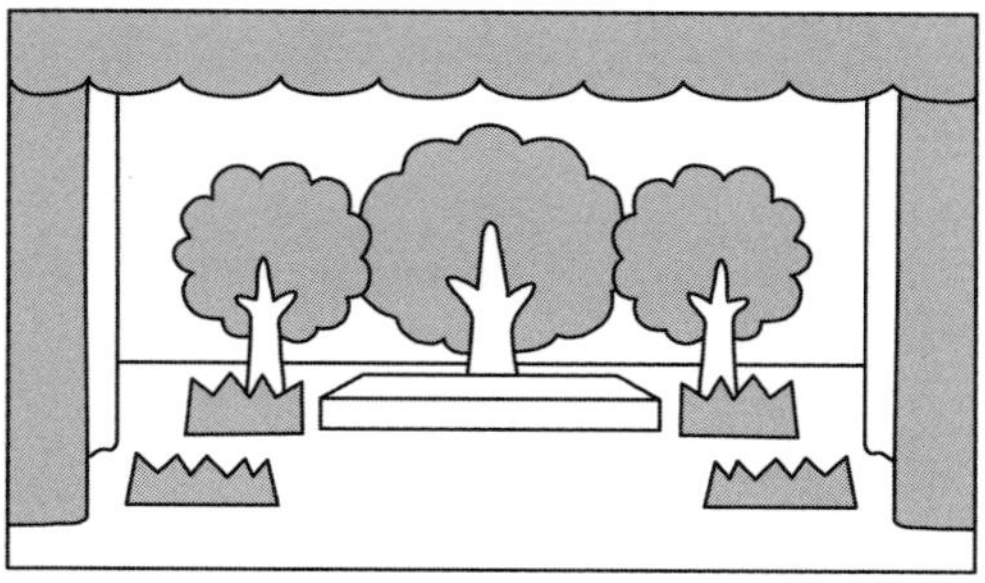

❶出演人数に合わせて適宜割り振るようにする。

❷扮装は動物の特徴がわかるような簡単な被り物などを工夫する。基本は、頭に耳（すずめは布か帽子を被る）を付け、その色の上下（半袖半ズボン）を着るイメージ。

❸幕が開く前に歌声が聞こえ、静かに鳴り始めてから幕が開くのが効果的。

❹並んで立っているのではなく、舞台を一杯に使って歌を歌っている。

♪「みんなで歌おう」を歌う歌声が聞こえる中、まくが開《ひら》く。❸

ここは森の中の広場。うさぎ達《たち》が思い思いのポーズで歌っている。❹

うさぎ1　（うっとりしながら）今日もいい声ね。

うさぎ2　わたし達ってみんないい声よね。

うさぎ3　この森の広場がいいからね。

うさぎ4　そうだね、気持ちがいいから声もよく出るのかもね。

うさこ　みんなで歌うの大好《す》き！

ミミコ　わたしも大好き。

リリコ　歌は最《さい》高！

うさぎ全《ぜん》　最高！

うさぎ達、みんな楽しそうに笑《わら》いながら、また歌い出す。

下手から、たぬき達がボディーパーカッションで、にぎやかに登《とう》場してくる。❺

たぬき1　どけよ、どけどけ。❻

たぬき2　ここはたぬき様《さま》達の広場だぞ。

たぬき3　これからここでリズムの練習《れんしゅう》だ。

うさぎ5　ちょっと待《ま》ってよ。ここはみんなの広場だぞ。❼

うさぎ6　そうだ、たぬき達の広場じゃないぞ。

たぬき4　そうだよ。みんなの広場ってことは…。

たぬき5　ぼく達、たぬきの広場でもあるということだ。

たぬき全　そうだ、そうだ！

ねずみ
灰色の大きな耳
灰色上下
うさぎ
耳
白上下
たぬき
茶色の耳
アイマスクに目を付ける
茶色上下
すずめ
くちばし
うす茶の布をかぶる
うす茶マント（手にとめる）

❺うさぎ達は、音が聞こえ出した下手方向に目をやり、たぬき達が出てくるのを目で追うようにしながら舞台後ろに自然と下がっていく。

平面図

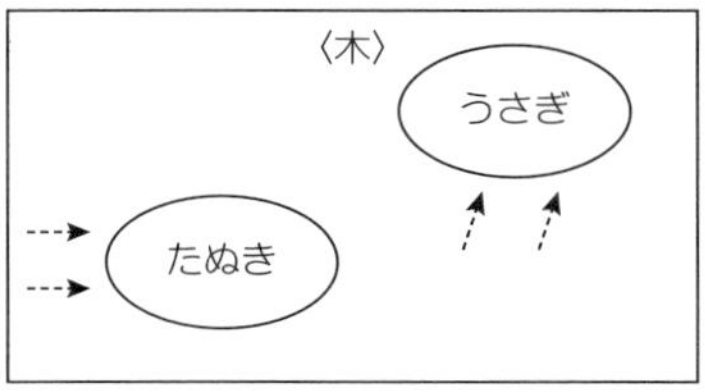

〈木〉
うさぎ
たぬき

❻たぬき達は手足・膝などで自由にリズムを打ちながら、列になって出てくる。

❼たぬきのパーカッションは中断する。

たぬき6　無視《むし》、無視。さ、始《はじ》めようよ。リズムの練習《れんしゅう》。
たぬき7　ぼく達《たち》得意《とくい》のボディーパーカッション！
うさぎ7　何が得意だよ。ただうるさいだけじゃないか。
うさぎ8　そう。言ってみれば、ただのざつ音だね。
うさぎ9　ざつ音というより、そう音と言うべき音ですね。
うさぎ10　それにくらべると、わたし達の歌声は天使の歌声ね。
たぬき8　ただのキイキイ声で声をはり上げているだけじゃないか。
たぬき9　そうだよ、お前達の声こそ、森中のめいわくだ。
たぬき全《ぜん》　そうだ、そうだ。

うさぎとたぬき達が言い合っているところに、ねずみ達が上手から列《れつ》になって歩いてきて、ラップを始める。❽
うさぎとたぬき達は後ろに追《お》いやられる。❾

♪ねずみのラップ

チューチュー　チュチュチュチュ
おれ達ねずみ　チュチュチュチュ
森の広場　来てみれば
いつものケンカ　始まった
くだらない　きりがない
うさぎもたぬきも　どっちもどっち

ねずみ達、「イエーィ、イエーィイエーィ」などとノッてきたところで、うさぎとたぬき達にじゃまされてとめられてしまう。❿

---

❽うさぎとたぬき達の間を縫うようにして、ねずみ達が出てくる。リズムに乗った、ちょこまかした動きで出てくるとよい。BGMとして、キーボードやタンバリンを使って8ビートのリズム音を出す。「ねずみのラップ」は歌詞に合わせて、自由にリズムをつくる（楽譜はありません）。

❾上手側にうさぎ達、下手側にたぬき達が固まって、ねずみ達の様子を見ている。

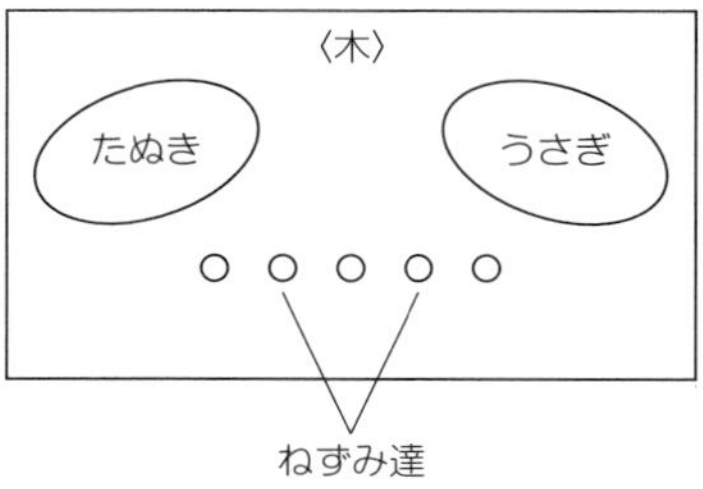

❿ねずみ達はDJの真似をしたり、互いにハイタッチをしたりするなど、それぞれがラッパーになりきる。

うさぎ11　ちょっと待《ま》ったあ。⓫

ねずみ1　何で、じゃまするんですか。

たぬき10　どさくさまぎれに、広場をどくせんしないでよ。

ねずみ2　ふん。どうせ君《きみ》らは、いつものケンカでしょ。

ねずみ3　君らが仲良《なかよ》くケンカしてる間に、

ねずみ4　ぼくらは仲良くラップの練習《れんしゅう》ってわけ。

ねずみ全《ぜん》　いいですね。めでたし、めでたし。

たぬき全・うさぎ全　全然《ぜん》めでたくない！　⓬

動物達《どうぶつたち》は、言い合いを始《はじ》める。そこに、下手からすずめ達が、「動物の森なかよし音楽会」と書いたポスターを持《も》ってやって来る。⓭

すずめ1　（笛《ふえ》）ピッピピッピ、ピッピッピ。⓮

すずめ全　ぼく達、村のお知らせすずめ。

うさぎ12　なになに。何のお知らせ？

すずめ1　（ポスターを広げながら）ビッグチャンスのお知らせです。

すずめ2　こちら、四年に一度《ど》の、

すずめ全　「動物の森なかよし音楽会」

すずめ3　それが、この村で行われることになりました。

すずめ4　そのすごい音楽会に…

すずめ5　何と！　みなさんも出られるかもしれないのです。

みんな　えーっ！

すずめ1　ま、地元代表《だいひょう》ということでね（ポスターを後ろの木にはる）。⓯

みんな　（口々に）すごい！　絶対《ぜったい》出たいよね！…

⓫うさぎ達のいる上手側から、ねずみ達を押しのける（端のねずみから順に倒れていくようにしてもよい）。

⓬このセリフをきっかけに言い争いになる。

⓭すずめ達は下手奥から出てきて、空を飛ぶ動きで動物達の周りを一周し、後ろの木にとまるように台の上に立つ。他の動物達は、すずめ達を目で追いかけ、木にとまったすずめ達を見上げる格好で後ろ向きに座る。

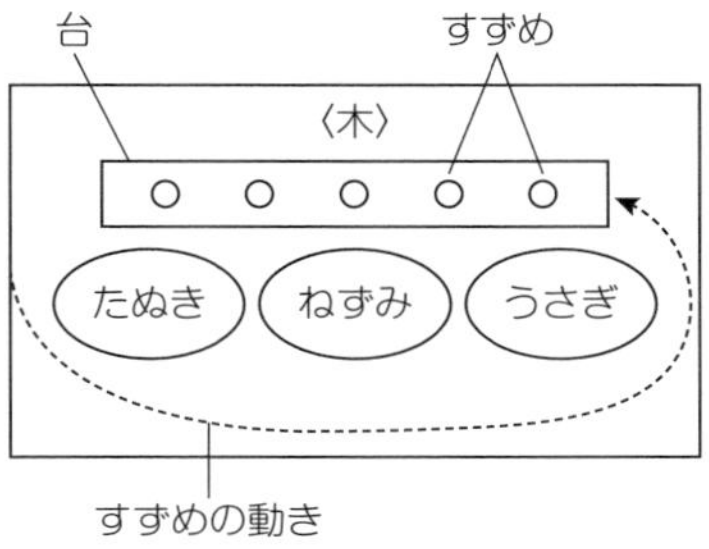

⓮ホイッスルなどを吹く。

⓯ポスターはマジックテープで背景の木に付けたり外したりできるようにしておく。

すずめ2　ただし、出られるのは一グループだけ。

すずめ3　そして、この音楽会は、な・か・よ・し音楽会ですからね。

すずめ4　（みんなを見回して）ケンカしてるチームは、

すずめ5　出られませんよ。

すずめ1　以《い》上、お知らせ終《お》わり。

すずめ全《ぜん》　またねー。

すずめ達《たち》、ぶたい上を一周《しゅう》して下手にたい場。

うさぎ、たぬき、ねずみ達はおたがいに顔を見合わせる。

うさぎ13　これは、チャンス、うさぎチーム出場決定《けってい》！

たぬき11　なによ、わたし達たぬきチームも負《ま》けないわよ。

たぬき12　そうだよ。さ、みんな、集《あつ》まって相談《そうだん》しよう。

ねずみ5　ぼく達だって負けないぞ！

ねずみ6　得意《とくい》のラップで出場だ。

うさぎ、たぬき、ねずみ達はそれぞれにらみ合う。⑯

ねずみ7　さ、みんな、きん急《きゅう》会議《ぎ》だぞ。

動物《どうぶつ》達は、それぞれのグループで急《いそ》いで集まって、相談しながら上手、下手にたい場する。うさことミミコ、リリコは残《のこ》る。⑰

ミミコ　聞いた？　うさこ。出たいね、音楽会。⑱

---

⑯うさぎは上手側、ねずみは中央、たぬきは下手側にそれぞれ固まる。

⑰うさぎはそのまま上手奥に残り、うさこ達に背を向ける格好で相談する動きを続ける。ねずみは上手、たぬきは下手に、それぞれ相談しながら退場する。

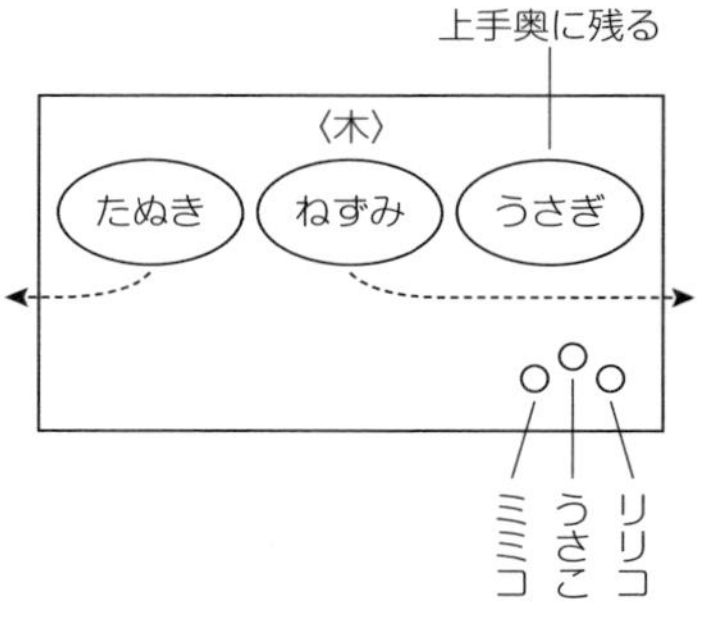

⑱うさこ、ミミコ、リリコの三人は、聞こえるように上手前方に出てきて会話をする。

リリコ　うさこ、歌、大好《す》きだものね。
うさこ　うん…。
ミミコ　音楽会に出られたら、うさこのいい思い出ができるね。
うさこ　うん…。でも…。わたし、できたらみんないっしょに出たいな…。
ミミコ　みんなって…？　たぬきさん達《たち》とねずみさん達とも、ってこと？
リリコ　それは無《む》理だと思うよ。今のケンカ見てたでしょう？
ミミコ　そうだ。うさこ、この森、最《さい》後のイベントだからって言ったら？
リリコ　そうしたら、みんなわかってくれるかも。
うさこ　それはいや…。わたしのためにっていうのは…絶対《ぜったい》いや…。

　うさぎ達が、発《はっ》声練習《れんしゅう》をしながら出てきてならぶ。⑲

うさぎ14　（みんなで発声練習をしながら）わたしたちの声って、いい声。
うさぎ15　この美《うつく》しい声を、森中にひびかせちゃうぜ。
　（みんなでもり上がる）
うさぎ16　では、高い声の練習から（歌う）「声ひびかせてー」はい！
うさぎ全《ぜん》　（歌う）声ひびかせてー…
うさぎ17　口開《あ》けて！　目開けて！　おなかしめて！
うさぎ全　（歌う）声ひびかせてー…　⑳
うさぎ18　ああ、苦《くる》しい。
うさぎ19　次は、一人ずつやりましょう。さん、はい。

　うさぎ達が歌おうとしたところに、たぬき達がリズムに乗《の》っておどりながら出てくる。うさぎ達はすみに追《お》いやられる。㉑㉒

⑲うさぎ達は、準備運動をしたり、喉の調子を整えるような動きをしたりしながらばらばらに出てきて、二列くらいに整列する。うさこ達も「ほら、練習するよ」と声をかけられ、そこに加わる。発声練習は、音階に合わせて高い声を出したりする。

⑳「みんなで歌おう」の一部を取り出して行う。普段の音楽の授業などを参考にして、子ども達に練習シーンを考えさせるとよい（一つの音を伸ばして歌う、同じフレーズを繰り返して歌う、列ごとに歌う、一人ずつ歌うなど）。

㉑たぬき達はインパクトのある、ノリのよい音楽（マイケル・ジャクソンの『Thriller』など）とともに登場する。

㉒たぬき達は下手から舞台中央に進み、うさぎ達は押しやられる形で上手側へ行き、そのまま上手後方に座る。

たぬき13　みんな、ノッてるかい？
たぬき全《ぜん》　イエー。
たぬき14　みんな、楽しいかい？
たぬき全　イエー。
たぬき15　うさぎさん達《たち》の練習《れんしゅう》って…
たぬき全　きびしすぎー。
たぬき16　やっぱり音楽は、楽しくなくっちゃ。
たぬき全　イエー。
たぬき17　ミュージック、カモン！　㉓

元気な音楽が流《なが》れ、たぬき達はボディーパーカッションでおどり出す。練習の後半部《ぶ》分でねずみ達がやって来て、練習を見ている。㉔

たぬき全　（最《さい》後のポーズを決《き》めて）イエーー！
うさこ　（はく手をして）上手ね、すごい！　たぬきさん達、かっこいい。
たぬき18　へへっ。そう？　かっこいいかい？
たぬき19　うさこちゃん、ありがとう。
たぬき20　ほめられるとうれしいね。
たぬき21　これからもっとうまくなるから、楽しみにしていてね。
うさこ　がんばってね。楽しみにしているわ。
たぬき22　うさこちゃんだけは、やさしいね。がんばるぞ。
たぬき全　がんばるぞ。ヒュー。

うさぎ達、うさこをにらむ。

㉓「たぬきのボディーパーカッション」のリズムを、「みんなで歌おう」と同じくらいのテンポの曲に乗せて叩く。
㉔ねずみ達は上手前方の隅にそっと登場し、そのままたぬき達の様子を伺うようにして見ている。

うさこ、こまったように後ろに下がる。
たぬき達《たち》は「あせかいたね」「ちょっと一休みしようか」などと言いながら、うさぎ達と反対側《はんたいがわ》のすみにすわる。㉕
入れかわるようにして、ねずみ達がぶたいの中央《おう》で練習《れんしゅう》のじゅんびを始《はじ》める。㉖

ねずみ8 たぬきさん達の音楽は、にぎやかですねえ。
ねずみ9 もはや音楽というより、そう音…
ねずみ10 いやいや、そんなこと言っちゃ、かわいそうだろう?
ねずみ11 そう、そう、けっこうたぬきさん達もやるね…。でも…。
ねずみ12 おれ達にはかなわない。みんな、用意《い》はいいかい?
ねずみ全《ぜん》 オーケー。チェキラッ!

ねずみ達はラップを始める。㉗
ねずみ達のラップはじょじょに大合唱《しょう》になり、終《お》わる。

うさこ (思わず前に出てきてはく手をして)ねずみさん達もすごく上手よ。
ねずみ13 イエー。サンキュー。
うさぎ20 うさこったら、さっきからほめすぎ。
うさぎ21 まあ、悪《わる》くはないけど、ぼく達の方がいいよね。
うさぎ22 音楽会、うさこは出たくないの? よそのチームばっかりほめて。
うさこ ごめん。でも、ほんとにたぬきさんもねずみさん達もよかったから。

うさぎ達、あきれたようにうさこを見る。

㉕たぬき達は、うさぎ達と対称となるように下手後方に座る。
㉖半円形や列など、やりやすい形で。リズムに乗って自由に表現できるように、やや緩やかな並び方がよい。
㉗「ねずみのラップ2」を、「みんなで歌おう」と同じテンポで行う。BGMとして、キーボードなどで8ビートのリズム音を出すか、タンバリンを叩くようにするとよい。

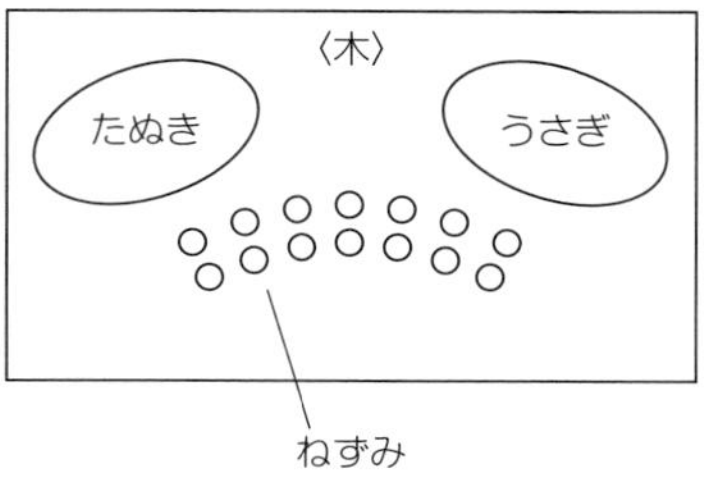

ミミコ　ねえねえ、チームを合体させてみるって、どうかな？

リリコ　それ、いい考え！　みんなで一つのチームになって、音楽会に出るのよ。

ミミコ　一つのチームになれば、強力チームになるわよ。

リリコ　うさこもみんなうまいって言ってるんだし…。

うさぎ全《ぜん》　はあ？　みんないっしょに？　一つのチーム？

　みんなで顔を見合わせ、いっしゅん間があく。

うさぎ23　やだよ、他《ほか》のやつらとなんかいっしょにやれるかよ。㉘

うさぎ全　（口々に）やだよね…。

ねずみ14　こっちだっていやだね。生意《い》気でうるさいチームとなんか…。㉙

たぬき23　もしかして、うるさいチームっておれ達《たち》のこと？

ねずみ15　どっちもだよ。

ねずみ16　ぼく達の方がイケてるから、ひがんでるんじゃないの？

たぬき24　だれがひがむかよ。うまいのはおれ達、…㉚

　うさぎ、たぬき、ねずみ達が「うまいのはわたし達」などと言い争《あらそ》いになる。

ミミコ　また、ケンカになっちゃったね。

うさこ　うん…（じっと悲《かな》しそうに言い争いを見ている）。

リリコ　あーあ、これじゃ、いっしょに音楽会に出るというのは無《む》理ね。

ミミコ　（うさこに）がっかりしないでね、うさこ。

うさこ　みんな、ほんとは音楽が好《す》きなだけなのにね…。

㉘それまではうさぎ達の中で会話を進めていたのが、このセリフをきっかけに、他チームを巻き込むようになる。うさぎ21は他チームを挑発するようにセリフを言うとよい。

㉙うさぎ23のセリフを受けて、怒って立ち上がる。それに続いて、他の動物達も立ち上がっていく。

㉚動物達は舞台中央からやや下手よりで言い争う。うさこ達は上手側に取り残される形となり、そのまま上手前方に出てくる。

リリコ　そうだね。でもこのままじゃ、ますます仲《なか》が悪《わる》くなるわね。

たぬき25　おうい、もうやめやめ。こんなひまあったら、練習《れんしゅう》しようぜ。

うさぎ24　なによ、音楽会に出るのは、わたし達《たち》なんだから。

ねずみ17　出るのは、ぼく達さ。あいつらはほっといて練習、練習。㉛

たぬき達は、大音量《りょう》で音楽をかけておどり出す。㉜
うさぎ達、ねずみ達も練習を始《はじ》め、大さわぎになる。
うさこは広場の前方で耳をふさいでしゃがみこむ。
すずめ達が下手からやって来る。㉝

すずめ1　(笛《ふえ》) ピッピピピッピ、ピッピピッピ。

すずめ全《ぜん》　お知らせすずめ〜。

動物《どうぶつ》達は動《うご》きをとめて、すずめ達を見る。㉞

すずめ1　君《きみ》達三チームは、

すずめ全　失《しっ》かくになりました。

みんな　えっ？

すずめ2　ケンカばっかり。

すずめ3　うるさいばっかり。

すずめ4　森中、大めいわく。

すずめ5　音楽に、ケンカは合いません。

すずめ全　残念《ざんねん》でした。

すずめ1　以《い》上、お知らせ終《お》わり。

㉛それぞれ自分のチームの仲間に向かって話す。動物達は「そうだ、そうだ」などと返し、口々に騒ぎ立て、舞台上が騒がしくなっていく。

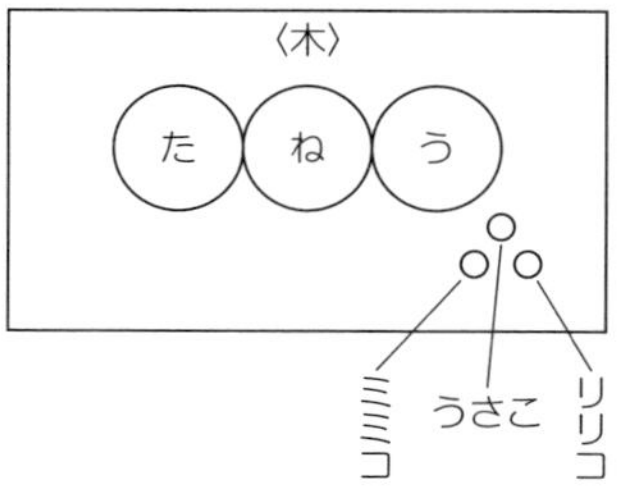

㉜まず、たぬきの音楽（前出のBGM）がかかり、その後ラップのリズム音、うさぎの歌声と重なっていく。

㉝下手から、飛んでいるように舞台を一周して後ろの木にとまるようにして台の上に立つ。

㉞全ての音楽が止まり、動物達はすずめ達を目で追い、最後は後ろを向く。

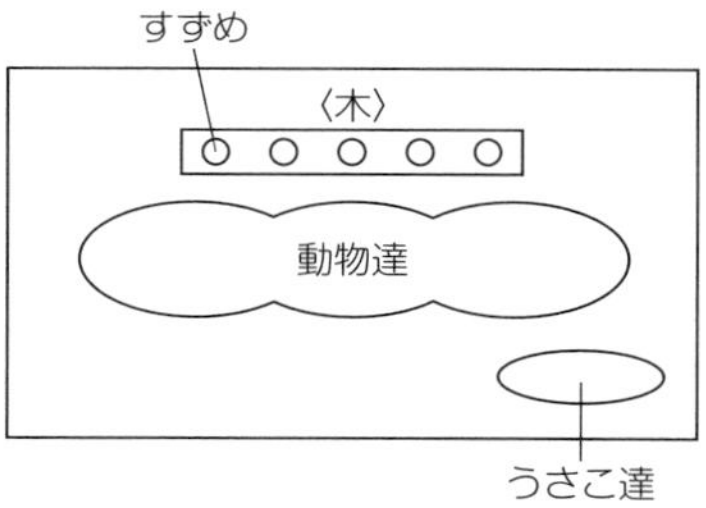

すずめ全《ぜん》　またねー。

すずめ達《たち》はポスターをはがしてたい場する。㉟

残《のこ》されたみんなはうつむく。㊱

たぬき26　みんな出られなくなっちゃうなんて…。

ねずみ18　でも、たしかに「なかよし音楽会」ですからね…。

たぬき27　(みんなの顔を見回して) ケンカばかりだもんね。

うさぎ25　ぼく達は、ケンカするつもりなんかなかったんだ。

うさぎ26　そうよ。わたし達が出たいのに、じゃましてくるから…。

ねずみ19　ちょっと待《ま》ってよ。そんなこと、わたし達だって…ね。

たぬき28　じゃまされたのは、ぼく達の方だぞ。

たぬき29　ケンカなんかしたくないのにさ…。

みんな、「お前達のせいだ」とふたたび言い合いを始《はじ》める。㊲

うさこ　(さえぎるように立ち上がって) もう、やめて!

みんな　… (動《うご》きをとめて、うさこを見る)。

うさこ　またケンカを始めるの? みんな、音楽が大好《す》きなのに…。ほんとは、仲良《なかよ》くしたいのに… (泣《な》く)。㊳

ミミコ　うさこ、泣かなくてもいいのよ。

リリコ　うさこのせいじゃないんだからさ…。

ミミコ　みんなのせいよ! うさこは、もうすぐこの森とお別《わか》れなのに…。

みんな　エッ… (みんなおどろいて顔を見合わせる)。

㉟すずめ達はすぐ後ろのポスターを剥がして手に持ちながら、そのまま舞台前方を通って、下手に退場する。困ったような、驚いたような表情ですずめ達を見送る動物達。

㊱動物達は、下手側にすずめ達を見送った後、思い思いに向き直ってうなだれる。

㊲ここでの言い合いは声を荒げるのではなく、ぶつぶつと、不満を言い合うように。少しずつその声が大きくなってきたところで、うさこが「やめて」と叫ぶ。

㊳セリフの途中から涙声になる。その様子を見てミミコとリリコがうさこの傍に寄り添う。

うさぎ27　何、何言ってるの？
リリコ　うさこ、春が来たら、遠くの森にお引っこしなんだって。
みんな　えーっ。
たぬき30　それ、本当なの？　うさこちゃん。
うさこ　…（だまって小さくうなずく）。

みんな、だまってしまい、おたがいに顔を見合わせる。㊴

うさこ　わたし…、みんなといっしょに音楽会に出たかった…。
ねずみ20　それがケンカで終わったら、うさこさん、悲《かな》しいですよね。㊵
ねずみ21　さっきだれかが言ってた…みんなでいっしょに、やれないかな。
たぬき31　みんなで一つの歌にするってこと？㊶
ねずみ22　そりゃあ、できたらいいけどさ…。
ねずみ23　そんなことできるのかなあ？
たぬき32　みんなが歌を歌うわけじゃないからね。
うさぎ28　大体、もうわたし達《たち》、音楽会に出られないのよ。
ねずみ24　そうだね、もうやってもしょうがないよね。
うさぎ29　一つにするなんて、できるのかなあ…。

みんな、うつむいてだまってしまう。
静《しず》けさの中、うさこがぶたい中央《おう》に進《すす》み出て、小さな声で歌い始《はじ》める。
続けて、ミミコ、リリコがいっしょに歌い始め、
次第《しだい》に、うさぎ達も加《くわ》わり、
そこに、たぬき達のボディーパーカッション、

㊴この時、どんな気持ちでいるか、それぞれに考えさせたい。
㊵みんな、黙ってうつむいてしまう。
㊶みんな、顔を見合わせて考える様子。

さらに、ねずみ達《たち》のラップが少しずつ加《くわ》わっていき、
やがて、大合唱《しょう》になっていく。㊷

（歌）　歌おう　歌おう　みんなで歌おう
歌おう　歌おう　いっしょに歌おう
心こめて　声ひびかせて
歌声合わせて　みんなは一つ
（ラップ）　歌うたおう　みんなで歌おう
歌うたおう　いっしょに歌おう…
心こめ　声ひびかせて
歌声合わせ　心合わせ…
歌うたおう　みんなで歌おう
歌うたおう　オーイエイ！

大合唱を終《お》え、動物《どうぶつ》達は顔を見合わせる。

ミミコ　できた！
リリコ　うさこ、やったね！
うさぎ30　残念《ざんねん》、音楽会には間に合わなかったけど…。
ねずみ25　一つになれたんだからいいよ。
たぬき33　一つになるって最高《さい》！
うさぎ31　歌っているうちに…
みんな　一つになった。
ねずみ26　うさこ、よかったね。

㊷この演奏シーンは、クライマックスである。演奏そのものを充分に練習させておきたい。
〈ポイント〉
・うさこのソロはアカペラで始めるのが望ましい。最初の音を正確に取るために、必要があれば小さく音出しをする。
・うさこ→リリコとミミコ→うさぎ達→たぬき達→ねずみ達の順に音楽に加わっていく。アンサンブルを奏でる上で、始めは様子を見ながら加わり、徐々に音楽を楽しんでいく様子も表現したい。
・ねずみ達が加わるところに向けて、音量を徐々に上げ、動きも大きくしながら、盛り上がる様子を表現する。
・異なる音楽のコラボレーションを楽しむように、互いに顔を見合わせながら演奏するとなおよい。
㊸動物達はうさぎ・たぬき・ねずみが入り混じり、手を取り合ったり、肩を組んだりして喜び合う。
㊹動物達が喜ぶ中、すずめ達は「決まったよ」と繰り返しながら下手から飛ぶ動きで登場する。舞台の後ろに回り、木にとまる動きで台に乗る。動物達は、「すずめさん達だ」「決まったって、何だろう」などと口々に言いながら、すずめ達を目で追って後ろを向く。

うさこ　うん、わたし、すごくうれしい。みんな、ありがとう！

ねずみ27　イエー。最《さい》高の音楽会だぜ！ ㊸

動物達《どうぶつたち》が喜《よろこ》び合っているところに、すずめ達が「出場者《しゃ》決定《けってい》」と書いた音楽会のポスターを持ってやって来る。㊹

すずめ1・2　決《き》まったよ。

すずめ3・4・5　決まったよ。

すずめ1　音楽会の出場チームが決まりました。㊺

ねずみ28　一体だれに決まったの？

すずめ2　今、ここで歌っていたチームです。

みんな　ええ？　ぼく達？

すずめ3　とってもすてきな音楽が聞こえてきて、

すずめ4　森の中でも大ひょうばん。

すずめ5　歌っていたのはどのチーム？ ㊻

たぬき34　歌っていたのは…ここにいる…

みんな　ぼく達、みんなです！　イエイ！ ㊼

うさぎ32　ぼく達みんな、一つのチームです。イエーィ！

ねずみ29　よーし。みんな、もう一回歌って見せようぜ！

たぬき35　いいとこ見せてやろうぜ！

みんな　オー！

すずめ達も加《くわ》わり、みんな笑《え》顔で歌い、大合唱《しょう》のうちにまく。㊽

㊺すずめ達は手に持っていたポスターを高く掲げる。

㊻すずめ5の問いかけに対し、動物達は喜んで誇らしげに顔を見合わせる。その雰囲気の中から、たぬき34は客席にアピールするように、前に向き直って話す。

㊼全員前を向いて飛び上がったりポーズを決めたりする。

㊽ここでの演奏は間延びさせないために始めからアンサンブルにする。ピアノとたぬき達のリズムを前奏にして、うさぎ達の歌とすずめの合いの手、ねずみ達のラップを入れる。最後の繰り返しのフェルマータでたっぷり間を取って、舞台上のみんなで息を合わせると、よりフィナーレらしくなる。

高学年
向け

友情《じょう》のモニュメント

作 森田 勝也

時 現《げん》代

所 中都市の近こうにある小学校六年二組の教室

登場人物

マサト（男）　テレビ局員1
哲《てつ》平（男）　局員2
勇太（男）　局員3
良介《すけ》（男）　局員4
直樹《き》（男）　クラスメート達多数 ❶
和史（男）
文雄《お》（男）
さや（女）
菜《な》々《な》（女）
ひまり（女）
香《かお》里（女）
夏海（女）
亜《あ》美（女）

立面図

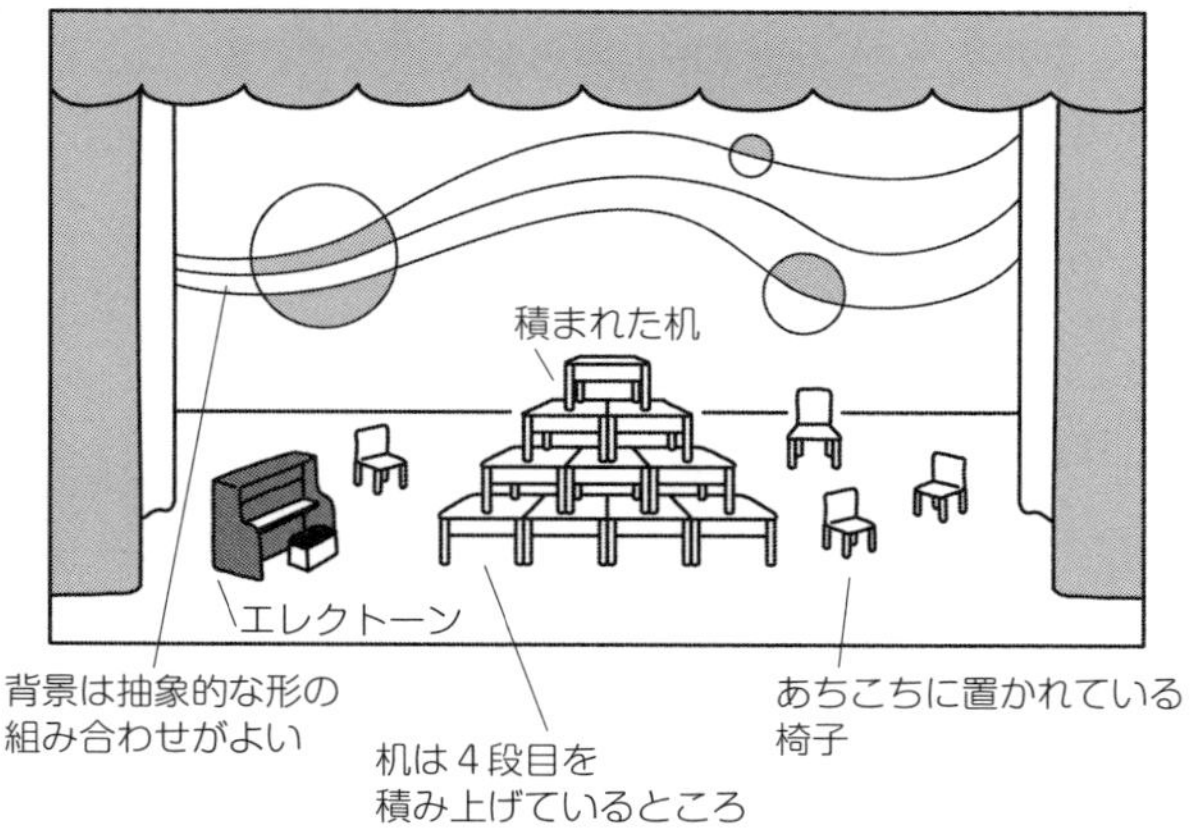

積まれた机
エレクトーン
背景は抽象的な形の
組み合わせがよい
机は４段目を
積み上げているところ
あちこちに置かれている
椅子

❶学級の人数によって増減可能だが、学級の雰囲気を出すことが大切なので、多い場合は、アドリブでその場の雰囲気をつくり、盛り上げるようにする。

幕《まく》が開くとぶたいは小学校の教室。下手前にエレクトーンが置かれている。上手側と下手側おくに出入口があり、教室の中央には机《つくえ》が高く積み上げられている。机を積み上げている数人の男子、そうじをしている男子、ふざけたり追いかけ合ったりしている男子がいて、そう然とした雰《ふん》囲気である。マサトと哲《てつ》平は一緒《しょ》にそうじをしながら、『星めぐりの歌』を口ずさんでいる。❷ ❸

勇太　マサト、早くその机持って来いよ。歌なんか歌っている時かよ。

マサト、声をかけられたのに気付かず、代わりに哲平が持って行く。

哲平　（星めぐりの歌を口ずさみながら）星めぐりの歌、うちのクラスの合唱曲だからな。

勇太　（机を積み上げながら）哲平まで歌うなよ。勝手に女子が決めた歌だろう。まあ、マサトはお星様オタクだから、しょうがないけどさ。

哲平　ほんと。マサト、天体博士かもな。ほんと、星が好きだよな。マサトと一緒にいたら、歌まで自然と覚えちゃうよ。

直樹《き》　おい、勇太、大丈《じょう》夫か、くずれたら危《あぶ》ないぞ。❹

勇太　任《まか》せておけよ。足にガムテープはって固定してるから大丈夫だよ。

良介《すけ》　勇太もよく考えるよな。学校ギネスに挑《ちょう》戦か。

和史　ほんと。こんなバカなことを思い付くのは、勇太くらいだろうな。

勇太　テレビ局が取材に来るかもしれないんだぞ。何か目立つことしなきゃ。

マサト　勇太君、そうじしなくていいの？　大そうじの時間なんだけど…。

勇太　してるだろう。こうやって机を上に積んだら、そうじスペースが空くだ

---

❷『星めぐりの歌』は宮沢賢治作詞・作曲の歌（インターネットでご検索下さい）。

❸机は舞台の後方に三段くらい積み上げてあり、できるだけ危険のないように固定するなどの配慮をする。舞台上は四段目を勇太が積もうとしているくらいがよい。

平面図

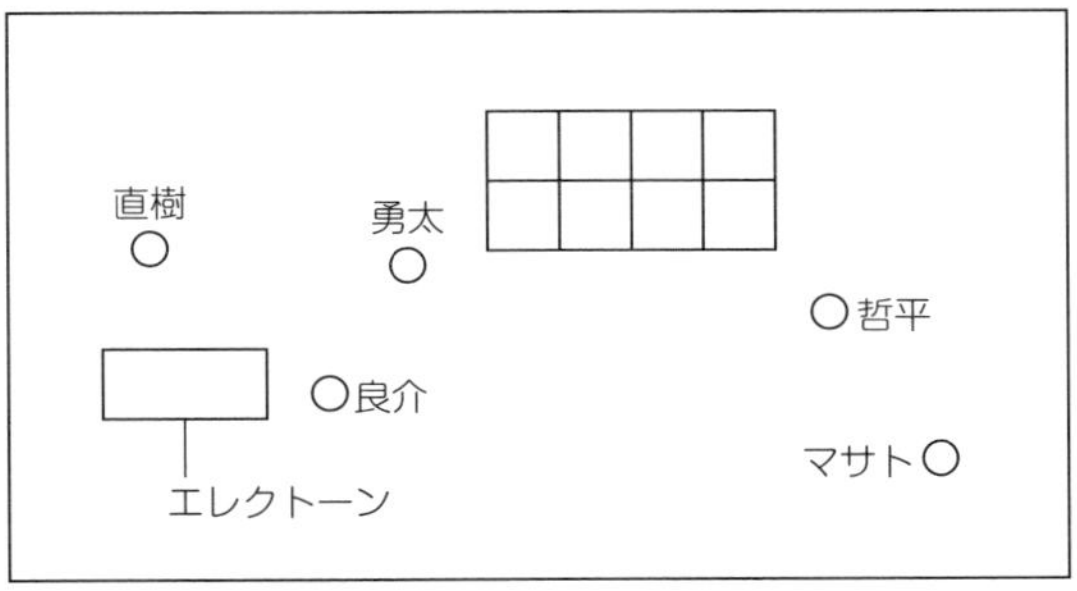

他，椅子と男の子多数

❹机のぶつかる音がして、直樹が気付き、勇太に向かって声をかける。良介もマサトもその声で勇太の方に近付いて来て話す。

ろう。

良介《すけ》　なるほど、何とでも言えるよな。❺

和史　おれ達、テレビに出られるのかなあ？

直樹《き》　テレビに出られる機会なんて、なかなかないもんな。

マサト　これ、タワーみたいだね。

哲《てっ》平　（そうじの手を休めて）というより、何かのモニュメントだね。

マサト　モニュメント？　って何？

直樹　記念塔《とう》というか、何かの記念のシンボルみたいということだよ。

マサト　何かの記念？　何の記念？

勇太　知るか。それより、もっと高く積もうぜ。その机《つくえ》も積もう。マサト、その机こっちに持って来いよ。

マサト　この机、重いんだよ…（哲平が手伝う）。

勇太　お前さ男だろう。がんばれよ。星ばっかり見てるから力がないんだよ。

上手側から、『星めぐりの歌』を歌う女子達の声が聞こえてきて、女子達が教室に入ってくる。積み上げられた机を見ておどろく。❻

菜々《なな》　あんた達、何してるのよ。そうじはどうしたのよ。

勇太　うるせえんだよ。そうじしてるだろう。

菜々　どこがそうじよ。男子は教室、女子は外って決めたでしょう。

良介　勝手に決めたのはお前達だろう。男がいいって言ったのに。

ひまり　男子を外にしたら、どうせ遊んじゃうから、女子にしたんでしょう。

夏海　結局どこでも遊ぶから、同じことか。（机を見て）これ何なの…。

直樹　聞いた？　テレビ局が来てるって。❼

---

❺主な登場人物のもつ雰囲気

マサト…六年生にしては幼い感じで素直。言われたことは真面目にやる。

哲平…マサトとは小さいころから仲良しで、マサトを何かと支える気持ちの優しい性格であり、真面目だがあまり強くは人に言えない。

勇太…気が強くリーダー的だが、気分屋であり、周りの人と上手にやっていけない。取り巻きの友達数人と一緒に強がっているが、心根は優しい。

直樹…学級委員で成績はよいが、気が弱い。トラブルからは逃げ腰である。

良介…冷静で客観的だが、面倒くさがりで、自分からは行動しない。自分に関係なければどうでもいいというタイプ。

❻登場前から上手側から歌声が聞こえてきて、その後、出てくるようにする。

❼これ以上ケンカにならないように、話題を変える感じで。

菜々《なな》　校門から、入るの見たわよ。カメラを持った人達。何があったの？
勇太　そんなこと知るかよ。
香里《かおり》　まさか殺人事件！　火曜サスペンス劇場《げき》、ぶたいは六年二組の教室…。
ひまり　（笑いながら）そんなわけないでしょう？
夏海　そうか、わかった。いじめだ。今、流行だもん。
香里　なるほど、あるわね。（勇太を見て）うちのクラスにもあるから…。
夏海　マサト、かわいそうだものね。いつもだれかさんに…（勇太に注目）。
勇太　何だよ。ふざけんなよ。いじめてなんかいねえよ。なあ、マサト？
マサト　え、何…？
直樹《き》　マサトは、星以外には関心がないの。
香里　インタビューされたらどうしよう。（一人しばいで）あなたのクラスでいじめはありますか？」「はい、あります」って、わたし、テレビに映《うつ》っちゃう。

女子達、ふざけ、笑い合い、盛《も》り上がる中、チャイムの音。❽

菜々　教室のそうじ、終わってないじゃない。どうすんのよ。❾
良介《すけ》　やばい、今日は午後から担任《たんにん》いないから、学活はおっかない森先《モリセン》だぜ。
夏海　言っとくけど、合唱練習の時間、減《へ》らすのいやだからね。
和史　女だけでやったら？　おれ達、そうじしてるからさ。
良介　そうしようぜ。合唱なんかやってられないよ。さ、そうじそうじ。
菜々　発表まであと一週間ないのよ。この歌歌うって、クラスで決めたのよ。
勇太　おれ達、反対はしなかったけど、賛《さん》成もしなかったし…。
和史　勝手にお前達だけ盛り上がって決めたんじゃん。

---

❽インタビューごっこで、みんなで即興的に工夫して演じ、盛り上がる雰囲気を出す。見ている男子も笑ったり、からかったりして、男子と女子との対立も出せるとよい。

❾主な登場人物のもつ雰囲気
菜々…学級委員としての自覚も高く、責任感も強い。みんなに信頼されているが、男子には煙たい存在。

さや…日頃おとなしく目立たないが、思いやりがあり、頑張り屋。

ひまり…客観的で冷静な目で物事を見るし、言う時はきっぱりと言い切る。

夏海…その場の雰囲気で強気で物を言うが、あまりあとに残さない明るい性格。男子にはきつくあたる。

亜美…気弱で内向的で恥ずかしがり屋である。その分、感情的には豊かで涙もろい。

香《かお》里　何よその言い方。あんた達、どうでもいいと思っていたからでしょう。
菜々《なな》　とにかく、決まったものは決まったんだから。練習しよう。⑩
良介《すけ》　さすが、学級委員、言うことが決まってますね。⑪
勇太　アンドロメダがどうしたって？　ダサい歌。だれだよ、最初にこんな歌がいいって言ったのは。
和史　カシオペアとかオリオンとか、星はやっぱりマサトでしょう。⑫
マサト　ちがうよ、ぼくじゃないよ…星めぐりの歌は好きだけど…。
菜々　さやよ！　さやが見つけてきたのよ。いい歌なんだから、だれだっていいじゃない。亜《あ》美だって歌うのよ。亜美、この歌好きだものね。
亜美　…（びっくりして、小さくうなずく）。
和史　（亜美に）へえ〜、お前の声って聞いたことないな。しゃべることがあるんだ。なら、一人で歌ってみろよ。
良介　ただの口パクだろう？　⑬
ひまり　やめなさいよ。うちのクラスのバカな男達とは話したくないだけなの。そういう言い方が、いじめっていうのよ。
香里　テレビで、言っちゃうわよ。うちのクラスには、いじめがありますって。⑭
良介　何だよ。事実を言っただけだろう。本当のことを言ったらいじめかよ。
夏海　それより直樹《き》、学級委員なんだから、早くそうじ終わらせてよ。
直樹　何だよ、今度はおれかよ。整美委員は哲《てっ》平だぜ。
哲平　おれ？　おれは、ちゃんとやってたよ、なあ、マサト…。
マサト　哲平ちゃん、ちゃんとやってたよそうじ。
良介　マサト、その哲平ちゃんのちゃんという呼《よ》び方やめてくれよ。
勇太　いいんじゃない。哲平とマサトは幼稚《ようち》園からずっと一緒《しょ》だからさ。⑮

---

⑩強く、きっぱりと言う。
⑪からかうように意地悪っぽく。
⑫みんなマサトを見る。
⑬和史と良介は、責めるように、意地悪そうに畳みかける。良介は亜美の顔を覗き込むように。
⑭男子を脅迫するように。
⑮勇太はマサトに対して寛容な雰囲気があることがわかるように。男子でお互いにちゃんを付け合って遊ぶ雰囲気。それを女子が見て、バカにしたり、笑ったりしている。菜々も最初は一緒に笑っている。

男子達、おたがいに名前に「ちゃん」を付けて呼《よ》び合い、笑い合う。

菜々《なな》　いいかげんにして！　ほんと、このクラスの男子ってバカな男ばっか。

勇太　何だと、お前達こそ何だよ。

香里《かお》　あんた達がだらしないからでしょう。えらそうに勝手に何でも決めて。

直樹《き》　何だよ、その言い方。おれ達のせいだって言うのかよ。

菜々　そうよ。学級委員のあんたがちゃんとしないから…。わたし達のせいにしないでよ。

夏海　わかったもういい。ケンカはたくさん。歌を変えればいいんでしょう！

ひまり　そんな問題じゃないと思うよ。歌を変えれば、仲良くなれる？ ⓰

菜々　そうね、何にしたってこのクラスはまとまらないわよ。

男女で言い合い、そう然とする。下手から文雄《お》がかけこむ。⓱

文雄　大ニュースだぜ。テレビ局の取材は、うちのクラスだってさ！

みんな、おどろいて顔を見合わせる。⓲

菜々　えっ、なんで、なんでうちのクラス？　何の取材？

文雄　水曜日の夜八時からやっている「クラス自慢《まん》」という番組だって。

ひまり　知ってる。それ見てるけど…？　それが、なんでうちのクラスなの？

文雄　知らないけど、スタッフの人から直接《せつ》聞いたんだから。⓳

夏海　信じられない。どうする…。なんか、まずくない？ ⓴

勇太　任《まか》せなさい。そんなこともあろうかと（積み上げた机《つくえ》を指して）ほら、ギネスに挑《ちょう》戦、もう少し積めば完成。クラスの自慢になる。

⓰前の夏海の思い付きの提案に対して、冷静に突き放したように否定する。その後の菜々のセリフは、客観的に諦めたように、でも、きっぱりとした言い方で。

⓱男女が言い争っているうるささをしのぐぐらいの音を立てて文雄は教室に飛び込んでくる。みんなは一斉に文雄に注目する。

⓲驚きの様子で声に出して叫ぶ者もいてよい。そんな間があって、次の菜々のセリフがあるが、みんなの代弁的なものである。

⓳ひまりのセリフにうなずく人や、見ていない人もいる感じを出してほしい。

⓴テレビ取材への期待と、自慢のできないクラスであることに気が付いてのセリフで、複雑な気持ちを表現してほしい。そんな気まずい間があって、得意げに言う次の勇太のセリフにつながる。

香《かお》里　バカじゃない。そんな物が何の自慢《まん》になるのよ。バカにされるだけよ。

勇太　何だと、みんなで協力して積み上げたと言えばいいじゃないか。

ひまり　意味わかんない。そんな自慢じゃないの。（周りの女子達に）どうする？

菜々《なな》　担任《たんにん》も出張《ちょう》でいないし…。まあ、学校で何とかしてくれるでしょう。

夏海　うちのクラス、何か自慢できるものあったっけ？　㉑

良介《すけ》　あるわけないだろう？　スポーツだめ、勉強だめ、それに…。

ひまり　合唱もだめ…。

直樹《き》　まとまりなし、男女の仲は最悪だもんな。

菜々　だれのせいよ！　㉒

直樹　おれに言ってるの？　おれがお前に言いたい言葉だよ。

良介　そうかい、何でもおれ達が悪いというその態《たい》度がむかつくんだよ。

菜々　事実だから仕方ないでしょう。

上手から、テレビ局員達が入ってくる。㉓

局員1　こんにちは。○○テレビの者ですが、「クラス自慢」の取材に来たのでよろしくご協力お願いします。（他の局員に）準備《じゅんび》ＯＫかな？

局員2　いつでもＯＫです。

菜々　あの、これってとつ然なんだけど…どうしてうちのクラスなんですか？

局員1　ああごめん、この番組はあくまでも自然体でやりたいというコンセプトなんで、いつでもとつ然なんですよ。いつもの通りでお願いします。

直樹　今日は担任は出張でいないんですけど…。㉔

局員3　先生なしで大丈《じょう》夫。校長先生には事前に了承《りょうしょう》をとってありますから。

㉑みんなが何か切羽詰まった感じの代表的なセリフである。このセリフでみんなも少し考える雰囲気である。次の良介の言葉は、強くだめ出しをする感じになる。

㉒やり場のない、感情的な言葉である。菜々は責任感とどうしようもないいらだちで感情的になっている。

㉓いよいよ来たというクラス全体の緊張感を表現したい場面である。局員達は、それに対して明るく、楽しげにさえ入ってくる。その違いが出るとよい。

㉔菜々達の視線の強い催促で、何とか学級委員の立場で話すが、弱々しさがにじみ出るように。それに対して軽く受け止め、返す局員達の対比が出るように。

局員4 （書類を見ながら）ああ、そう、山田さやさんいらっしゃいますか？

みんな、おどろいて一斉《せい》にさやを見る。㉕

局員4 ああ、あなたがさやさんね。番組に応募《おうぼ》してくれた人だね。じゃ、あなたからまず、インタビューするからね。㉖

局員1 じゃ、いきますよ。固くならないで、にこやかにお願い。では、（紙を見ながら）「うちのクラス六年二組は、とても仲のいいクラスです。今、合唱練習中ですが、みんなやる気満々でおたがい助け合ってやっています。私は四年生の時に転校してきたのですが、このクラスでよかったなあと思っています。ぜひうちのクラス六年二組をしょうかいしたいです」で、さやさん、このクラスの自慢《まん》からお願いします。

さや …。あの…。あの…。

局員2 緊張《きんちょう》しないでね。大丈《じょう》夫、失敗しても編《へん》集できるから、思っていることを正直に言ってくれればいいんだよ。いいクラスなんでしょう？

さや …（何か言おうとするが、言葉にならない）。

局員3 じゃあ、他の場面からにしようか。合唱練習中の場面からいこうか？㉗

和史 あの歌の練習？　冗《じょう》談だろう。だれかさんが勝手に応募したんだろう。

良介《すけ》 急に言われたって、おれ達やれないよな。わけわかんない。

勇太 これなんですが（積み上げられた机《つくえ》に）、これ、自慢にはならないですか？

局員2 えっ、この机が自慢ですか？　高く積んでどうしたのです？

勇太 みんなで協力して積んだんです。学校ギネスに挑《ちょう》戦したんです。㉘

㉕みんなの視線の集まる人を見て、さやがわかる。さやの立ち位置を工夫する必要がある。さやがどこにいても、局員達がさやを舞台中央に連れてくるのもよいと思う。それによって、一挙に撮影が始まる緊迫感が伝わる。局員達の演技が求められる。

㉖局員達は、言葉かけは優しいが、あくまでも事務的な感じで。

㉗局員達がイライラしてくる感じであるが、それを隠すように優しく言う。

㉘勇太は緊張感のある雰囲気に勇気を振り絞って言う。局員達は、呆れたように驚き、顔を見合わせて苦笑する感じであるが、言葉はさらに優しい感じである。

局員1　（局員達と顔を見合わせて）がんばったんだね（局員達笑う）。
菜々《なな》　あの、ちょっと待ってもらえませんか？　少しクラスで相談させてもらえませんか？ ㉙
局員4　（局員達と顔を見合わせて）そうですか、こまったな。
局員1　（相談して）じゃあ、先に校長先生の話から聞くことにしようか。
テレビ局員達、下手に退場《たい》する。 ㉚
残されたみんなはしばらくだれも何も言わない。
直樹《き》　さてと、どうする？　このクラスの自慢《まん》…ね。
香里《かお》　クラス自慢、全国ネットよ。テレビに出られるチャンスなんだけどな。
マサト　ぼく達、テレビに出られるの？
夏海　無理ね。このクラスじゃ、自慢なんかするもの、何もないもの…。さや？
さや　ごめんなさい…。 ㉛
菜々　何であんなこと書いたの？　さや…？　テレビに出たかったの？
さや　うちのクラス…自慢したかったの…。
菜々　自慢したい？　何で？
さや　…（だまってしまう）。
良介《すけ》　このクラスがまとまりのあるクラスか？　自慢できるクラスか？　夢《ゆめ》だね。
さや　そう、その夢を実現《げん》して転校していってほしいの。 ㉜
ひまり　さや、今、転校って言った？　転校って…だれが？
香里　まさか、勇太？
勇太　そんなわけないだろう。バカか。

㉙この場の雰囲気に耐えられなくなった菜々の苦しさが出た緊迫した言葉で、それだけ強い口調になる。
㉚局員達は、取材は無理かなという思いがあり、このクラスの状況を他の人に聞いてみようとこの場を立ち去る雰囲気である。
㉛この場をつくってしまった責任に対して、また局員達に何も言えなかった自分への思いがあり、さやの複雑な謝罪の言葉である。みんなの関心もさやに集まっている。菜々のセリフも、さやを責める気持ちを抑えながら、みんなの気持ちを代弁している。
㉜良介の「夢」の言葉に反応して突然出てきたセリフである。以前から考えていた思いが一挙に出てきた感じである。思いの強さが、「転校」という言葉を言ってしまうが気付かない。ひまりの指摘によって、慌てて口をつぐむ。

さや　さ、みんなで歌の練習しましょう。歌えば、仲良くなれる！　㉝

哲平《てっ》　そうだ歌おう、みんなで…。テレビ局の人もいいクラスだと思うよ。

マサト　哲平ちゃん、歌おう。星めぐりの歌。この曲つくった人って宮沢賢治《ざわけん》って人だよ。岩手の人なんだ、哲平ちゃん。㉞

直樹《き》　マサトの好きな星めぐり、歌うしかないか。

夏海　そうか、さしあたって歌うしかないか？　テレビの人達待ってるし。

香里《かお》　とにかく、テレビに出られるものね。菜々《なな》、歌おう。

菜々　そうだね、歌の練習始めよう。男子も歌うのよ。

良介《すけ》　しょうがないか、歌の練習するか。ほら、直樹。

直樹　みんな並《なら》んで。テレビ局が来てるんだから、やるしかないんだよ。

　みんな、顔を見合わせながら、下手のエレクトーンの周りに集まってくる。勇太、和史、文雄《お》他数名は、上手側に残る。

勇太　おれはいやだね。おい、みんな歌うのかよ。こんなつまらない歌。㉟

和史　歌いたいやつが歌えば。

文雄　星めぐりなんて、女の歌う歌だろう。歌ってられないよ。

夏海　みんなで歌わなきゃ意味がないのよ。

勇太　仲が良いふりするのは、いやだって言ってるんだよ。歌でごまかすなよ。

さや　ふりじゃない。みんなで歌えば、仲良くなれるの…。

マサト　勇太君、歌おう。

哲平　そうだよ。とにかく、今は歌おう。仲が良いふりでもいいから。マサトも歌おうって言ってるんだし…。

勇太　何だよ。マサトはお星様オタクだから、わけのわからない歌でもいいいん

㉝さやの意外な強い言葉にみんな一瞬驚くが、続く哲平の応援的なセリフでフォローされる。

㉞「歌おう」のセリフに反応しての素直なのんびりした感じである。みんなはちょっとシラケた感じになるが、この場を何とか乗り切るのは、歌うしかないことはわかっている。次の直樹のセリフなどで、一挙に歌おうという流れをつくる。

平面図

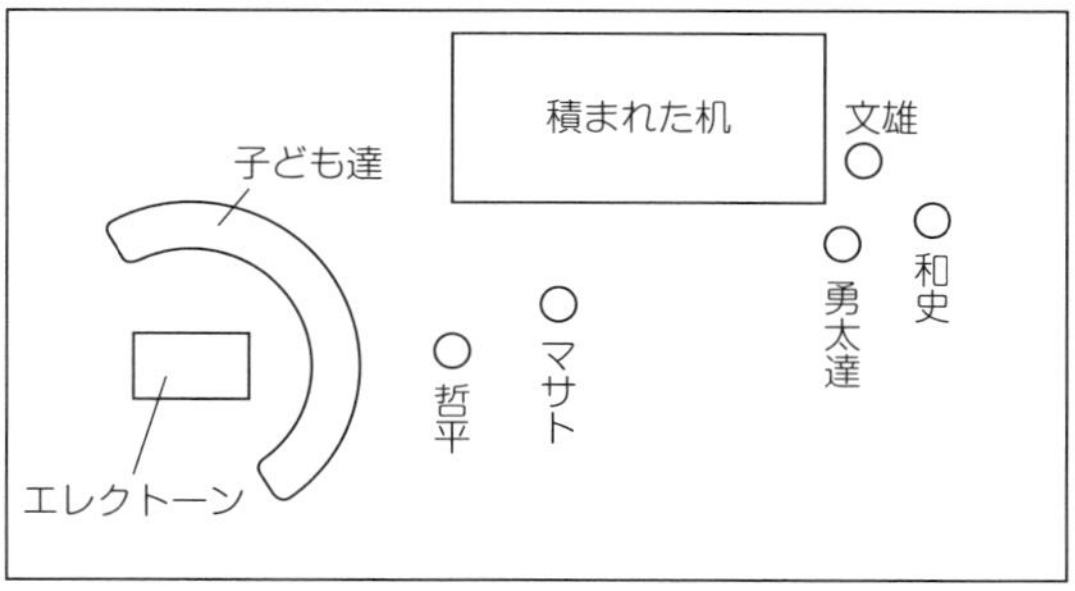

㉟勇太は女子が主導権をもつのを頑なに嫌がっている。迷いはあるが、意地を張ってでも、自分が積んだ机に固執し、反対する。

マサト　だろう。
この歌、天体学的に言うと、確《たし》かに変なんだ。アンドロメダもカシオペアも位置的には正確《かく》ではないんだ。でも、夜、星を見て、この歌を歌うと、そんなことどうでもよくなってしまうんだよ。㊱
勇太　何とぼけたこと言ってるんだ。だから、マサトはバカにされるんだ。
さや　だれもバカになんかしてない。
勇太　友達だからつい言ってしまうだけ。おれ、いつもマサトをフォローしてるだろう。ちょっと変わってるけど…マサトはおれの友達だ…。㊲
哲平《てっ》　うん、わかってる…勇太の気持ち。だから、勇太も一緒《しょ》に歌おう。
勇太　それとこれとはちがうぜ。おい、みんな、歌なんかやめて、テレビ局の人達が、おどろくくらい机《つくえ》積もうぜ。みんなでやれば自慢《まん》になるぞ。
文雄《お》　テレビにも出られるしな。
勇太達、机を積み始める。他の子達、とまどった様子。哲平、とつ然、勇太達の間に入って、積み上がっている机をくずし始める。
勇太　何するんだよ哲平。ふざけるなよ。㊳
勇太、哲平をおしのけ、ゆかにたおす。
哲平、立ち上がって勇太につかみかかる。
哲平　歌うんだよ…勇太、（泣き声になり）たのむから歌おうよ。㊴
マサト、二人をとめるように中に入り、哲平をかばう。

㊱ゆっくりと一語一語、自分の思いを噛みしめるように話すので、みんな聞いてしまう。マサトのセリフが終わった後は一瞬の間がほしい。

㊲言葉の勢いで、つい本音が出てしまったセリフである。日頃の荒っぽい勇太の性格と反対の心の優しさが表現できればよい。それをみんなも感じているのだが、ちょっと驚いてしまう雰囲気である。

㊳予想外の哲平の行動に驚くが、それが怒りとなってしまい、ケンカのようになってしまう。哲平も腕力では勇太にかなわないことは知っている。

㊴勇太にしがみつき、悲痛な叫び声のように言うセリフであり、どう対したらよいか困ってしまっている雰囲気である。マサトが中に入ることで、二人は離れ、気まずい間が空く。

マサト　哲平《てっ》ちゃん、やめよう。哲平ちゃん、ケンカなんかしないで！

勇太　何なんだよ。なんでこうなるんだよ。たかが歌くらいで！　㊵

哲平　こんなクラスのままで、マサトを転校させたくないんだ。　㊶

　みんなおどろいて、マサトを見る。

勇太　転校？　マサトが…。ほんとかよ。

マサト　…。　㊷

勇太　なんで、だまってたんだよ。

さや　こんなクラスじゃ、言えないわよ。からかわれるだけ。

哲平　「転校する、あ、そう」じゃマサトが…転校するマサトは悲しいよ…。

菜々《なな》　さやも知ってたの？

さや　お母さん同士仲が良いから…聞いちゃったの…。

勇太　なんでおれには言わないんだよ。いつも遊んでやってるだろう。

夏海　なに、その言い方、遊んでやってるだって。

ひまり　こんな人達じゃ、だれだって言いたくないよ。

勇太　何だよ。みんな、みんな、おれのせいかよ。

夏海　そうよ。あんた達が勝手なことばかりするから、何でもまとまらないの。

和史　勝手なことばかりするのはお前達だろう（言い合いになる）。

亜《あ》美　やめて。もう、こんなクラス、いや！　いつもケンカばっかり。　㊸

　一瞬《しゅん》、みんな亜美を見て、静かになる。

良介《すけ》　（びっくりしてつぶやくように）亜美がしゃべった、いや、さけんだ…。

㊵気まずい間を埋めるように。

㊶誰に言うとでもなく、つぶやくように、でもはっきりと。

平面図

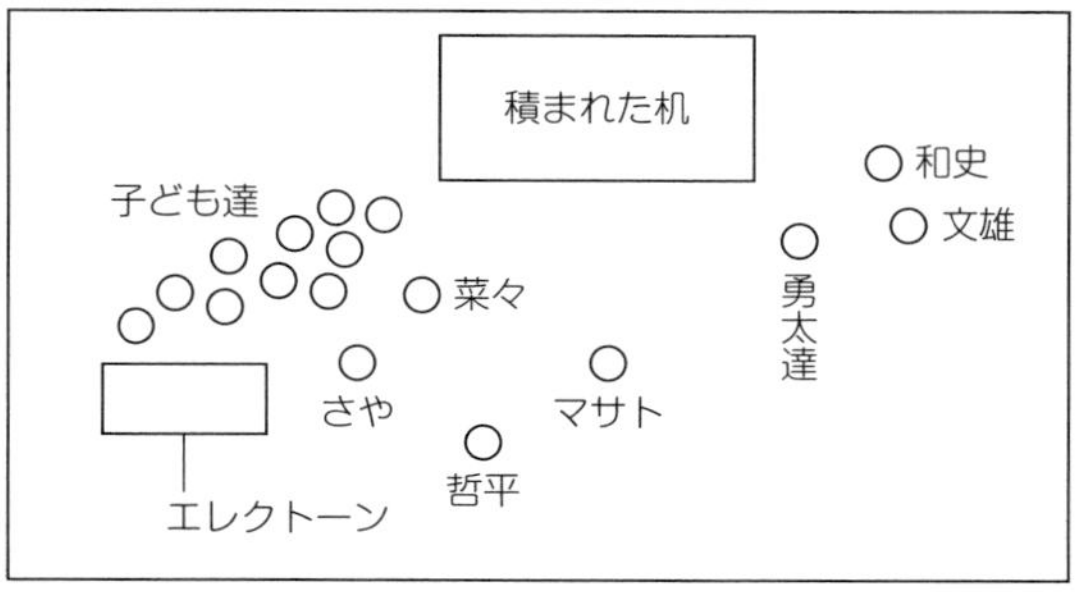

㊷何て言ったらよいか困っている感じの無言である。

㊸だめなクラスであることを、だめ押しするように強く言う。このセリフでみんな静かになり、間が空く。

ひまり　亜美《あ》にもあきれられるようなクラスってことかもね。

さや　前の学校、とってもいいクラスだった。本当は転校したくなかった…。

菜々《なな》　じゃ…。こんなクラスになって、がっかりしたでしょう?

さや　ううん。だから今、がんばれる。マサトにも、いいクラスだと思って転校してほしいの。向こうの学校でがんばってほしい…。そう思って、きっかけになればと思って…。「自慢《まん》のクラス」に応募《おうぼ》してみた…。

哲《てっ》平　マサト、岩手に転校するんだ。星好きなマサトにはぴったりだよな。

さや　それを聞いて、星めぐりの歌を歌おうって思ったの。

マサト　ぼく、この夏休みにお父さんと一緒《しょ》に岩手に行ったんだ。すごいんだよ。星が…。空、全部が星なんだ。そして、一つひとつの星が、みんなかがやいているんだ。哲平ちゃんにも、みんなにも見せてあげたかったよ。きれいだったよ…。㊹

哲平　マサト、見に行くよ、きっとおれ、見に行くよ…。

亜美　わたしも…。見に行きたい…。

勇太　マサト、いつ引っこすんだよ。㊺

哲平　この発表会が終わったらすぐだって。

菜々　わかった。ともかく歌おう。星めぐりの歌。

みんな、再《ふた》びエレクトーンの周りに集まるが、勇太達は残る。㊻構《かま》わずみんな『星めぐりの歌』を歌い出す。そこに、テレビ局員達が入ってくる。教室の雰《ふん》囲気を見て何人かでちょっと話し合っている。㊼

局員1　みなさん、ごめんなさい。このクラス、ちょっとごたごたしてるみたいだから、またの機会にでも来ることにします。

㊹マサトの素直でのんびりした性格が出る、大切な聞かせたいセリフである。このマサトの純朴な心がこの劇を成り立たせる力になっている。マサトが唐突に言うこのセリフは、哲平の岩手という言葉から誘発されて独り言のように始まるが、目の前に星空が一杯に見えるかのように、客席中央の天井を見て話すとよい。「哲平ちゃんにも、みんなにも～」というセリフも、振り返って言う必要はない。後のセリフに続く哲平と亜美の言葉も、きっとマサトと同じ星空が見えたから言えるセリフである。

㊺気落ちしている感じではあるが、みんなと気持ちは共有しているから出るセリフである。

㊻勇太達にも迷いはあるが、みんなと一緒に行動できないで残っている。他のみんなは迷わず歌を歌う雰囲気で集まる。

㊼歌の途中で局員達が入ってくるので歌は中断し、みんなは局員達の動きを見ている。

局員2　テレビに出たいからって、こういう応募《おうぼ》ってあるんですよ。こちらも確《たし》かめられないからね。

局員4　山田さやさん。ああ、あなただったわね。ほんとに自慢《まん》できるクラスになってから、応募して下さいね。

さや　…。㊽

菜々《なな》　そんな…、それじゃ、さやが…。

局員3　まあまあ、またの機会ということで…、

テレビ局員達、教室を出て行こうとする。

勇太　ちょっと待ってよ。おれ達のクラス自慢できるんです。その手紙、本当のことです。㊾

さや　勇太…。

勇太　さあ、みんな星めぐりの歌、歌おうぜ。この歌は、転校するマサトへのおれ達からのプレゼントだからな。

哲平《てっ》　うん、勇太、そうだよ。歌おう。星めぐりの歌。

直樹《き》　そうだ、そうだよ。この友情のモニュメントの前で歌おう。㊿

勇太　さすが学級委員、いいこと言うね。おれのつくったモニュメントだぞ。

マサト　このモニュメント、ぼく達も手伝ったよね。

勇太　そうだった…。手伝ってくれた…だから、みんなのモニュメントだ。

みんな、積み上げられた机《つくえ》の前で『星めぐりの歌』を大きな声で歌い出す。テレビ局員達、その様子を見守っているが、教室を出て行く。みんなはそれに構《かま》わず笑顔一杯《ぱい》で歌い、歌が盛《も》り上がる中、幕《まく》。(51)

㊽「山田さやさん」と呼ばれて舞台前に出てくるが、続けて言われる言葉に、立ちすくんで何も言えない。それをかばうように、菜々が出てきて抗議しようとするが、軽く流されてしまう。

㊾それを見ていた勇太は、帰りかけた局員達を強く呼び止める。勇太のセリフに局員達はちょっとたじろぐ感じである。さやは勇太のセリフに驚くが、それはみんなも同じ気持ちである。

㊿積み上げられた机に向かって言う。

(51)みんな、笑い合いながら歌になる。女子は男子に楽譜を配ったりしながら楽しそうに歌うが、決してうまくはない。ただ、大きな声で歌っているのが目立つが、少しずつ歌が高まっていくのがわかる。エレクトーンを弾く者や指揮をする者も必要だろう。

高学年向け

雪童子《わらす》

宮沢賢治《みやざわけんじ》『水仙《すいせん》月の四日』より

脚色　橋本　喜代次

時　雪の降《ふ》るころ

所　北国の山ふところ

登場人物

雪童子　1〜3

雪狼《おいの》　A・B・C

西の方の雪童子達

それぞれの雪狼達　計9ひき

雪婆《ば》んご

仙吉《きち》

仙吉の父親

朗《ろう》読隊　1〜23

ダンス隊数名

立面図

舞台後方に三段に台を敷き詰める。下手奥に立ち木が一本（原作では栗の木とあるがこだわらない）。下手側の台のすぐ近くに水仙の花。

☆宮沢賢治の童話の流れに沿って展開しているが、内容を変えたところがある。

☆キャストは、仙吉と父親以外は男女どちらでも演じられる。

☆朗読隊は、23のユニットに分けただけ。一人で何回読んでも構わない。合唱も兼ねる。雪狼の数も変更できる。

音楽とともに、幕《まく》が開く。❶

ぶたいは、後方に三段《だん》に台がしきつめられている。❷

下手に立ち木が一つ。太めの枝《えだ》が一本すぐ外せるようにしてある。❸

その近くに水仙《せん》の花。❹

ぶたい中央前に、五人の朗《ろう》読隊が本をかかえて立っている。❺

音楽が小さくなって、朗読を始める。

朗読1　お日さまは、空のずうっと遠くのすき通った冷たいとこで、まばゆい白い火を、どしどしおたきなさいます。

朗読2　その光は真っ直ぐに四方に発射《しゃ》し、下の方に落ちてきては、ひっそりした大地の雪を、一面まばゆい石こうの板にしました。

朗読3　雪狼《おいの》達が、べろべろ真っ赤な舌《した》をはきながら、雪のおかの上の方を歩いていました。

朗読4　こいつらは人の目には見えないのですが、いっぺん風にくるい出すと、台地の外れの雪の上から、すぐぼやぼやの雪雲をふんで、空をかけ回りもするのです。

朗読5　雪狼の後ろから、顔をりんごのようにかがやかしながら、雪童子《わらす》がゆっくり歩いて来ました。

朗読隊、本を読むのをやめて話し出す。❻

朗読2　ねえ、雪童子って、何?

朗読3　ゆ・き・わ・ら・しがなまって、ゆ・き・わ・ら・す。

朗読2　座《ざ》しき童子《わらし》みたいなもの?

---

❶幕開けの音楽は、「雪童子の歌」の曲（歌は除く）を流すとよい。

❷この段は丘を象徴している。

❸原作では栗の木となっているが、こだわる必要はない。
・枝の中に、つえになるような木を一本簡単に外せるように付けておく。
・また後半に、もう一本雪をかぶった木が必要になる。あらかじめつくっておくか、暗転中に綿のような白いものを木に付けられれば、それでもよい。

❹水仙の花も、後半に雪をかぶった花が必要である。雪を表す白い綿のようなものを付ける。これを取り外すと、元の花が現れるようにする。

❺幕が開く前に、舞台中央の台の下に横一列に並んで立つ。朗読の出だしは慌てない。音楽が小さくなるのを待つ。朗読は、早口にならない。言葉をはっきり。

❻話し言葉に変わる。読んでいるようにならない。普通の会話である。一人ひとりの性格を考えて話すとよい。

朗読《ろう》4　雪山にいる座《ざ》しき童子《わらし》…。
朗読5　雪狼《おいの》は？
朗読3　漢字で、雪のオオカミって書いてある。
朗読1　おおかみかー。かっこいい。
朗読2　こわいよー。
朗読4　でも、両方ともぼくらの目には見えないんだね。
朗読2　童子《わらす》は、狼に食べられない？
朗読3　（笑って）これは、赤ずきんみたいな話じゃないよ。
朗読4　どんな話？
朗読3　それは、これからのお楽しみ。
朗読5　早く次に進みたいね。
朗読3　じゃあ、後は本物の雪童子にバトンタッチして。
朗読1　ぼくらはひとまず…。

朗読隊、退場《たい》。空っぽのぶたいに雪童子が下手から歩いてきて上段《だん》の台に座《すわ》る。銀の棒《ぼう》をこしにさしている。❼ ❽ ❾

雪童子　（上手の方に）おーい、雪狼達ー。もどって来ーい。

ぶたい上手のあちこちから、雪狼3びきが走ってきて、ぶたい前方に整列。それぞれのオオカミスタイルで自己紹介《こしょうかい》。❿ ⓫

雪童子　遠くへ行っちゃ、だめだよ。もうすぐ始まるんだから。
雪狼全　おーし！

---

❼朗読隊は上手と下手に、素早く退場する。

❽雪童子の扮装は、原作では白い三角帽子をかぶっていることになっているが、それにこだわる必要はない。動きやすくて観客から顔の表情が見えやすいものがよい。例えば、額にバンダナを巻くなど。普通の子どもと区別する象徴的なものであればよい。

❾銀の棒は特別な力を生む短い棒。雪童子はみんな銀の棒を持っている。

❿・雪狼の扮装も象徴的なものでよい。例えば、とがった耳を付けるとか。
・雪狼の立ち姿の基本ポーズをみんなで考えてみると楽しい。短い時間を取って、オオカミのポーズを数人ずつコンテスト形式で行い、比べてみる。それを参考にして、役の人が自分の動きを考えていく。できるだけ、みんなで楽しくつくっていきたい。

⓫自己紹介では、雪狼達の名前をそれぞれ考えて名乗るのも楽しい。

雪童子《わらす》　雪婆《ば》んごがいないからって、気をゆるめちゃいけないよ。

雪狼《おいの》全　（緊張《きんちょう》して）うおーし！

雪狼1　（下手の水仙《せん》を見つけて）水仙の花！　⓬

雪狼達、水仙の花に近付いて、うっとりながめる。　⓭

雪狼2　さいたんだ…。

雪狼全　かわいい…。

雪童子　水仙がさくと雪の季節さ。水仙はこんなにかわいいのに、強いんだよ。

雪狼全　水仙は、強い…。

雪童子　そうさ。雪にも風にもたえて、来年まで生きるんだ。

雪狼全　水仙は、えらい…。

雪童子　そして、水仙がさくと、ぼくらはいそがしくなる。今日は、水仙月の四日だ。

雪童子、空を見て歌うようにさけぶ。雪狼たちも空を見る。　⓮

雪童子　カシオペーア　カシオペーア　もう水仙が　さき出した
お前のガラスの水車　きっきと回せ　きっきと回せ
水仙月の　四日だよ

雪童子と雪狼達、何かを待つように空を見つめる。　⓯
ぶたい上手より、仙吉《きち》が赤いマントにくるまって歩いてくる。　⓰
白い息をはきながら立ち止まる。　⓱

⓬水仙の花は下手の端にある木よりは内側に置く。観客からよく見えるところで、演技者の動きの邪魔にならないことも大切。

⓭元気で乱暴な雪狼だが、ここでは優しくかわいい面をしっかり出したい。下手側で水仙を眺める雪狼達。中央の台の上で、それを見守る雪童子。

⓮空に向かって願い事をするように。普通に言葉を言うのでなく、一つひとつの言葉をゆっくり大切に、歌うように。実際にちょっとメロディを付けてもよい。

⓯言い終わっても、みんなそのまま空を見続ける。上手から仙吉が来る気配を感じ、急いで上の台に移動する。

⓰原作では赤いケット（毛布）となっている。わかりにくいので、赤いマントとした。強い防寒になるものを身にまとう感じである。

⓱仙吉には雪童子達は見えない。雪童子達は丘の上から仙吉を見下ろす感じ。仙吉は上手側で立ち止まってセリフを言う。

雪童子《わらす》と雪狼《おいの》は、台（おか）の上から仙吉《せんきち》を見下ろす。

仙吉　急ごう、急ごう。お日さまが落ちてしまわないうちに。雪がどしどし降《ふ》ってこないうちに…。でも、くたびれたなあ…。ちょっとだけ休もうか。

仙吉、その場にこしを下ろす。

ふくろから大切そうに砂糖《さとう》をちょっと手に取ってみる。

仙吉　待ってるだろうな。妹も弟も…。この砂糖で、おいしいカリメラができるんだ。（想像《そう》しながら）新聞紙をとがった形に巻《ま》いて、ふうふうふくと、炭から青い火が燃《も》える…。ぼくはなべに赤砂糖を一つまみ。それからザラメを一つまみ入れる。水を足して、後はくつくつにるんだ。すると、ふっくら、あまーいカリメラになる。ああ、二人の喜ぶ顔が見えるぞ…。❶❽ ❶❾

仙吉、しばらく空想の世界にいる。 ❷⓪

雪童子　あいつは昨日、炭のそりを町までおしてった。そのお礼にもらった金で、砂糖を買って一人でもどるんだ…。（雪狼達に）ねえ、つえになるような木を取って来て。

雪狼達、あちこち探《さが》す。2と3が下手の木に走って一本の枝《えだ》を引きちぎり、雪童子にわたす。❷❶

---

❶❽このセリフは、慌てて言おうとしない。一つひとつイメージしながら、手真似なども入れて、言葉を重ねていく感じ。

❶❾「カリメラ」はカルメラのこと。これは、今の子どもにとってはそれほど喜ぶものではないかもしれないが、時代や生活の違いを考えて理解させたい。カルメラについて調べさせてみるとよい。

❷⓪声は出さないが、手真似などして空想にひたる。

❷❶下手の木から一本の枝を外すのだが、引きちぎる感じで演技したい。木が揺れないよう、片方がうまく押さえるとよい。枝の葉っぱなども取って、雪童子に渡す。

雪童子《わらす》　ありがとう。

雪童子、ゆっくり仙吉《せんきち》の所に行き、仙吉の前に枝《えだ》を投げる。㉒

仙吉　（枝を拾ってはじかれたように立つ）君は…だれ？㉓

雪童子　えっ…。㉔

仙吉　あっ、ごめん。ぼくは仙吉。君は？

雪童子　ああ…ぼくは雪…、雪太郎《ろう》さ。㉕

仙吉　雪太郎…。こんな所に一人でいるの？

雪童子　いや…近くにお父がいる。ここで待ってろって言われたんだ。

仙吉　そうか。それなら安心だね…。ぼくはもう行かなくちゃ。山の天気は変わりやすいからね。

雪童子　（仙吉のふくろを指して）それは？

仙吉　砂糖《さとう》だよ。町で買ったんだ。これでカリメラをつくると、妹と弟がとっても喜ぶんだ。

雪童子　カリメラ？

仙吉　知らないのかい？　ふわふわのあまーいおかしさ。

雪童子　…。㉖

仙吉　この枝、もらっていい？

雪童子　ああ。

仙吉　助かるよ、ありがとう。さあ、もう行かなくちゃ。

仙吉、立ち上がって棒《ぼう》をつえに下手に歩いていく。一度ふり返り手をふる。雪童子、見えなくなるまで見送る。雪狼《おいの》達、そっと近付く。㉗

㉒この時雪童子は、仙吉には自分が見えていないと思っている。

㉓反射的に枝を拾い、その後すぐに、こんな所に子どもが一人でいることに驚くのである。

㉔見えないはずなのに…あり得ないことが起こったことに対する強い戸惑い。

㉕戸惑いは続いているが、何とかうまく言い繕っている。

㉖カリメラを瞬間的には思い出せないが、雪童子の遠い記憶が揺り覚まされる感じ。

㉗ここまでの雪狼達の感情はどうだろう？　最初は気楽に様子を見ているが、仙吉に雪童子が見えたことでショックを受ける。信じられない気持ちで二人を見守るようになる。ここでの雪狼達には動きやセリフは必要ない。だが、セリフや動きのない時こそ注意が必要。常にドラマの中にいることを忘れないようにしたい。

雪狼《おいの》3　雪童子《わらす》が見えた？ ㉘
雪狼全　見えた？
雪狼2　そんなはずない。
雪狼1　気のせいだ！
雪童子　本当にそうだ。でも、確《たし》かに…。
雪狼3　雪童子は人には見えない。
雪狼2　だって、雪童子は…。
雪狼全　雪童子だから。

♪雪童子の歌一・二番（朗読《ろう》6～17は上手と下手に分かれて登場し一緒《しょ》に歌う）

どこから来たの　雪童子　人には見えない　雪童子
そこは　雪の国　雪の国　狼と楽しく　かけ回り
カシオペーアと　歌ってる　ひとりぼっちも　さみしくない
空を見るのが　大好きさ　空を見るのが　大好きさ ㉙

雪童子、こしから銀の棒《ぼう》を取り、軽くふる。不思議な金属《ぞく》音。ぶたいは青っぽくなる。㉚

雪狼達、雪（かくし持ったキラキラする細かな紙）をぶたいにまく。㉛

朗読6　すると、みがき上げられたような群青《ぐん》の空から、真っ白な雪が、サギの毛のように落ちてきました。㉜
朗読7　それは、静かなきれいな日を、いっそう美しくしたのです。
雪童子　（下手の方を見ながら）カリメラか…。きっと、妹も弟も喜ぶにちがいないよ。㉝

㉘ここから歌に至る動きは、もたつかないようにしたい（例えば、雪狼達は台の上から急いで下へ降りてきて、雪童子を取り囲むようにセリフを言う。この時、雪童子はやや下手寄りにいる。→「本当にそうだ。でも、確かに…」と言いながら雪童子は上手側に歩く。→雪狼達は雪童子に向かって、「雪童子は人には見えない」などのセリフをぶつけるように言う。→「雪童子だから」のセリフで、そのまま歌に入る。→朗読隊も素早く両脇に。歌いながら登場してもよい。…これは動きの一例です。やりながら考えて下さい）。演技が舞台の隅に小さく固まらないようにする。また、舞台を大きく使うためには、不自然にならない程度に動きをつくることが大切。
㉙元気に歌う。
㉚歌の最後の方とかぶって、銀の棒を振る。
㉛雪狼達はポケットなどに光る雪の断片をたくさん入れておく。銀紙や金紙を細かく切ったものでよい。
㉜この朗読は雪をまくタイミングに遅れない。朗読隊は上手下手の両側にいる。
㉝雪童子達は台の上に立っている。セリフが朗読調にならないように。

ぶたいは少しずつ暗くなる。読み終わった朗《ろう》読は順にそっと退《たい》場する。

朗読8　けれども、その雪が落ち切ってしまったころから、お日さまは何だか空の遠くへお移《うつ》りになったようでした。㉞

朗読9　西北の方からは、少し風がふいてきました。

雪童子《わらす》達、身構《がま》えるように空を見る。風の音。

朗読10　もうよほど、空も冷たくなってきたのです。

朗読11　東の遠くの海の方では、真っ白な鏡に変わったお日さまの上を、何か小さいものがどんどん横切っていくようです。

風の音が強くなる。

朗読12　風は段々《だんだん》強くなり、足元の雪はさらさらさらさら後ろへ流れ、

朗読13　向こうの山の頂《いただき》には、ぱっと白いけむりが立ったと思うと、もう西の方はすっかり灰《はい》色に暗くなりました。

雪童子　思ったより早い…。㉟

雪狼《おいの》1　もう始めなくちゃ。㊱

雪狼全　始めなくちゃ。

雪狼2　この辺りを真っ白にしろ。

雪狼3　雪婆《ば》んご様の命令だ。

雪狼全　始めましょうぜ、雪童子!

雪童子　(下手の方を見ながら)もう少し待って…。あの子が行ってしまうまで。

㉞この辺りの朗読は、間を取らず、畳みかけるように。どんどん状況が差し迫っていく感じ。ただし、言葉ははっきり。早口にならないこと。

㉟事態は待ったなしだが、雪童子は仙吉のことが気になっている。

㊱雪狼達の一連のセリフに、雪婆んごへの強い恐れがある。

雪狼《おいの》1　そんな、雪婆《ば》んご様をおこらせたら…。
雪童子《わらす》　雪婆んごは遠くへ行ってる。だから、少しぐらいは…。
雪狼2　雪婆んご様は、地ごく耳。
雪狼3　いつでもどこでも、お見通し。
雪狼1　雪婆んご様をおこらせたら、雪童子は…。
雪狼全　消されてしまうよー。㊲
雪婆んご　何をぐずぐずしてるの。降《ふ》らすんだよ。ひゅうひゅう。㊳

雪童子達、はっとして辺りを見回す。口々に、「雪婆んご様！」「近くにいる…」「おそろしい…」などと言う。

朗《ろう》読14　空はすっかり白くなり、風は引きさくようにふいています。㊴
朗読15　そこらは灰色の雪で一杯《ぱい》で、雪だか雲だかもわからないのです。
朗読16　おかの角は、あっちもこっちも、きしるように鳴り出しました。
朗読17　地平線も町も、暗いけむりの向こうになってしまい、雪童子の白いかげばかり、ぼんやり真っ直ぐに立っています…。

ぶたい上手から、西の雪童子A～Cがそれぞれ雪狼を3ひきずつ連れて、登場。㊵

雪童子A　おーい。雪婆んごの命令で手伝いに来たぞ。
雪童子　西の方の雪童子…。
雪童子B　元気な雪狼も連れてきたよ。
雪童子C　この辺りを、思いっ切り白くするんだな。よーし！　お前達、しっ

㊲雪婆んごへの恐れと雪童子を思う気持ち。悲鳴のような雪狼達のセリフである。

㊳舞台袖の中から声のみ。雪婆んごの声にはワイヤレスマイクを使うとよい。他の登場人物とは異次元の存在感が声にも表れるようにしたい。この場合は遠くから聞こえる感じなので、あまり大きくしない。

㊴朗読14～17、順に登場し、読み終わったら順に退場していく。間を置かずに読む。雪童子達は中央台の上で怯え固まっている感じ。

㊵雪童子A～Cは、すぐに雪童子とわかるように。例えば、同じようなバンダナをするなど。バンダナの色は違っていてもよい。みんな銀の棒を持っている。雪狼達も、同じように耳を付ける。

かりやるんだぞ。

雪狼達《おいの》　うおーす！ ❹❶

雪童子《わらす》A　（雪童子に）どうしたの？　元気がないな。

雪童子　いや、何でもないよ…。（ひとり言で）仙吉《せんきち》とかいう、あの子は、きっともう遠くへ行っただろう…。

雪童子B　さあ、始めようぜ！

みんな、台に並《なら》んでシュプレヒコール『水仙月の四日だよ』。 ❹❷
数名のダンス隊がぶたい両わきに登場。 ❹❸
中央前面で雪童子達は銀の棒《ぼう》をタクトのように動かして指揮《き》する。
台上の雪狼達は風を呼《よ》び、雪をまき散らす大きなダンス的な動き。
ダンス隊もおどる。最後の「はっはっは」で、雪狼達はかくし持っている雪（キラキラする細かな紙）をぶたいにまき散らす。 ❹❹
照明もグラグラゆれるように。

雪童子　ひゅうひゅうひゅう

みんな　ひゅうひゅうひゅう

雪童子　水仙月の四日が　来たぞ

雪童子A　今日は　山の雪祭り

みんな　年の初めの　雪祭り

雪童子B　雪よ降《ふ》れ

みんな　風よふけ

雪童子C　ひゅうひゅう

みんな　はっは

---

❹❶この後雪狼達、あいさつ。オオカミらしい愉快なあいさつを考えてほしい。

❹❷シュプレヒコールは、おもいっきり元気に、動きを付けて楽しくやってほしい。並び方は、例えば、雪童子達は前に、台の上に雪狼、両脇にダンス隊、というのはどうだろう。動きや並びは、観客からの見え方を意識して、立体的になるよう、みんなで工夫してほしい。

❹❸ダンス隊は例えば、雪ん子のような衣装で、手に白い棒や扇を持ち、シュプレヒコールに合わせて踊るなど。楽しいものを考えてほしい。

❹❹雪狼は、みんな雪のかけらを隠し持っていて、最後の「はっはっは」で思いっ切り華やかにまき散らしてほしい。

雪童子《わらす》　どこもかしこも　真っ白に

雪童子全　色のつくもの　ぬりこめろ

雪童子　水仙《せん》月の　祭りだよ

みんな　ひゅうひゅう　はっは

雪童子全　ひゅうひゅう　はっは

みんな　ひゅうひゅうひゅうひゅう　はっはっは

とつ然、ぶたい上手に雪婆《ば》んごが立つ（スポット）。㊺　㊻

雪婆んご　何をぐずぐずしてるの。さあ降《ふ》らすんだよ。飛ばすんだよ。ひゅうひゅうひゅう。

みんな、「雪婆んご…」「雪婆んご様が来た…」など口々にさけぶ。

雪婆んご　そんな所に固まってないで、早くこの一帯を真っ白にするんだよ。

雪童子と雪狼《おいの》達、一斉《せい》にぶたいのそでに散る。ダンス隊も消える。「ひゅうひゅうひゅう　はっはっは」の声が、そでのあちこちから聞こえてきて、段々《だんだん》大きくなる。ぶたいは急速に暗くなる。㊼　㊽

雪婆んごにスポット。台の上で辺りを見回す。㊾

雪婆んご　今日は、水仙月の四日だよ。さあ、しっかりやっておくれ。ひゅう。

雪婆んごが上手のそでに消え、やみの中に風の音。雪婆んごの声がひびく。

㊺雪婆んごの扮装は思いっ切り目立つものを。「とがった耳、ぎらぎらした金の眼。背中まである白髪」原作の描写を生かして、できれば被り物をつくってほしい。

㊻できればワイヤレスマイク着用。セリフのない時のスイッチの操作を忘れない。

㊼雪童子と雪狼達は舞台の袖に消える。辺り一帯を雪に変えるために働くのである。だから、観客には見えていないところで演技は続いている。

㊽袖から聞こえる声は観客を圧倒するような大きさで。朗読隊やダンス隊もみんなで協力する。

㊾雪婆んごのスポットをきっかけに、「ひゅうひゅうひゅう　はっはっは」の声が急速に小さくなり、消える。

朗読18　「なまけるんじゃないよ」「しっかりやっておくれ」「水仙月《せん》の四日だよ」など。やみの中から、♪「雪童子《わらす》の歌」のハミングが小さくバックミュージックのように聞こえる。やがてその声は大きくなり、とつ然やむ。❺⓪
ぶたい上手に、朗《ろう》読18〜21が登場。スポット使用。

朗読19　みんな顔色に血の気もなく、きちっとくちびるをかんで、おたがいあいさつも交わさずに、せわしく行ったり来たりしました。

朗読20　もうどこが、おかだか雪けむりだか空だかもわからなかったのです。聞こえるのは、雪婆《ば》んごのさけぶ声、雪の中をかけ歩く雪狼《おいの》の息の音ばかり。

朗読21　その中から雪童子は、ふと、風に消されて泣いているさっきの子どもの声を聞きました…。

仙吉《きち》　助けてー…。❺①

ぶたい中央の台上に雪童子（スポット）。はっとして下手の方を見る。とつ然ぶたいはうす明かりになる。下手に、雪に足を取られてあがく仙吉。立ち上がろうとするが、動けない。近くに赤いマントが落ちている。❺②❺③

仙吉　足が、動かないよー。

雪童子　あの声は…あの子だ。❺④

雪童子、下手に走ってマントを見つける。立ち止まって耳をすます。

仙吉　（スポットが当たり）足がぬけないよー。助けて。

---

❺⓪みんなで歌う。ハミングは大きくなり、朗読隊の登場とともにストップ。

❺①仙吉は下手袖で叫び、すぐに舞台の下手に倒れ込む。

❺②雪童子は上手から急いで台の中央にやって来る。そこでスポットを当てる。この時は仙吉の声が聞こえたような気がしたのである。

❺③赤いマントは、下手の木の近くに暗転中にそっと置いておく。

❺④雪童子は仙吉の声を確認したが、姿はまだ見えていない。

雪童子《わらす》　吹雪《ふぶき》で道に迷《まよ》ったな…。

仙吉《せんきち》、泣きながら「足が動かない」「助けて」「寒いよ」など。

雪童子　（さけぶ）マントを持ってってあげるから、じっとしておいで。❺❺

雪婆《ば》んご　もっとしっかりやっておくれ。もっと降《ふ》らせるんだよ。❺❻

雪童子　（仙吉に近付いて）たおれておいで。だまって、うつむけにたおれておいで。じっとしていれば、今日はそんなに寒くないから、こごえやしない。❺❼

仙吉、また立ち上がろうともがく。

雪童子　動いちゃいけないったら。じっとしてるんだよ。だめだねえ。❺❽

雪婆んごがぶたいに現《あらわ》れ、仙吉に近付く。

雪婆んご　おや、こんな所に、子どもがいるねえ。こっちへ取っておしまい。水仙月の四日だもの。一人や二人、取ったっていいんだよ。

雪童子　（大きな声で）ええ、そうです。さあ、死んでしまえ。（仙吉をわざと強く引きたおしながら、そっと仙吉の耳元で）たおれているんだよ。動いちゃいけないよ。

雪婆んご　そうそう、それでいいよ。よさそうな子じゃないか。きっと働き者の雪童子になるよ。さあ、もっと降らしておくれ。今日は一晩《ばん》中、休みなしだよ。ひゅう。

---

❺❺仙吉のいる場所はわかった。マントを持って雪童子は仙吉に向かって叫ぶ。

❺❻雪婆んごは上手袖にいる。

❺❼雪婆んごには聞こえないように言っている感じ。観客にはセリフは聞こえている。

❺❽例えば、仙吉の肩に手をやってセリフを言う。この時、二人の位置に注意。雪童子と仙吉は観客によく見えるように。

雪婆《ば》んご、さけびながら上手に消える。
もう立ち上がらない仙吉《せんきち》に、雪童子《わらす》が赤いマントをかけてやる。

雪童子　そうしてねむっておいで。雪の布団《ふとん》をたくさんかけてあげるから。そうすれば、こごえないんだよ。朝までカリメラの夢《ゆめ》を見ておいで。

雪童子、仙吉に雪（白い大きな布《ぬの》）を何枚かかける。❺❾
近くで木の枝《えだ》を見つけ、拾う。❻⓿

雪童子　この枝は…ぼくのあげた枝を、まだ持っていたんだ…。

木を仙吉の近くに立てる（目印である）。シュプレヒコールの声、また聞こえてくる。雪童子、上手のそでに走る。やみの中で声は大きくなり、やがて静まってゆく。雪婆んご、上手から登場（スポット）。❻❶　❻❷

雪婆んご　さあ、もう休んでもいいよ。やれやれ、いい案配に水仙月の四日が済《す》んだ。ゆっくり休んでおくれ。あたしは海の方へ行くからね。

雪婆んご、再《ふた》び上手に去る。ぶたいは段々《だんだん》明るくなる。木も水仙も雪をかぶって白くなっている。❻❸
雪童子達、もどってくる。

雪童子A　ずいぶんひどかったね。
雪童子B　ああ…。やっと、終わったねえ。

---

❺❾白い布は雪を表している。
❻⓿木の枝も暗転中に仙吉の近くに置く。あるいは、仙吉が下手に倒れこむ時、自分でそっと置いておく。
❻❶木はあらかじめ立てられるように工夫しておく。
❻❷雪童子ははっと我に返る感じで走る。
❻❸舞台が明るくなると、木と水仙は雪をかぶって白くなっている（これも暗転中にやっておく）。特に水仙は、後に雪を払って元の花に戻すシーンがある。簡単に取れるよう、綿のようなものをくっ付けておくとよい。白いビニールシートなどで舞台全体を白く変えられればビジュアル的にインパクトは出る。だが、白い木や花と朗読だけでも、雪景色を観客にイメージしてもらうことは可能である。これは、演劇ならでのおもしろさだろう。

雪童子《わらす》　今度はいつ会うだろう。
雪童子C　いつだろうねえ。
雪童子A　早く一緒《しょ》に北へ帰りたいね。 (64)
雪童子全　ああ。
雪童子B　さっき子どもが一人死んだな。
雪童子　大丈《じょう》夫だよ。ねむってるんだ。
雪童子C　知ってるよ。雪婆《ば》んごが気付くんじゃないかって、はらはらしたよ。
雪童子　ねえ…、あの子、ぼくが見えたんだよ。
雪童子A〜C　えっ?
雪童子　ほんとだよ。不思議だけど…。あの子がここを通った時、確《たし》かにあの子はぼくが見えていた…。
雪童子A　そんなこと…。
雪童子　狼《おいの》達も気のせいだって言うけど。でもその時、思い出したんだ。あの子と同じように泣いている自分を…。吹雪《ふぶき》の中で、痛《いた》いくらいぼくをだいてくれたのは…。そうだ、あれはお兄ちゃんだ。でも、お兄ちゃんのうでの中で、ぼくは段々《だんだん》冷たくなっていく…。遠くなっていくお兄ちゃんの声。後はわからない…。あの子を見た時、なぜそんなことがうかんだんだろう…。 (65)
雪童子B　似《に》たようなこと、ぼくにもあるよ…だれにも言ったことないけどね。
　雪童子達、悲しそうにうなだれる。短い間。 (66)
雪童子C　とにかく、雪婆んごに知られなくてよかった。

---

(64) 雪の季節でなくなると、雪童子達はさらに寒い北の方へ移るのだろう。
(65) このセリフは、忘れていた遠い記憶をちょっとずつ思い出していくシーン。どんどんセリフを言ってしまわないで、間を取りながら、思いを込めてしっかり言いたい。なお、この部分は宮沢賢治作『ひかりの素足』がヒントになっている。
(66) 雪童子達には、口には出さないが、何かの弾みに思い出しそうになる遠い悲しい記憶があるのだろう。

雪狼《おいの》達、もどって来てぶたい後方に座《すわ》る。つかれた感じ。

雪童子《わらす》A　さあ、もう帰ろう。夜明けまでに、向こうへ行かなくっちゃ。

雪童子B　（空を指さして）ねえ、あいつはカシオペーアの三つ星だろ。青い火なのに…、どうして火がよく燃《も》えると、雪をよこすんだろう。

雪童子　カリメラと同じだよ。ぐるぐる回って、砂糖《さとう》がみんな、ふわふわのおかしになる。だから雪も、火がよく燃えた方がいいんだよ。

みんな、しばらく空を見る。(67)

雪童子C　じゃあ、さよなら。

雪童子達、「さよなら」「またね」と言い合いながら上手側に消える。雪狼達も乱暴《らんぼう》な仕草で、それぞれ別れのあいさつをして退《たい》場。
とつ然暗転。スポット、雪婆《ば》んごがまぼろしのように上手に出現《げん》する。

雪婆んご　あたしが知らないだって。ふん、なわけないだろ。あたしをだまそうなんて、百年早いよ。…お前達が、さびしい所に行かなきゃいけないのを、あたしが雪童子にしてあげたんじゃないか。おまけに、狼までつけてさ…。まあいい。今回は知らないことにしてあげるよ。よく働いたことだしね。ひゅうひゅうひゅう。(68)

雪婆んごは消える。ぶたい、明るくなる。
朗《ろう》読22・23が上手側に登場。ぶたい、最大限《げん》明るくなっていく。(69)

---

(67)雪狼達は、この時疲れた感じで後ろに座っているが、雪童子達が空を見て話す時、それぞれの姿勢で空を仰ぎ見る。雪童子と雪狼の関係はこのように特別なものがある。

(68)雪婆んごがいなければ、死の世界に一人で行くところだった。

(69)この辺りの朗読は、舞台が明るくなるのにふさわしい雰囲気で。

朗読《ろう》22 間もなく東の空が黄ばらのように光り、コハク色にかがやき、金に燃《も》え出しました。おかも野原も新しい雪で一杯《ぱい》です。

朗読23 ギラギラのお日さまがお登りになりました。今朝は青みがかって、一層《そう》立派です。日光はもも色一杯に流れました。

雪狼《おいの》2が水仙《せん》の雪をはらう。花が顔を出す。

雪狼達、「生きてる」「元気だ」「よかった」など喜び合う。❼⓿

雪童子《わらす》 （立ち上がって、雪狼達に）さあ、夜が明けたから、あの子どもを起こさなきゃ。

雪狼全 （よくわからないで）ふわ〜い？

雪童子 （木の枝《えだ》を指さして）その枝の辺りの雪を散らしておくれ。

雪狼達、「うおーす」と答えて、木の枝の辺りにかけて行く。雪の布《ぬの》をはがすと、赤いマントをかぶった仙吉《きち》が現《あらわ》れる。❼❶

雪狼全 （口々に）あの子だ！ ❼❷

下手から仙吉を呼《よ》ぶ声。父親が探《さが》しに来たのだ。❼❸

雪狼達、元にもどる。❼❹

雪童子 （大きな声で）お父さんが来たよ。もう目をお覚まし。

仙吉の体が少し動く。下手から父親が登場し、仙吉を見つける。仙吉をゆ

---

❼⓿雪狼達の喜びがそっと観客に伝わるようにしたい。中央で台に座ったまま、雪童子もほほえみながらその様子を見ている。

❼❶雪狼達、乱暴な仕草で雪の布をはがす。赤いマントをかぶった仙吉が観客にも見えるように。

❼❷驚きと喜び！

❼❸父親は下手袖から必死に仙吉を呼ぶ。

❼❹雪狼達は雪童子を見て、雪童子の「戻っておいで」の合図（うなずくだけでもよい）で素早く戻る。

り起こすと、目を覚ます仙吉《せんきち》。父親、仙吉をだきかかえるように退場《たい》。❼❺
雪童子《わらす》、しばらく下手の方を見ているが、満足げに台に座《すわ》る。
少しの間。❼❻

雪童子 （大きなのびをして）何だか、すごくねむい…。
雪童子、座ったままねむってしまう。見守る雪狼《おいの》達。❼❼

朗読《ろう》22 雪童子はねむってしまいました。❼❽
朗読23 水仙月の四日の、長い長い一日が終わったのです。
雪狼達と朗読22・23、一緒《しょ》に歌う。❼❾

♪雪童子の歌三・四番
白いカーテン　降《お》りて来て　静かにねむる　雪童子
そこは　夢《ゆめ》の国　夢の国　狼にやさしく　見守られ
アンドロメダも　ほほえんで　君はすてきな　夢を見る
お休みなさい　雪童子　お休みなさい　雪童子

短い暗転。
明るくなると、みんな出てきていて、歌の一・二番を楽しく歌う。❽⓪
幕《まく》。

---

❼❺父親の服装は原作では「かんじきをはき毛皮を着た人」となっているが、それらしい大人の服装であればよいだろう。
❼❻このシーン（雪童子が眠ってしまうまで）は、たっぷり間を取る。時間の流れはゆったり。
❼❼雪童子の顔をのぞいたり、目くばせしたり。
❼❽朗読22・23も雪童子に近付き、顔を覗き込む。眠ってしまった雪童子を見て、ほほえみながら朗読。二人は雪童子の両脇に位置する。
❼❾眠る雪童子を囲んで、包み込むように歌う。
❽⓪暗転中に伴奏が流れ、そのうちにみんな急いで舞台に集合する。歌は楽しく元気に。

キャッツ・ストリート

作 山本 茂男

時 おだやかな昼間から夜にかけて

所 キャッツ・ストリート（小都市の町の空き家とその庭先）

登場人物
飼《か》い猫《ねこ》 1〜20（増《ぞう》減《げん》可《か》能《のう》）
タマ
野良猫 1〜20
じじ猫
ノラ吉《きち》（ボス）
保《ほ》健所所長
役人1
役人2 ❶

立面図

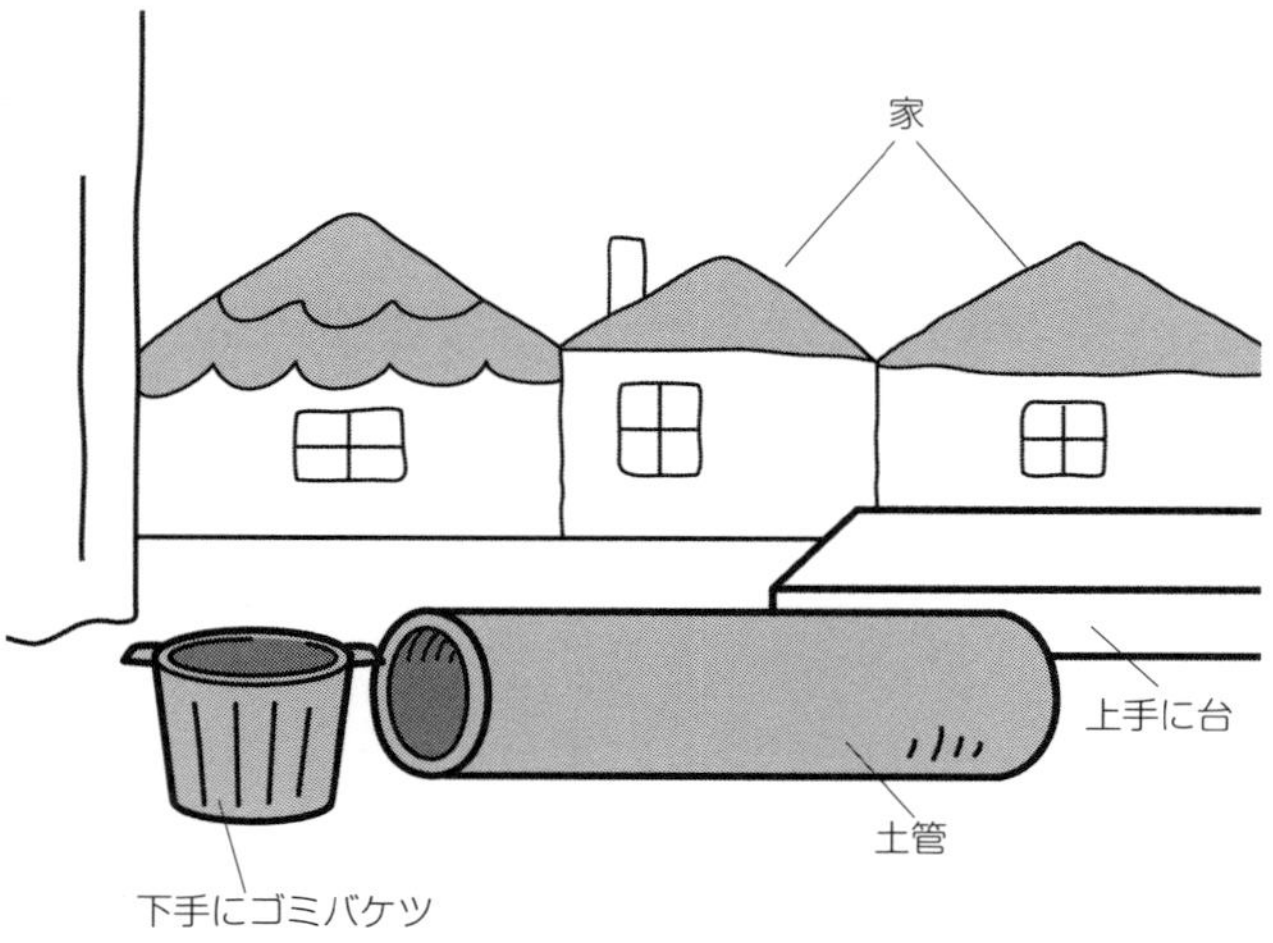

❶衣装について、飼い猫は白、野良猫は黒の長袖シャツに長ズボン。カチューシャで猫の耳を付ける。ノラ吉は灰色のシャツに眼帯、首に派手なマフラーをする。飼い猫は首にカラフルな首輪。

第一場　キャッツ・ストリート

歌声とともに幕《まく》が開く。❷

♪のらねこのうた

おれ達ゃうわさの　野良猫さぁ　泣く子もだまる　野良猫軍団《だん》
ケンカときたときゃ　負け知らず　やわな犬など　にげ出すぜ
路地裏《うら》通りの　顔利きさ
ほらほら　そこのけ　そこのけ　そこのけ
野良猫様の　お通りだ

野良猫1　いやあ、しかし、けっさくけっさく。❸
野良猫2　魚屋のあのおやじの顔見たか？
じじ猫　とちゅうで転んで、べそかいてたぞお。
野良猫6　このスリルたまらねえ。
野良猫全　たまらねえ（笑う）。

♪おれ達ゃうわさの　野良猫さぁ　あの子もふり向く　野良猫軍団
毎日ドキドキ　このスリル　人間なんか　一ひねり
路地裏通りの　顔利きさ
ほらほら　そこのけ　そこのけ　そこのけ　そこのけ
野良猫様の　お通りだ

ノラ吉《きち》　さ、みんな今日のえものを出し合って、ディナーといこうぜ。❹
野良猫3　ボス、そのデナーって何ですか？

---

❷ラップ調のビートのきいたリズムが聞こえ、上手から歌声とともに幕が開き、野良猫達が指を鳴らしながら、『ウェスト・サイド・ストーリー』調に登場する。

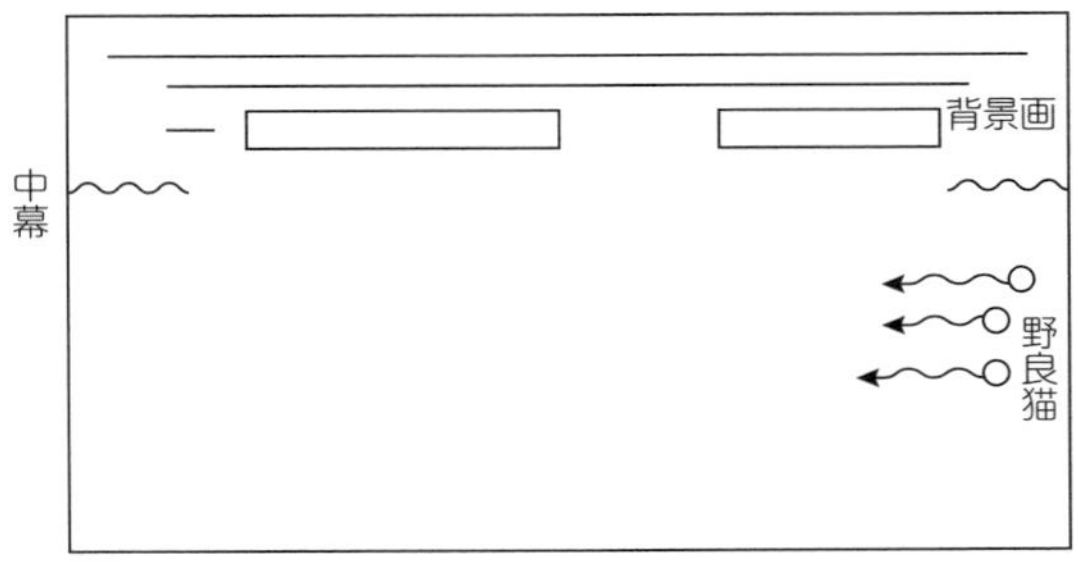

❸歌の合間にセリフが入る。手に持った魚やするめなどの獲物を高々と前に差し出し、自慢して大笑いする。

❹他の猫達もそれぞれ獲物を「俺も、俺も」と自慢し合う。

じじ猫《ねこ》　デナーじゃなくて、ディナーだ。メシって意味だ。英語だよ。
野良猫4　英語？　ボスさすがですね。
じじ猫　ボスはな、昔、えら～い家で飼《か》われてたんだ。お前達とはちがって、
（頭を指して）ここがちがうんだよ。❺

野良猫達が笑い、さわいでいる中、飼い猫達がぞろぞろと登場。❻
野良猫達の周りを囲むようにする。

野良猫7　おい、何だこのにおいは。
野良猫8　人間のつけてる香《こう》水のにおいだ。
野良猫9　おい、見ろよ、あれ。

飼い猫達、自分達を自慢《まん》するように中央に歩み寄《よ》り、歌いながらおどる。
野良猫達は追いやられるように周りに移《い》動。

♪飼い猫の歌

ゴロゴロゴロゴロ　ニャ～ゴ
ニャ～ニャ～ニャ～ニャ～　ニャ～ゴ
わたしの　お耳　わたしの　お目目
ご主人様の　お気に入り　おひざの上で　ぐっすりよ

飼い猫1　なあに、このにおい。
飼い猫2　何か何かくさいわねえ。
飼い猫3　月に一度のお散歩ツアー。

---

❺ノラ吉、上手奥の台の上に寝そべる。
❻バラード調のラップのメロディーが流れ出し、下手から飼い猫達がファッションショーのように登場する。

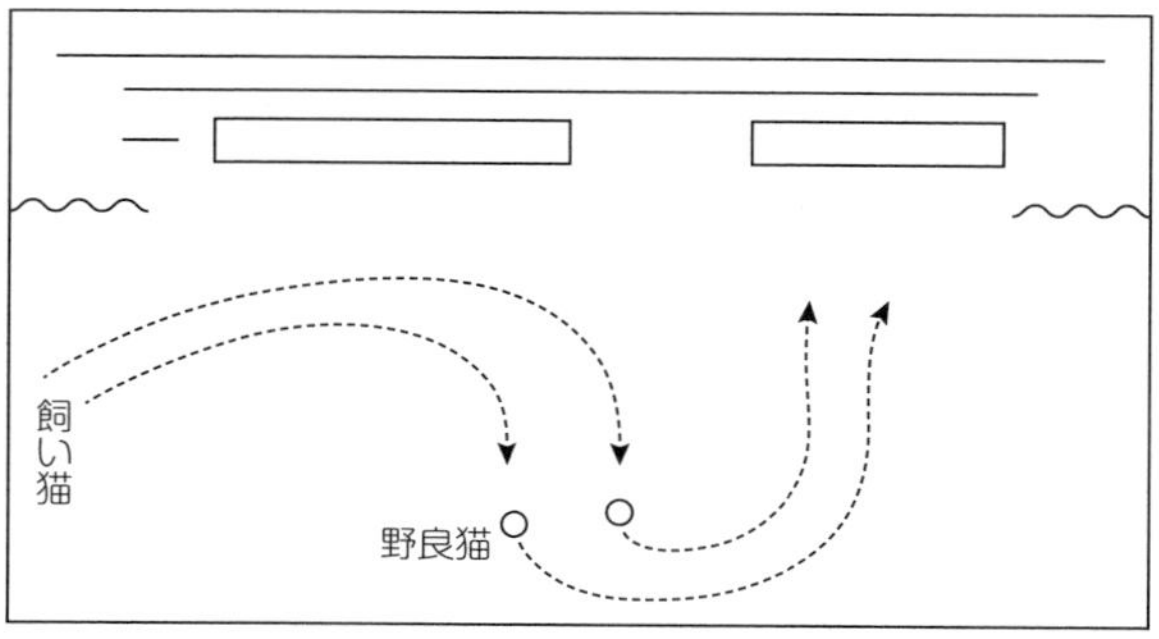

飼《か》い猫《ねこ》4　もっとすてきな所に行きましょう。

♪ゴロゴロゴロ　ニャ〜ゴ
ニャ〜ニャ〜ニャ〜ニャ〜　ニャ〜ゴ
わたしの　おひげ　わたしの　しっぽ
こんな所じゃ　くさくなる　きたないくさい　ここはどこ

野良猫10　おい、いきなり現《あらわ》れてごあいさつだな。

野良猫11　くせえのはお前達だろう。

野良猫12　変な香《こう》水つけちゃってよ。チャラチャラすんなよ。

飼い猫5　チャラチャラですって、失礼ね。

野良猫13　何がおしゃれだよ。笑っちゃうよなぁ。

野良猫14　お前らが一体、何しに来たんだよ。

飼い猫6　な、何だよ。

野良猫15　さっさと帰れ！　痛《いた》い目にあいたいか？

飼い猫7　すぐそうやっていきがる。

飼い猫8　だから人間からきらわれるんだよ〜おだ。

野良猫16　なにい！　おいやっちまえ。❼

野良猫達、飼い猫達にかかろうとする。そこにノラ吉《きち》が起き上がって相対する二つのグループの間に割《わ》りこんでくる。

ノラ吉　うるさいぞお前達、さっきから何さわいでいるんだ。❽

野良猫15　あっ、ボス。こいつらがいきなりやって来て。

---

❼対立シーンは上手側に野良猫、下手側に飼い猫が向き合いながらにじり寄る。横一列でなく、三角形になるように配列する。

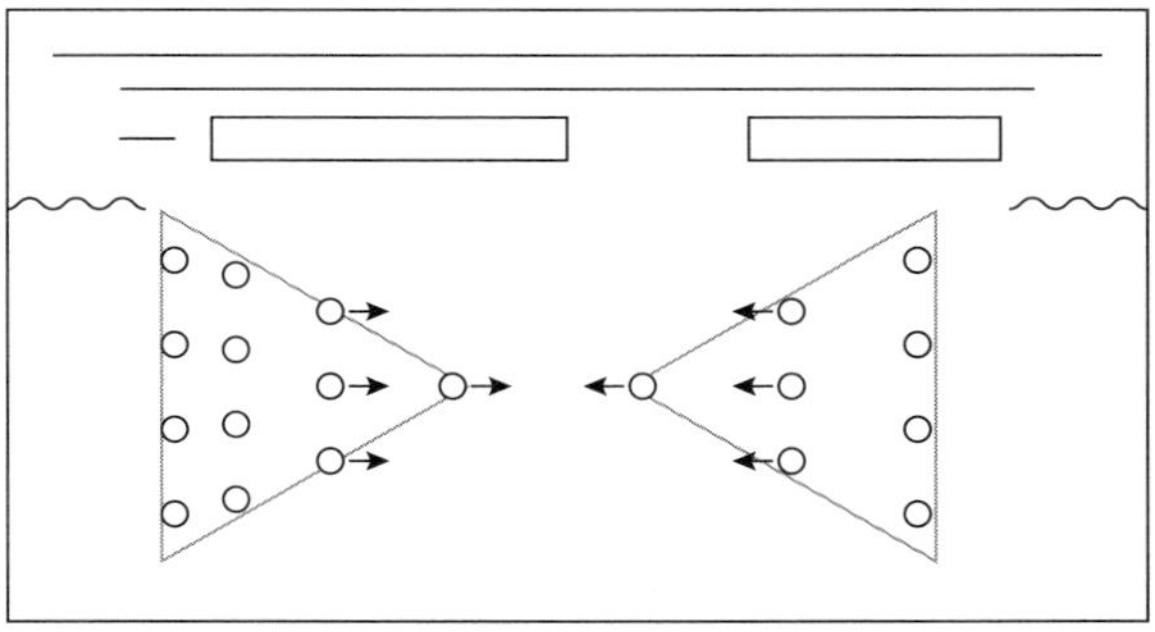

飼い猫チーム　　野良猫チーム

❽台の上に寝そべっていたノラ吉、起き上がって中央に割って入る。

野良猫《ねこ》16　生意気なこと言うから。

ノラ吉《きち》　猫同士は仲良くしろっていつも言ってるだろう。

野良猫16　すみません。でも…

タマ　あれ、もしかしてノラ吉君？　❾

ノラ吉　えっ。お前はもしかしてタマ。

タマ　ノラ吉君。

野良猫18　ボス、知り合いなんですか？

ノラ吉　ああ、おれが昔飼《か》い猫だったころ、近くで飼われていた猫だ。

タマ　あのころよく遊んだよねえ。

野良猫19　おさななじみ？　もしかしてラブラブ（冷やかす）？　❿

ノラ吉　ふざけるな。⓫

タマ　でもノラ吉君、どうしていなくなっちゃったの？　⓬

ノラ吉　いなくなったんじゃないんだよ。

じじ猫　人間に捨《す》てられたんだよ。

タマ　捨てられた？　ノラ吉君、本当なの？

ノラ吉　ああ、おれ、交通事故にあっただろ。

タマ　ごめんなさい。わたしを助けるために。すごいけがだった。

野良猫20　助けるために？

タマ　わたしが夜、道路でふざけていたら、いきなりダンプカーが。

ノラ吉　もう、言うなって。思い出したくねえ。

タマ　ノラ吉君がダンプカーの前に走ってきて、わたしを助けてくれた。

飼い猫6　かっこいい。

野良猫20　で、どうして捨てられちゃったんですか？

ノラ吉　ああ、血だらけで家に帰ったとたん、きたない気持ち悪いって言って、

---

❾飼い猫の後ろの方からノラ吉のいる中央まで出てくる。

❿野良猫達は思い思いの場所に歩きながら座る。

⓫ノラ吉、また元の台の所に座る。

⓬中央に立ち、訴えるように。

人間はおれを捨《す》てた。 ⓭
じじ猫《ねこ》　そして、お前は野良猫の仲間になった。今じゃボスだ。
飼《か》い猫9　人間ってそんなひどいの?
飼い猫10　でも、おれ達のご主人様はちがうさ。
ノラ吉《きち》　ま、いいさ。おれはおれでここの世界が気に入ってる。
タマ　ノラ吉君。
飼い猫11　野良猫さん達。くさいなんて言ってごめん。悪かった。 ⓮
飼い猫12　わたし達、ケンカをする気はないのよ。ごめんね。
野良猫13　わかればいいんだよ、わかれば。
野良猫20　せっかくだ。みんなでデナーにするか。 ⓯
飼い猫14　デナーじゃなくて、ディナーでしょ。
飼い猫6　それにまだ昼間、ランチでしょ。ところで、どんな物めし上がっていらっしゃるの?
野良猫18　めし上がるってほどでもないけどよ。例えば…

ゴミバケツの所へ走って行き、中を漁って残飯を持って来る。 ⓰

野良猫19　こんな物を食ったりな(残飯を食べる)。
飼い猫15　うわぁ、あんなもん食べちゃった。
野良猫1　そんなにおどろくなよ。それから…

野良猫1、辺りをキョロキョロして、いきなり飛びはねたり、高くかけ登ったりして、何かをつかまえる。 ⓱

⓭台の上に立ち上がり、上手方向を見ながら語る。
⓮飼い猫達、野良猫達の方に歩み寄る。
⓯中央にかけ出てくる。
⓰下手側のゴミバケツの所に走る。
⓱飼い猫達は野良猫達のスピーディな動きにあたふた、おろおろする。

飼い猫《かいねこ》16　ねえ、今何つかまえたの？
野良猫1　これか、バッタだよ（口に入れる）。
飼い猫17　バッタって？
野良猫2　お前、バッタも知らないのか？　カリカリしていてうまいんだぞ。
野良猫3　ほら、あの辺にいるから、ちょっとやってみな。⓲
飼い猫17　だめだ。にげちゃったあ。
野良猫4　まあ、そうがっかりするなよ。あっ！　ネズミだ！　⓳
飼い猫18　きゃあ〜。

飼い猫達、こわがって下手すみの方に固まる。

野良猫5　へっへっへ〜。収《しゅう》かく、収かく。
飼い猫19　ねえ、ひょっとしてそのネズミも……食べるの？
野良猫6　あったり前だよ。うまいんだぞ。

野良猫、何ひきか集まってネズミをムシャムシャ食べる。

野良猫14　と、まあ、食う物は自分で見つけてとる。大変なんだぜ。
飼い猫20　ホント、大変。そこいくとわたし達って幸せよねぇ。⓴
飼い猫18　うん…でも何か…いいなあ、あなた達。
野良猫15　なにがあ？
飼い猫3　何か、かがやいているわよね。
飼い猫2　とてもたくましいし。
飼い猫19　なんか、…胸《むね》が熱くなってきた。これってラブラブ感情《じょう》？

⓲飼い猫達、架空のバッタを追いかける。なかなか獲れないで、逃がしてがっかりし、中央に座り込む。
⓳野良猫達は「あっちだ。こっちだ。よし、待ち伏せだ」などとかけ声を上げながら上手奥に入り、ネズミをぶら下げて持ってくる。
⓴遠巻きに見ていた飼い猫達、少しずつ前の方に歩み出てくる。

飼《か》い猫《ねこ》6　きゃあ、はずかしい。

♪ときめきララバイ　㉑
ときめき　ときめき　ときめき　ときめき
ときめき　ときめき　ときめき　ときめき
熱い眼《まな》ざし　自由にあふれ
するどいつめ先　心もわくわく
わたしのハートにくぎづけよ　ニャァ〜！

飼い猫6　いいなあ、あなた達。
野良猫20　何言ってるんだ。お前らの方がずっと楽じゃねえかい。

♪幸せってなあに　㉒
幸せって　なあに　何が　幸せ
野原を自由にかけ回り
がつがつうまいもん　食うことだ
そして仲間が　いつもそばにいることさ
すてきなお家　暖《あたた》かいお部屋
デリシャスなキャッツフード
それがお前らの　幸せなのさ

飼い猫10　そうよ。わたし達は幸せなのよ。　㉓
野良猫12　そうだ。お前達は幸せなんだよ。
飼い猫6　そうだよ。ぼく達は何不自由ないじゃないか。

㉑恥ずかしそうに中央に寄り添ってときどき視線を野良猫に向けながら歌う。
㉒スローな飼い猫と力強い野良猫の掛け合いで歌う。
㉓歌が終わって、しばらく考え込んでから「そうよ」と言う。

飼い猫《かねこ》2　でも、それが幸せって言えるの？
飼い猫17　私、わかんなくなってきた。
ノラ吉《きち》　だったら、今の生活捨《す》てて野良猫になるか？
飼い猫16　なりたい。かも。おれ、こんな首輪いらない。㉔
飼い猫17　わたしもきゅうくつでいや。
飼い猫2　いつノラ吉さんみたいに捨てられるかわかんないし。

何びきかの飼い猫が首輪を外す。㉕

飼い猫2　ああ、すごい楽。
ノラ吉　お前達、バカなことするな。
野良猫20　そんなことしたら、人間に捨てられちゃうぞ。
ノラ吉　お前ら、調子にのるなよ。首輪をしてるから、お前らは安全だってことちゃんとわかってなくちゃ。
タマ　安全？　どういうこと？　ノラ吉君。
ノラ吉　最近、人間達は、野良猫がりを始めたらしい。
野良猫5　ああ、となり町の野良猫達もつかまったらしい。
飼い猫6　つかまったらどうなっちゃうの？
野良猫1　保健所《ほ》ってとこに連れて行かれる。
飼い猫18　保健所って、まさか。じゃあ、殺されちゃうの？
飼い猫7　こわあい。わたし達、やっぱり野良猫になれない。㉖
飼い猫6　そうだよ、おれ達は飼い猫なんだぜ。㉗
ノラ吉　人の物は何でもよく見えるんだ。住む世界がちがうってことだ。
タマ　ノラ吉君。

㉔自分のカラフルな首輪を外し、持ち上げる。
㉕外した首輪を放り投げる。
㉖一度放り投げた首輪をまた拾う。
㉗首輪を着け直す飼い猫もいる。

ノラ吉《きち》　いいか、みんな。絶対《ぜっ》に人間達につかまるなよ。（飼《か》い猫《ねこ》達に）お前らも早く帰った方がいい。㉘

飼い猫1　でも、帰り道こわいい。

ノラ吉　わかった、仲間に送らせる。みんな、たのむ。

飼い猫4　ありがとう。この先を一本入った路地裏《うら》が近道よ。㉙

飼い猫6　急ごう。

飼い猫達と野良猫数ひきは上手に去る。㉚

ノラ吉　ところであいつら、どこ通るって言ってた？

野良猫14　確《たし》か、この先の路地裏通りって言ってたぜ。

ノラ吉　この先、まずい、あそこは保《ほ》健所の通りだ！㉛

ノラ吉、上手の方に走りかける。照明、暗くなる。

上手そでにライトが付く。保健所の役人の声。㉜

役人（声）　所長、すごい。三十ぴき以上はいますぜ。

所長（声）　よし、一もう打じんだ。つかまえろ。

役人（声）　（猫達の悲鳴）やったあ！　すごい収《しゅう》かくです。

上手そでのライトが消え、ぶたい照明は通常《じょう》にもどる。しばらくちんもく。「はぁはぁ」などと言いながら、飼い猫２・３、野良猫２が走ってくる。

飼い猫2　ええ〜ん。みんなつかまっちゃったよぉ。

㉘ノラ吉、台の上で立ち上がって。

㉙上手奥の方を指差す。

㉚残ったノラ吉達は、しばらく先ほど獲ったネズミを食べながら会話している。ふと思い付いたようにノラ吉が立ち上がる。

㉛台の上から飛び降り、上手方向を見る。

㉜ライトは上手袖から、舞台に光が漏れる感じにする。

野良猫《ねこ》19　つかまったって？
ノラ吉《きち》　助かったのは、お前達だけか。飼《か》い猫もつかまったのか。
野良猫2　何とかならないか。ボス。
ノラ吉　…大丈《じょう》夫。　お前達は飼い主が引き取りに来る。❸❸
野良猫14　おれ達野良猫だってつかまっちゃったんだよ。
飼い猫2　ボス？
ノラ吉　だめだ。おれ達じゃどうにもならない。
飼い猫3　ボス、何言ってるの？　らしくない。そんな弱音をはいて。
野良猫15　ボス。❸❹
飼い猫3　ボス、タマもつかまっちゃったのよ。
ノラ吉　タマも！　(間) すまん。でも、おれは、おれは。❸❺

ノラ吉、かたを落として上手そで側に座《すわ》りこむ。

飼い猫2　何よ、意気地なし。ふだんはいばってるくせして。
野良猫2　ボス、ひどいよ。何とかしてくれよ。
野良猫5　仲間がつかまったんだぞ。おれ達のボスだろ。
じじ猫　なら、お前がノラ吉の代わりに指揮《き》をとったらどうだ？❸❻
野良猫6　じじ猫、あんたまでそんなこと言うのかよ。しかし、このままじゃ。
じじ猫　ボスは昔、保《ほ》健所につかまっていた。だから、あそこがどんなにおそろしい所か知っているんだ。それに、こいつは。
ノラ吉　じじ猫、もういい。ああそうだよ、おれは意気地なしだ。光…、あのライトに当たると最後、もうだめなんだ。❸❼
飼い猫2　ライト？

---

❸❸「…大丈夫」は、しばらく沈黙し、また台の上に登り、下手側方向を向き、みんなと視線を合わせないようにする。
❸❹ノラ吉の方に歩み寄る。
❸❺台からゆっくり降りる。
❸❻じじ猫、野良猫達とノラ吉の間に立つ。
❸❼うなだれたまま、立ち上がる。

ノラ吉《きち》 保《ほ》健所にあるかんしとうのライトだ。身体が動かなくなっちゃうんだ。

じじ猫《ねこ》 交通事故《こ》のトラウマってやつで、やつがひかれた時の車のライトを思い出しちゃうんだろう。

ノラ吉 身体が動かなくなったら、だから、だから

じじ猫 こわさを知っているからこそ、動けないんだよ。

飼《か》い猫3 （再《ふた》びしゃがみこむ）。わかった。もういい。わたし達だけで行きましょう。㊳

じじ猫 行くだと。

飼い猫3 決まっているでしょう、仲間を助けによ。

野良猫5 おれも行くよ。ボス、あんたがこわがる気持ちはわかる。でも…

じじ猫 無理だ。そんなことしたら、お前らもつかまっちゃうぞ。

野良猫2 だって、仲間を見捨《す》てることはできないんだろ？

ノラ吉、立ち上がる。㊴

ノラ吉 仲間は宝《たから》だ。㊵

野良猫2 そうだよ、ボス。仲間は宝だ。って、あんたの口ぐせだろ。

野良猫3 だから、おれ達は行くぜ。じゃあな。㊶

ノラ吉 ちょっと待て！ ㊷

飼い猫2 ボス。

ノラ吉 こわい。また身体が動かなくなったら。でも、仲間は宝だ。

野良猫2 やっぱりあんたはおれ達のボスだ。

じじ猫 大丈《じょう》夫なのか？

ノラ吉 じじ猫、何かあったらよろしく。つかまった仲間を助けに行く。

飼い猫3 ありがとう、ノラ吉さん。

㊳諦め切った様子で。

㊴しばらく間を取った後に立ち上がる。

㊵つぶやくように言う。

㊶みんなが上手の方に走り出そうとする。

㊷中央に出てくる。

ノラ吉《きち》　よし。さて作戦だ。保《ほ》健所が一番手うすになる時間はいつだ？　㊸
野良猫《ねこ》14　やはり、真夜中だろうな。
ノラ吉　それじゃあみんな、ちょっと集まれ。　㊹

みんな集まって相談を始める。暗転。

第二場　**保健所　捕獲牢《ほかくろう》屋**　㊺

下手半分ぶたいおくに、つかまった猫達が牢屋の中で鳴いている。
上手側前方には、机《つくえ》といすが置いてある。
上手から所長、役人1・2が入ってくる。　㊻

所長　いやあ、しかしすごいなあ。
役人1　でも所長、見て下さい。
役人2　飼《か》い猫もいるけど、大丈《じょう》夫ですかね。
所長　構《かま》わん、構わん。首輪を全部取ってしまえ。
役人1　首輪をですか。
所長　そうすれば、飼い猫だか、野良猫だか、わからん、わからん。
役人2　所長、あんたもワルですなあ。
所長　ワルで悪いか。悪かったなあ。なんちゃって。じゃあ、後はたのむぞお。
役人2　後はたのむぞお。
役人1　えっ！　おれだけ？

所長、役人2は退《たい》場。役人1だけ残る。

㊸下手の方に歩いて行く。
㊹下手寄りにみんなを集める。
㊺中幕を閉めて、第一場の背景を隠す。

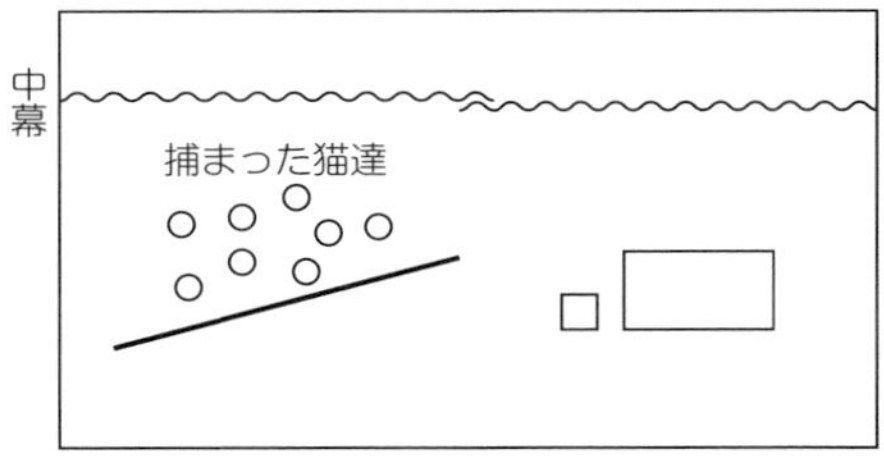

㊻保健所の役人達はちょっと間が抜けた人物設定。

役人1　おい、お前ら、おとなしくしてくれよ。
猫《ねこ》達、さらにうるさく鳴く。
役人1　うるさい、この声。苦手なんだよなァ。早く朝になってくれえ。
上手おくからとつ然物音。
役人1　な、何だあ、あの音は。ちょっと見て来よう。
上手がわに役人1は入って行く。
ノラ吉《きち》を先頭に猫達が入ってくる。㊼
タマ　（オリの中から）あっ、みんな。
野良猫2　助けに来たぞお。
ノラ吉　まずは作戦その1、しん入作戦成功。次は、作戦2・3へと移《うつ》る。
猫達はあちこちにかくれる。
役人1はもどってくるが、気付かずにいすに座《すわ》る。㊽
役人1　全くいやだなぁ（照明、点めつ）。（キョロキョロして）な、なんだあ、気味悪いな、もう。
照明が消える。一斉《せい》に不気味な猫の鳴き声。

㊼下手から周囲に注意を払いながら入ってくる。
㊽上手からおどおどしながら入ってきて椅子に座る。落ち着かない様子。

激《はげ》しい物音の後、役人1の悲鳴。そして、あちこちに光る猫《ねこ》の眼《がん》光。
不気味な鳴き声（猫の眼《め》作戦）。㊾

役人1　うわあ、助けてくれい。もうこんな見張《は》りこりごりだあ。㊿

役人1、あわてて退《たい》場。
照明がつく。猫達、一斉《せい》に出てくる。

ノラ吉《きち》　よしっ、すぐオリを開けろ。時間がない。急げ。

猫全　やったあ、ありがとう。

猫達、一斉ににげ出す。51
かんしとうのライトがノラ吉を照らす。52

飼《か》い猫3　ボスは?

タマ　あっ、ノラ吉《きち》君。53

ノラ吉はかんしとうのライトに当たり、動けないでいる。

ノラ吉　おれのことはいいから。さあ、早く行け。54

猫達、下手上手に去る。暗転。
人間の追いかける声。車のクラクション。猫の鳴き声。
下手からタマがもどってくる。55

㊾この場面は特に効果的に演出したい。暗闇の中にペンライトを点滅したりする。

㊿パニック状態で、椅子などを倒したり叫んだり大慌てで、這いつくばって上手に退場する。

51上手、下手あちこちに逃げて退場する。

52舞台上暗転の中、スポットを回し、舞台上を照らす。中央のノラ吉にスポットが集中。ノラ吉、まぶしそうにして苦しむ。

53下手に逃げ込もうとする途中で振り返る。

54苦しそうに言う。

55ノラ吉は中央で必死に動こうともがいている。しかし、身体は動かない。

タマ　ノラ吉《きち》君、あなたを見捨《す》ててにげられるわけないわ。さっ、わたしのかたに。

数ひきの飼《か》い猫《ねこ》と野良猫が戻ってきてノラ吉を助け、下手に去る。暗転。

第三場　キャッツ・ストリート　㊻

第一場と同じ。あちこちからにげ帰ってくる猫達。

一番最後にノラ吉をおぶった仲間達。

飼い猫2　やったあ。みんな助かったのね。
じじ猫　ノラ吉。やったな。
飼い猫5　ありがとう。
野良猫12　ありがとう。本当にありがとう。
ノラ吉　おれこそ、ありがとう。でも、みんな気を付けろよ。
じじ猫　でもここ、キャッツ・ストリートだけはまだ安全だ。
ノラ吉　これからも一緒《しょ》に、このキャッツ・ストリートで仲良くしていこうぜ。
タマ　うん。仲良くしよう。
野良猫15　そうしよう。
飼い猫12　楽しくなりそうね。このキャッツ・ストリートも。
猫全　そうだな。はははは。

♪「キャッツ・ストリート」を楽しく歌う中、幕《まく》。㊼

㊻中幕を開ける。

㊼ノラ吉とタマを中央に、みんな思い思いの場所で楽しそうに歌う。飼い猫と野良猫はともにかかわりながら踊ったり、動いたりする。動きや踊りは形を決めてもよいが、自由に踊り、そろっていなくてもよい。歌の終わりの方で、頭をかき、謝りながら役人達も一緒になって合流してもよい。

ユリの女王

作　池田　靖

時　秋〜初夏

所　公園❶
花の世界の裁判所《さいばんしょ》
花の世界の森

登場人物
颯太《そうた》　1人 ❷❸
裁判長　1人
裁判官　2人
弁護士《べんごし》　1人
検察官《けんさつかん》　3〜5人
ヤマユリの精《せい》　1人
子ども達　8〜10人くらい
花の精達　15〜30人くらい
風の精達　10〜15人
パネル隊　20〜40人くらい

立面図

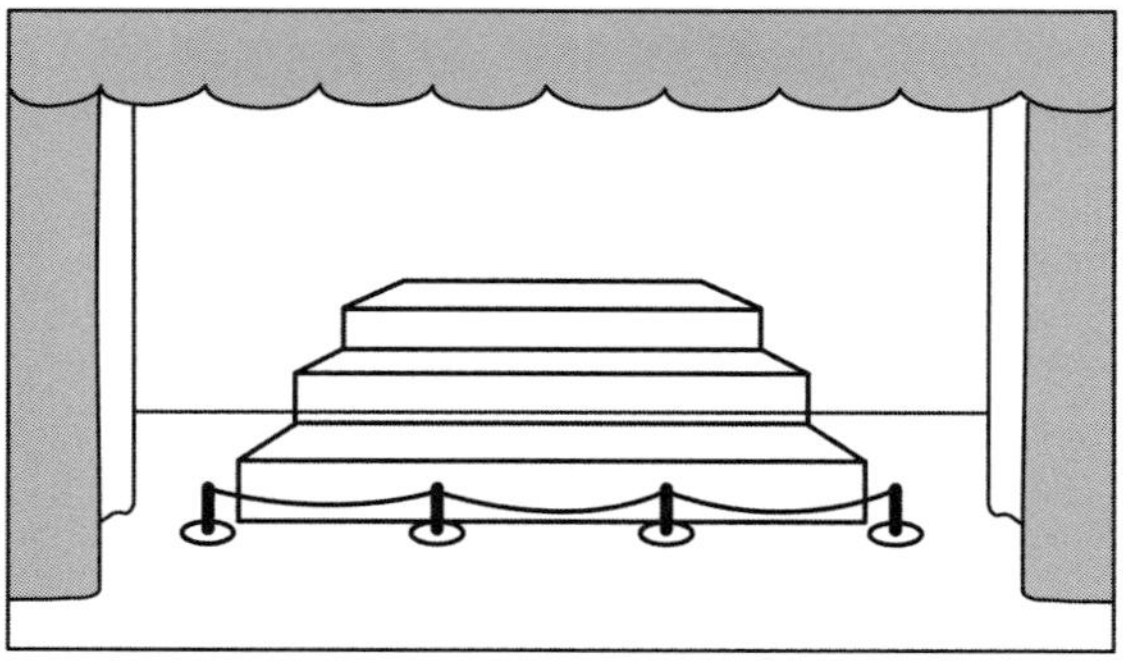

❶写真撮影用のひな壇を並べると簡単にできる。ひな壇前での演技がほとんど。

❷配役を決めた後、誰がどのセリフを言うか決められるようになっている。

❸登場人物の人数は、学級や学年の実態に応じて変更ができるように幅をもたせてある。

場面一

音楽が流れ、幕《まく》が開く。❹

ぶたい上にはひなだんがあり、そこにパネル隊の子ども達が緑や黄緑色のパネルを持って並《なら》んで座《すわ》っている。❺

パネル隊の一番前には、公園のさくのようにロープが張《は》られている。ぶたい上手はしの子が、立入禁《きん》止というプラカードを立てている。❻

所々に、パネル隊の子ども達が大きめの花を持っている。その中でも一際《きわ》大きいヤマユリが中央にある。

音楽が消えると、上手から、子どもが走って下手へとぬけていく。それを追いかける子ども達も数人、上手から下手へ走っていく。すぐに、下手からにげていた子がつかまって、上手へと連れていかれる。しばらく、子ども達の追いかけっこが続くが、次々につかまって上手へと連れていかれる。❼

下手から颯《そう》太が走って入ってきて、上手へとぬけていこうとするが、上手からも子ども達が入ってくる。下手へもどろうとする颯太だが、下手からも子ども達が入ってきて、はさみうちのような格《かっ》好になる。

子1　颯太、追いつめたぞ。

子2　もうにげられないからな。

颯太　（左右をキョロキョロしてから）そう簡《かん》単につかまるかよ。

颯太、後ろをふり返り、ロープをまたいでパネル隊の子ども達の中に入っていく。

---

❹劇中に出てくる音楽は、その場面に合ったものを適当に選ぶ。

❺パネルは色画用紙を糊で貼り合わせて、めくると色が変わるようにする。緑系統、茶色系統、青色系統の3色。

❻プラカードは、パネル隊の端に座っている子が持つのがよい。

❼子ども達がドロケイをして遊んでいる感じ。上手の方に牢屋があるイメージ。

平面図

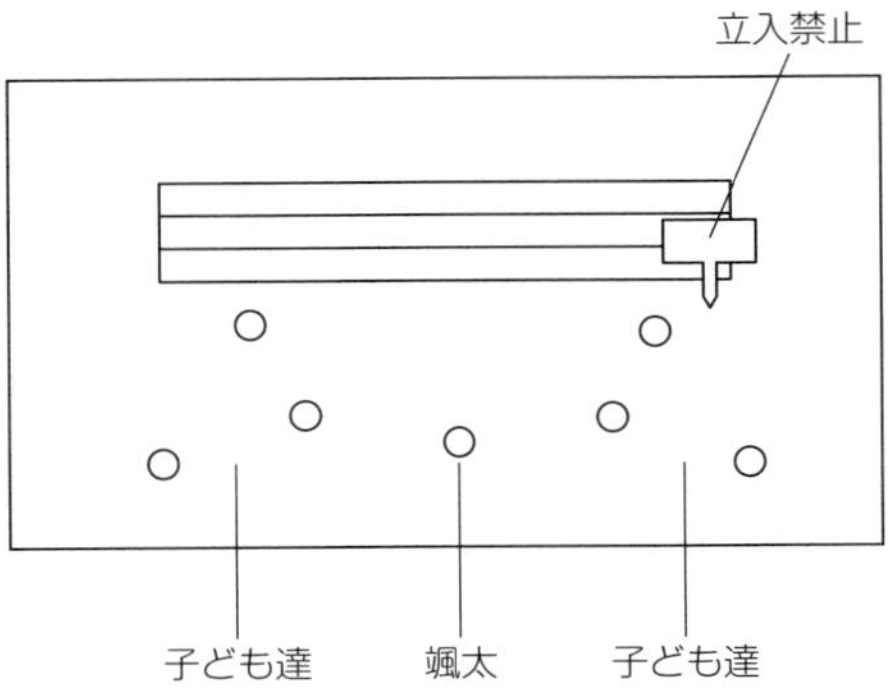

子全　ああ。

子3　颯太《そう》、いけないんだぞ、そこに入ったら。

颯太　そんなルール言ってなかったろ。

子4　立入禁止《きん》って書いてあるだろ。言わなくてもわかるじゃないか。

子5　降《お》りて来なさいよ、颯太。

颯太　いやだね。

颯太、どんどんおくの方へと入っていく。そして、そこにさいていたユリの花を折ってしまう。❽

子6　颯太、ユリ折れちゃったよ。

颯太　平気だろ。ユリの一本や二本。またすぐさくさ。

子7　もどって来いよ、颯太。

子8　先生に言っちゃうぞ。

颯太　(得意気に) くやしかったら、ここまでおいで。

子9　よし、もうおこった。おれも行ってやる。

子、パネル隊の中に入っていく。
それを見た颯太は一番おくまで上がっていく。

颯太　つかまるもんか!

そう言ったとたん、パネル隊の中に颯太の姿《すがた》が消える。❾
子、颯太の消えた所まで行き、キョロキョロする。

---

❽ユリはパネル隊が持っていて、颯太が近付いたら倒す。颯太の反応で折ったというのがわかるようにする。

❾ひな壇に並んでいるパネル隊の一番奥から向こう側に飛び降り、そのまま身をかがめると消えたように見える。安全面には配慮すること。追いつめていく子どもの足音に紛れて飛び降りれば、音も気にならない。

平面図

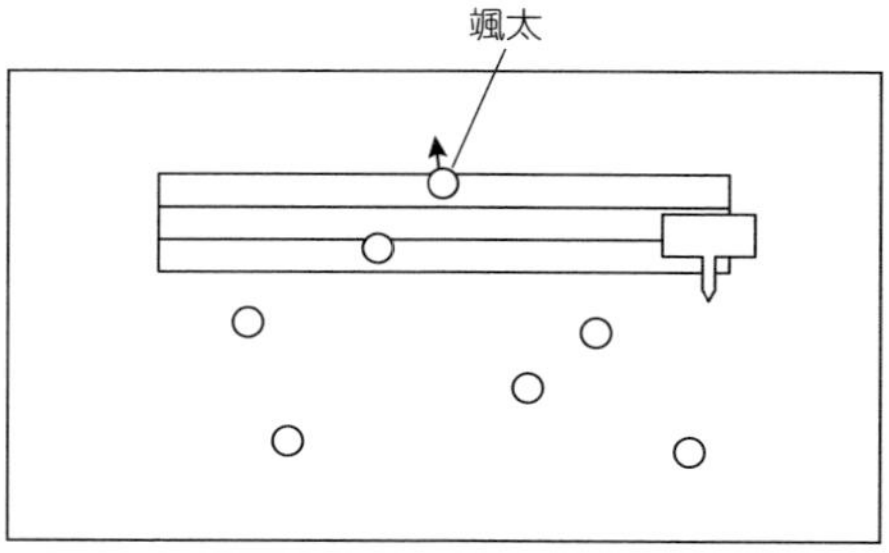

子10　颯《そう》太？

子11　どうしたの？　颯太、かくれちゃった？

子12　それが、いないんだ。颯太が消えちゃった。

不思議な音楽が流れ、ぶたい、暗転。

場面二

ぶたいが明るくなり、音楽はフェードアウト。⑩

パネル隊の子ども達は、茶色系統《けいとう》のパネルを持って座《すわ》っている。⑪

立入禁《きん》止のプラカードはなくなっている。

ぶたい中央には机《つくえ》が一つ置かれ、その後ろに裁判《さいばん》長が座っている。⑫

裁判長の両側には裁判官が立っており、ぶたい下手には検《けん》察官、上手には弁護《べんご》士と颯太が立っている。

颯太　（急に気が付いたように）あれ？　え？　どこ、ここ？

裁判官1　それでは、これから颯太君の裁判を始めます。まずは、検察側から。

颯太　さいばんって、え～？

検察官1　では、私どもから颯太君の罪状《ざいじょう》についてお話します。

検察官2　ひ告颯太君は、入ってはいけない公園のさくの中に入り、大事なユリの花を折りました。

検察官3　しかも、それはただのユリの花ではありません。ヤマユリです。

パネル隊、「おー」「あのヤマユリか」「それはひどいことをした」などの反応《のう》をする。⑬

---

⑩つなぎに使われる音楽は、ほとんどフェードアウト（ゆっくり小さくなり、消える）で消す。

⑪パネルは暗転の間に変えておくと、照明が付いた時に場所が変わったとわかる。

⑫裁判長の前に机を置いて、小槌のようなものを置いておくと、小道具として使える。裁判長だけ椅子を使ってもよい。

⑬パネル隊が裁判の傍聴者の代わりをする。

平面図

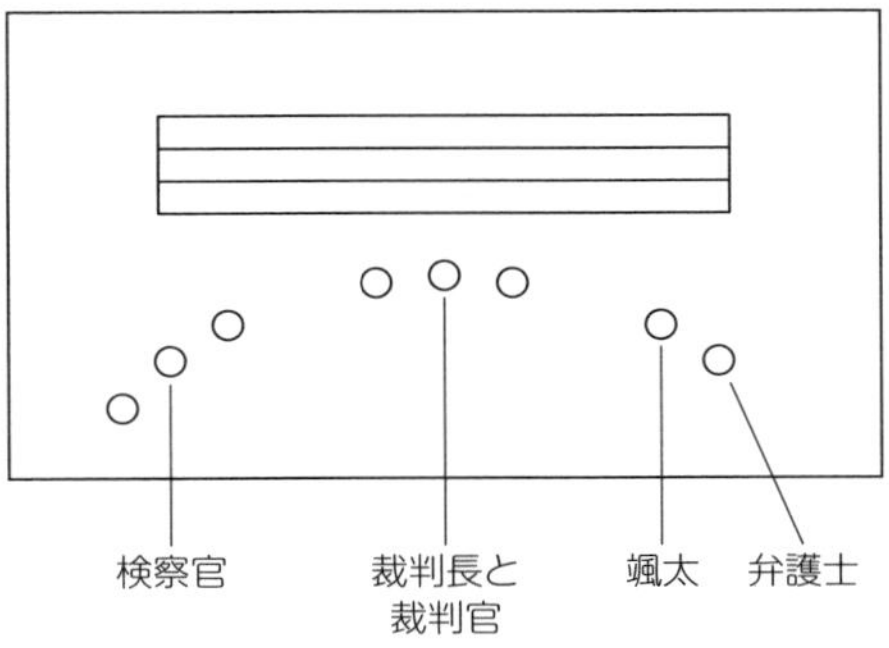

検察官《けん》4　そうです。ユリの中でも、特にこのヤマユリは、大きさや形からユリの女王と言われています。

検察官5　昔はたくさんさいていたそうですが、最近ではどんどん少なくなっています。

検察官1　ヤマユリは種から育てると、花がさくまで5年もかかるんです。

検察官2　ですから、例の公園にヤマユリがさいていたこと自体めずらしかったのです。

検察官3　そのヤマユリを颯《そう》太君はいとも簡《かん》単に折ってしまったのです。

パネル隊、「それはひどい」「有罪《ざい》だ」などの声。

颯太　わざとじゃない！　⑭

弁護《べんご》士　異《い》議あり！　検察側は一方的に颯太君を悪者にしようとしています。本人はわざとではないと主張《ちょう》しています。

検察官4　では聞きますが、わざとでなければ、ユリを折ってもいいと言うんですか？　⑮

検察官5　あなたはさくをこえて入ってはいけない場所に入ったんですよね？

颯太　それは…。　⑯

弁護士　裁判《さいばん》長、颯太君はごらんのように深く反省しています。どうか、その点も配りょ願います。

裁判官2　では、判《はん》決をいたします。裁判長お願いします。

裁判長　はい。颯太君の罪状《じょう》は明らかですが、本人の言う通り、わざとでないことも間違いなさそうです。また、反省もしているようです。颯太君には、しばらく、花の精《せい》の手伝いをしてもらい、様子を見ることに

---

⑭パネル隊の声をとめるつもりで叫ぶ。

⑮検察官のセリフは畳みかけるように、弁護士のセリフに重ねて言っていく。

⑯反論したいが、言っていることは正しいので、反論ができないという気持ち。

☆裁判長や裁判官は黒っぽいフォーマルスタイルの衣装がよい。検察官、弁護士はスーツがよい。

☆花の精の衣装は、赤や黄色、緑色などの服やカラービニールを使って、華やかさを出したい。

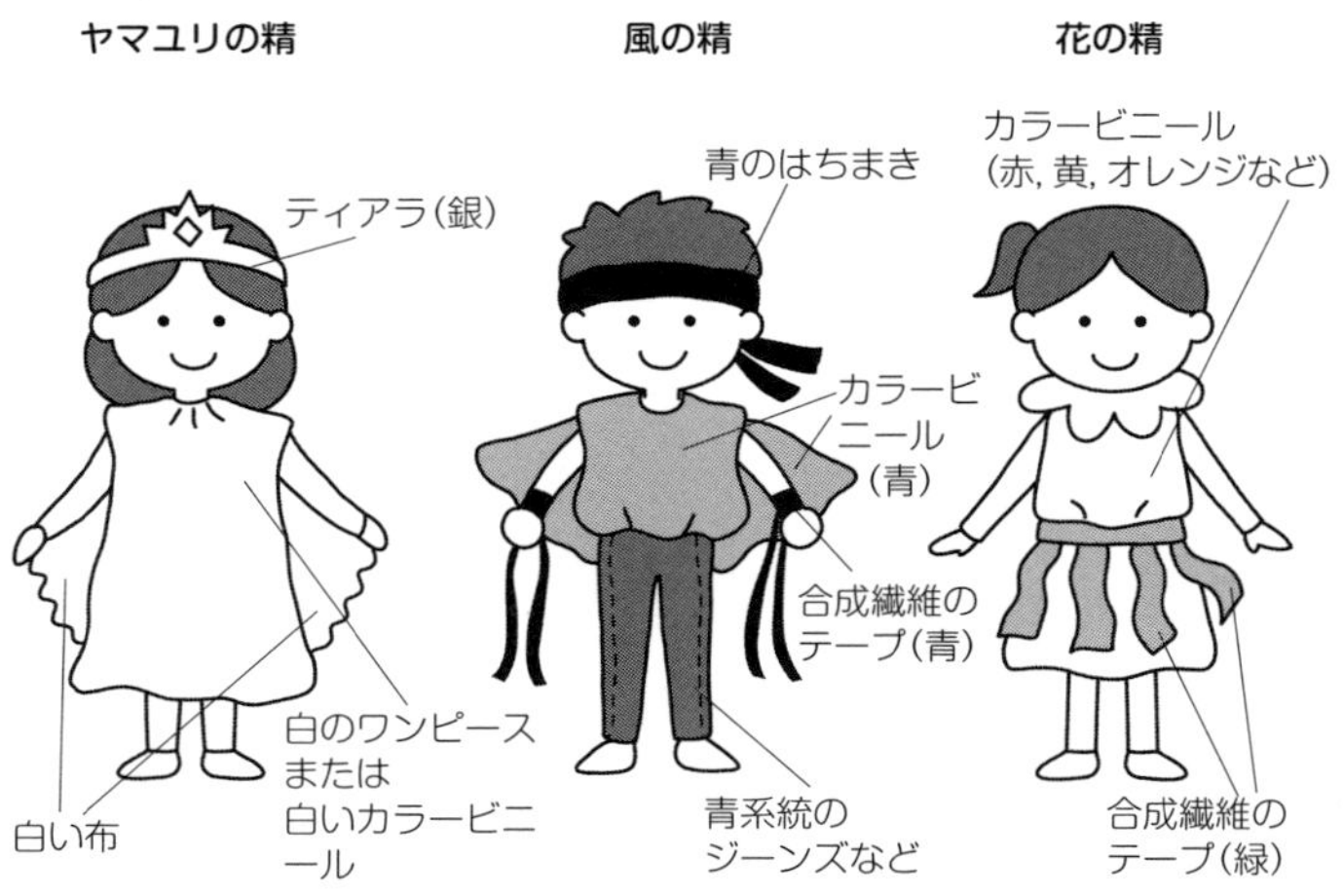
ヤマユリの精
ティアラ(銀)
白のワンピースまたは白いカラービニール
白い布
風の精
青のはちまき
カラービニール(青)
合成繊維のテープ(青)
青系統のジーンズなど
花の精
カラービニール(赤, 黄, オレンジなど)
合成繊維のテープ(緑)

しめす。

裁判官《さいばん》1　これにて、閉《へい》てい。

音楽が流れ、暗転。

場面三

ぶたいが明るくなり、音楽はフェードアウト。

ぶたいには何もなく、ひなだんに緑色のパネルを持った子ども達が座《すわ》っている。⑰

パネル隊の前にあったロープはなくなっている。⑱

ぶたい上手から、花の精《せい》達が話しながら入ってくる。

花1　でも、ほんと、助かるわ。

花2　ね、わたし達いそがしいんですもの。猫《ねこ》の手も借りたいくらい。

花3　本当に猫が来たら、こまりますけどね。

花4　花の精達、笑う。⑲

花5　いい人が来てくれたわ。

花6　何でも、しっ行ゆう予なんですって。

花7　よいことを続けたら、許《ゆる》してもらえるんですって。

花8　だから、手伝って下さるのね。

花全　よかったわ。

---

⑰パネルはめくったり元に戻したりするが、それが難しい子はめくると色が変わるようにしておいて、同じ方向にめくっていくだけにしてあげるとわかりやすい。

⑱ロープは、椅子や机と一緒に袖に片付ける。裁判官や裁判長役の子が片付けるとよい。

⑲花の精達は、異世界の妖精という雰囲気を出したい。

平面図

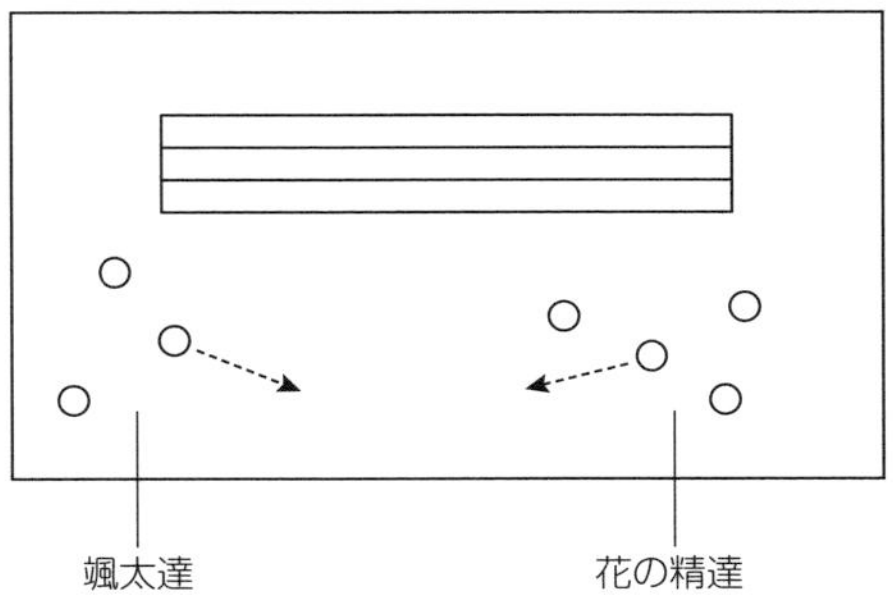

花の精《せい》達、「ほんとによかったわ」「うれしいわね」などと言い合っている。
ぶたい下手から、別の花の精達と颯《そう》太が入ってくる。

花9　まぁ、うわさをすれば…ね。
花10　颯太さん、おはようございます。
花11　今日もよろしくお願いしますね。
颯太　わかってるよ、働けばいいんでしょ。
花12　そんなにおこらないで下さい。
花13　わたし達は、とっても助かっているんですよ。
颯太　一体、おれはいつになったら家に帰れるのさ?
花14　それは、わたし達の知るところではありません。
花15　わたし達は、あなたがわたし達の手伝いをして下さるとしか聞いていませんので。
颯太　ハイハイ、わかりました。で、今日は何をするのさ?
花16　はい、ここでヤマユリを増やすための穴《あな》をほります。
颯太　あな?
花17　そうです。ユリの球根を植えるため。
花18　この穴がわたし達にはなかなかほれなくて、いつも苦労していたんです。
花19　よかったです、颯太さんが来てくれて。
花全　よかったです、来てくれて。
花20　さぁ、始めましょう。

花の精達、それぞれひなだんに並《なら》んで座《すわ》っている子どもの中に入って行き、そこに置いてあるスコップを持ち、穴をほり始める。⑳

---

⑳スコップは、あらかじめパネル隊の中に隠しておく。

平面図

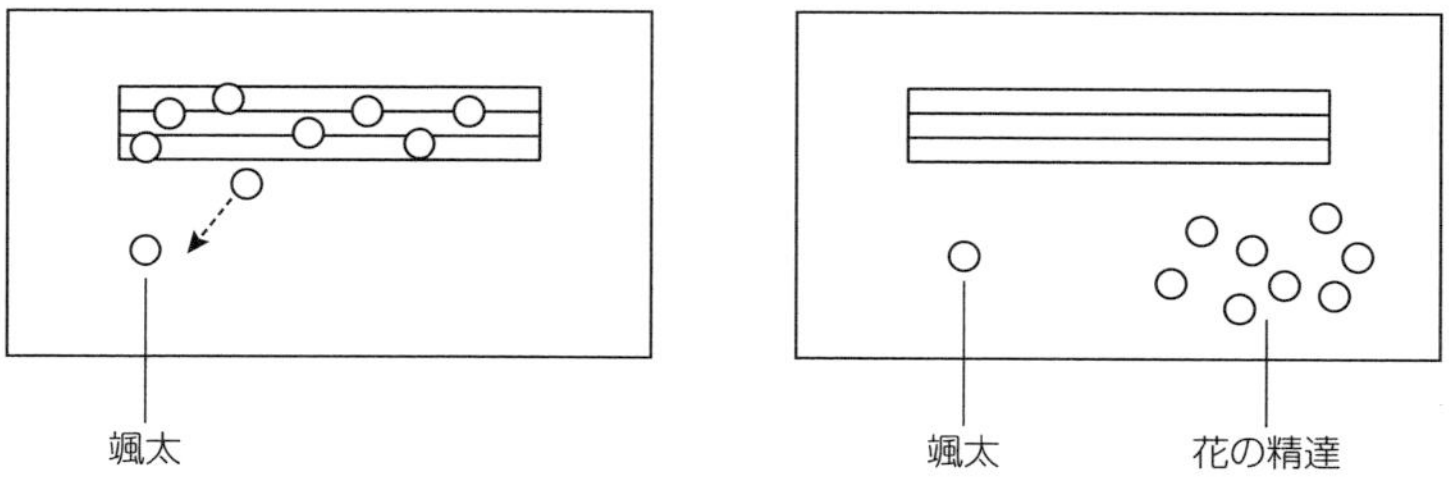

一人の花の精《せい》が、颯《そう》太にスコップを持ってくる。

花21　さぁ、颯太さんは、こちらでお願いします。

颯太、スコップを手に花の精の後についてひなだんの子ども達の中に入って行く。花の精に教わりながら、穴《あな》をほる颯太。

♪穴をほる歌 ㉑

穴　穴　穴をほる
何のために　穴をほる
きゅう　きゅう　球根を
ユリの　球根植えるため
穴　穴　穴をほる
どのくらい　穴をほる
で　で　でかい穴
深く　大きな穴をほる

颯太　（降《お》りて来て）はぁ、つかれた。

花22　颯太さん、おつかれ様です。㉒

花23　穴をほるだけでも、結構《こう》大変でしょ？

颯太　まあね。でも、球根一つ植えるのに、こんなに大きな穴が必要なの？

花24　はい。ヤマユリの球根を植えるには、できれば六十センチくらいほりたいところなんです。

颯太　六十センチ？　そんなに深く。

㉑歌は、パネル隊の子達が中心に歌うが、袖にいる子ども達も一緒に歌ってもよい。歌っている間、颯太や花の精達は穴を掘っているように動く。

㉒颯太と花の精が話している間に他の花の精達は穴を掘り終わって、スコップを持って上手に退場していく。

平面図

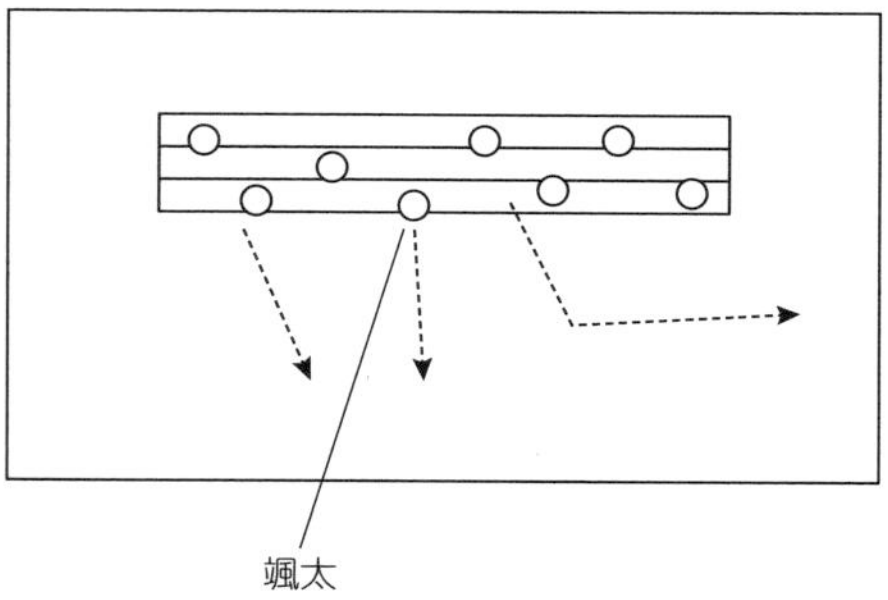

花25　はい。だから、穴《あな》をほるだけでも大変なんです。
花26　でも、さすがです。わたし達がほるよりもずっと速いですよ。
颯《そう》太　えへへ、そうかなぁ。
花27　じゃあ、次は向こうでお願いします。
颯太　えー、まだほるの？　もうかん弁《べん》してよぉ。
花28　だめですよ。お仕事ですから。
颯太　そんなぁ。

音楽が流れる。颯太、しぶしぶ花の精《せい》達について、上手に退《たい》場。

場面四

音楽はフェードアウト。颯太が上手からじょうろを持って登場。㉓
パネル隊の中に入り、じょうろで水をやっている。

颯太　あーあ、早く元の世界にもどりたいなぁ。

花の精が三人、一人は車いすをおしながら、他の二人はお付き人のようにして、車いすの後について下手から入ってくる。車いすには、ヤマユリの精が座《すわ》っている。颯太、花の精と車いすに気が付き、じょうろをその場に置いて前に出てくる。㉔

颯太　おはよう、花の精達。
花29　おはようございます、颯太さん。
颯太　えっと、この人は…。

㉓じょうろはできるだけ大きいものを用意し、客席からもじょうろだとわかるようにする。つくってもよい。

㉔置かれたじょうろは場面の切り替えの時にパネル隊が隠す。

☆ヤマユリの精の衣装は、白をベースとして女王様の雰囲気が出るようなものがよい。

平面図

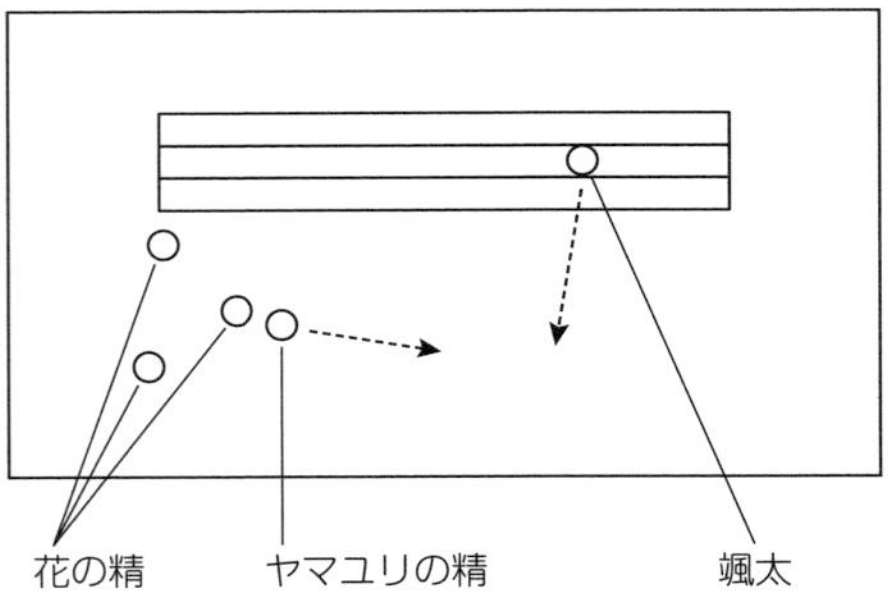

花30 ヤマユリの精《せい》です。

颯《そう》太 ヤマユリって、あの…。

花1 そうです。ユリの女王と呼《よ》ばれている、あのヤマユリです。

花2 そうです。颯太さんが折ってしまった、あのヤマユリです。

颯太 え？　だって、ヤマユリって一本じゃないでしょ。他にもたくさん…。

花3 颯太さん。それは昔の話です。

花4 最近はここら辺では、ヤマユリはほとんど見られなくなってしまったんです。

花5 そして、颯太さんが折ってしまったのは、その数少なくなったヤマユリの一本。

花6 おかげで、ヤマユリの精はますます元気をなくしてしまい、とうとう立てなくなってしまったのです。

颯太 そんな…。

花7 ヤマユリの精が元気を取りもどすには、たくさんのヤマユリをさかせるしかないのですが…。

ヤマユリの精が何か言いたそうに、花の精に手をのばす。㉕

花の精、ヤマユリの精の口元に耳を近付け、うなずきながら聞く。

花8 （颯太に）ヤマユリの精は、お気分がすぐれないとのこと。

花9 颯太さん、では、失礼しますね。

花の精達とヤマユリの精、上手に退《たい》場。

ぶたいに颯太だけが取り残される。㉖

㉕ヤマユリの精は手を伸ばす代わりに、花の精にタッチしたり、軽く腕を引っ張ったりしてもよい。ヤマユリの精の代弁をする花の精は、常にヤマユリの精の近くにいる。ヤマユリの精が言い終えたら、車椅子は観客席の方を向かせてとまる。

㉖花の精達が去るのを呆然と見送る颯太。喋るまでの間を大切にしたい。

平面図

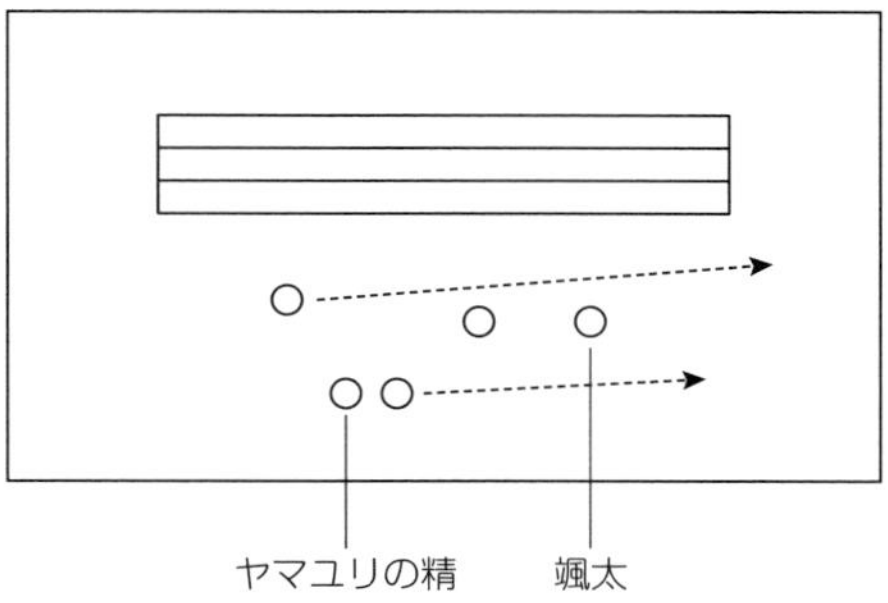

颯《そう》太　おれは、どうすれば…。

颯太、ヤマユリの精《せい》を見送った後、ゆっくりと下手に退《たい》場。

静かな音楽が流れる。

場面五

音楽はフェードアウト。

ぶたい上手から、花の精達が話しながら入ってくる。㉗

花10　不思議よね。

花11　ほんと、不思議よね。

花12　あちこちに、穴《あな》がほられているなんて。

花13　しかも、明らかにヤマユリの球根を植えるための大きい穴。

花14　花の精はみんな知らないって言うんですよ。

花15　颯太さんがやったのでは？

花16　まさか。この前穴をほった時にあんなにいやがっていたのに。

花17　じゃあ、一体だれなんでしょうね。

花18　だれなんでしょうね。

下手から、颯太がスコップを持って入ってくる。㉘

颯太　おはよう。

花19　あら、颯太さん、おはようございます。

花20　あら、颯太さん、そのスコップって、まさか。

㉗話しながら入ってくる時は、先頭の花の精がときどき後ろ向きに歩き、話している感じを出してもよい。

㉘前の場面とは、颯太の雰囲気が変わっているとよい。やる気満々で入ってくる。

平面図

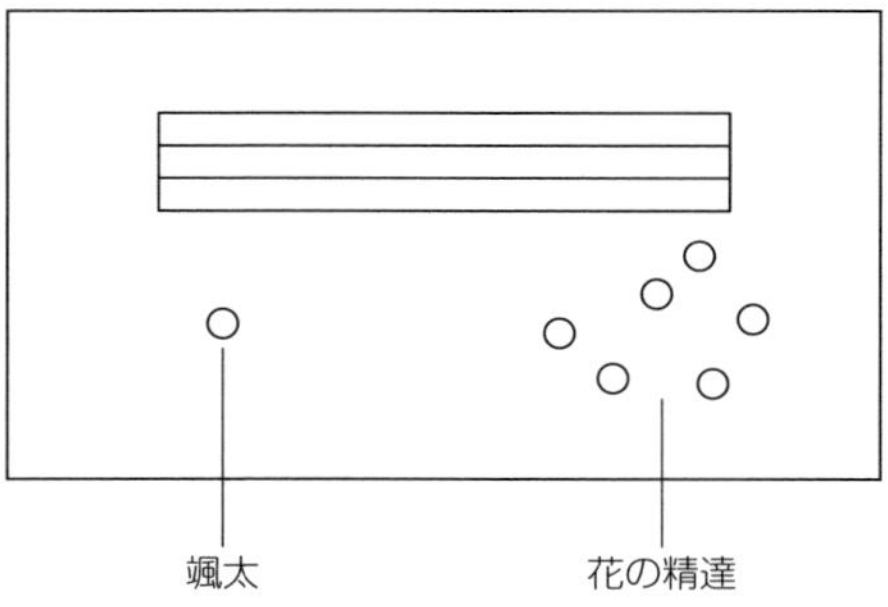

颯《そう》太　ああ、今日もほろうと思って。

花21　じゃあ、やっぱり颯太さんだったんですね。

颯太　球根を植える穴《あな》、たくさん必要でしょ。

花22　それはそうですけれど。

花23　颯太さん、一体どうして？

花24　この前はあんなにいやがっていたのに。

颯太　いや、実は…

花25　あ、ヤマユリの精《せい》だわ。

ヤマユリの精と花の精の三人が上手から入ってくる。㉙

それを見た颯太は、後ろをふり返る。㉚

颯太　いや、ほらさ。たくさん働いた方が早く元の世界に帰れると思ってさ。

花26　そうだったんですね。

花27　ヤマユリの精、颯太さんが穴をたくさんほって下さって。

ヤマユリの精、花の精の耳元で何かを話す。㉛

花28　颯太さん、ありがとうってヤマユリの精が。

花29　よかったですね、颯太さん。

颯太　お、おう、まあな。じゃあ、おれ、今日は向こうでほってくる。

花30　はい、よろしくお願いします。

颯太、上手へ退《たい》場。

㉙ヤマユリの精達が入るタイミングが大切。颯太が話そうとした時に入れるよう、準備をしておく。ヤマユリの精が登場したら、花の精は颯太までの道を開けるようにする。

平面図

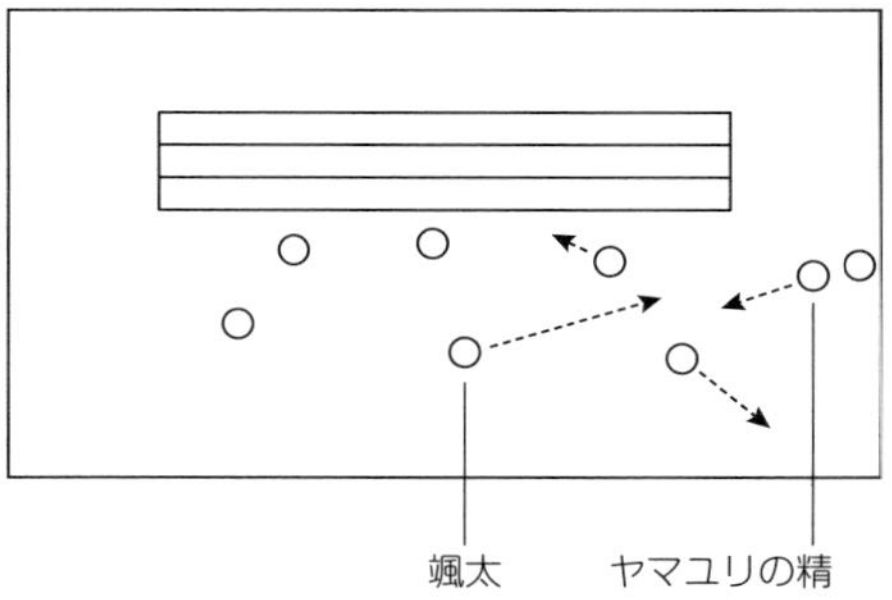

㉚ヤマユリの精が登場した時の颯太の気持ちを考えて演技させたい。

㉛ヤマユリの精が何を言っているのかを考えさせ、実際に小声で伝えると本当らしくなる。

花1　いっぱいヤマユリがさいたら、きっとヤマユリの精《せい》も元気になりますね。

ヤマユリの精、にっこりとほほ笑む。花の精とヤマユリの精、下手に退《たい》場。

音楽が流れる。㉜

場面六

音楽はフェードアウト。上手から、颯《そう》太と花の精達が登場。㉝

颯太　ああ、今日もよく働いた。

花2　颯太さんが来てから、ほんとわたし達も楽になりました。

颯太さん、ありがとうございます。

花3　いやぁ、そんな、照れるなぁ。

颯太　

上手から、裁判《さいばん》官が入ってくる。㉞

裁判官2　颯太君。いい知らせだ。君の働きが認《みと》められた。君の世界へ帰れることになったぞ。

颯太　本当ですか?

花4　颯太、やったね。

花5　颯太、よかったね。

花6　颯太、お別れだね。

颯太　みんな。

裁判官1　ただし、帰れるのは、明日の朝までだ。

颯太　明日の朝まで?

㉜この場面の切り替わりでは、場面にかなり時間が経過しているので、長めに音楽を流す。

㉝歩きながら話し、舞台下手の方まで移動する。

㉞ここでは、全ての裁判官が登場する必要はない。誰が出るか話し合って決めるか、あらかじめ指導者が決めておく。

平面図

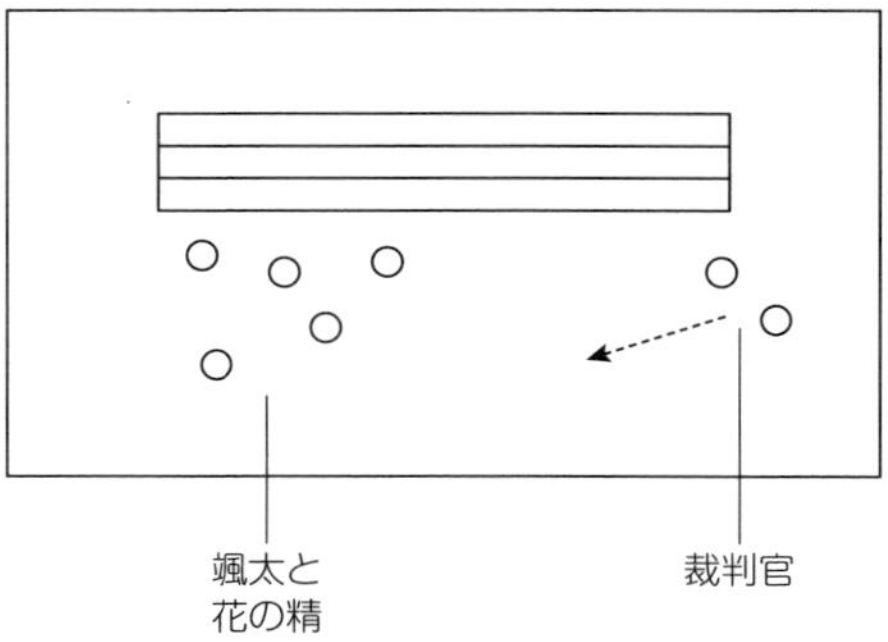

裁判《さいばん》官2　そう、残念ながら、帰れる時間は期限《げん》付きなんだ。それでもよければだが。

颯《そう》太　（ちょっと考えて）わかりました。おれ、帰ります。㉟

裁判官1　そうか、ではついてきたまえ。

下手から、花の精《せい》が走って入ってくる。㊱

花7　おーい、大変だ。台風が来るぞ。

下手から、ヤマユリの精と他の花の精達も入ってくる。
風の音が流れ、ぶたいはうす暗くなる。㊲
パネル隊の子達は立ち上がり、パネルの色を青に変えてゆらす。㊳

花8　大変。みんなでヤマユリを守るよ。

花9　おう。

花の精達、中央のヤマユリの精をかくすように前に立つ。

颯太　おれも。

花10　だめ。颯太は帰るの。

花11　ここは、大丈《じょう》夫。

花12　ぼく達に任《まか》せて。

颯太　でも…。

花13　時間がないよ。

㉟しっかりと間を取って考える。

㊱裁判官と颯太が上手の方へ少し動き始めたところで、入ってくる。「おーい、大変だ」と叫びながら入って来ると、颯太達も反応しやすい。

平面図

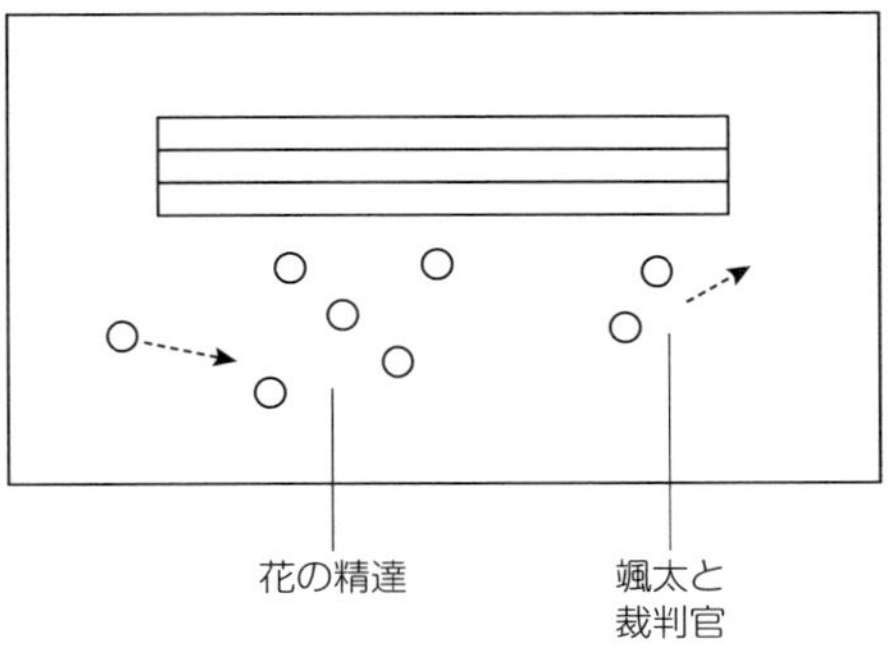

㊲風の音は効果音として用意する。弱めの風から台風の風までいくつか段階があればよいが、なければ音量を調整し、風の強まりを表す。

㊳最初は軽く揺らし始め、次第に大きく揺らしていくと、台風が迫ってきていることを表現できる。

花14　颯太《そう》がいなくても大丈夫《じょう》だって。

颯太　…わかった、みんな、ヤマユリを、ヤマユリの精《せい》をたのむ。

颯太、裁判官《さいばん》に案内されながら、上手に退《たい》場。風の音が少しずつ強まる。

場面七

花の精達、颯太を見送ると、顔を見合わせてうなずく。

ぶたい上手から、風の精達が登場する。風の精達のダンス。❸❾

花の精達はヤマユリの精を守ろうとするが、段々《だんだん》風の精におされて後退していく。とうとう風の精達が花の精達を取り囲む。

花15　もうだめ。

花16　こんな時に颯太がいてくれたら。

花17　颯太のことはもう忘《わす》れて。

花18　ぼく達で何とかしないと。

花19　でも、もうだめ。

花20　飛ばされる。

風の音が強まる。とつ然、上手から颯太が走って入ってくる。❹⓿

颯太　まだだ。まだがんばれるぞ。負けるな。風になんか負けるな。❹❶

花全　颯太！

颯太、風の精達をおしのけるようにして、花の精達の元に行く。

---

❸❾風の精のダンスは子どもと一緒に考える。風の音だけでなく、曲を入れてもよい。

❹⓿颯太は、上手から舞台下などに移動できるのであれば、舞台下から駆けつけるという手もある。

❹❶このセリフはとまって言わせたい。花の精達を勇気付けるつもりで。

平面図

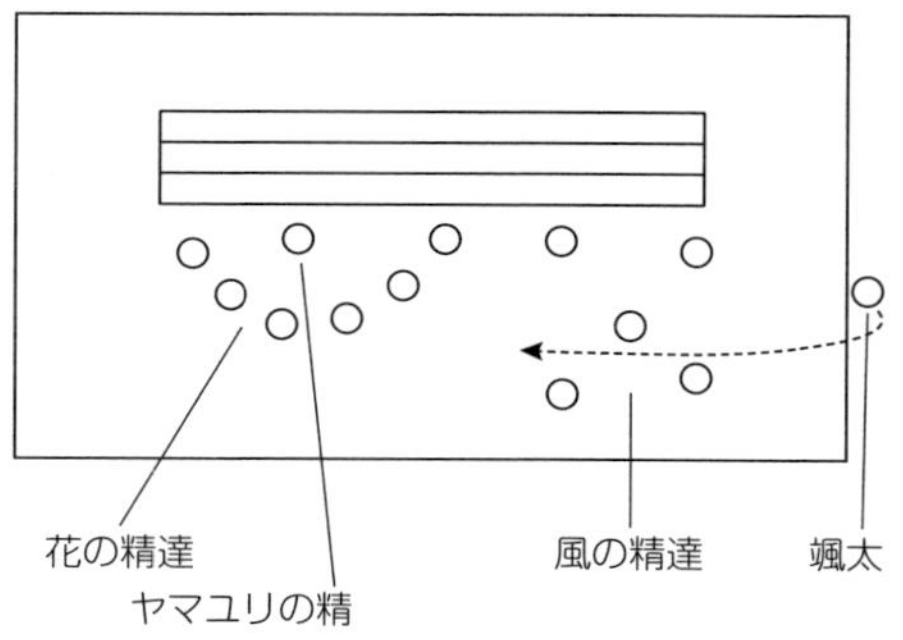

颯《そう》太 おれも一緒《しょ》にいるから。ここで戦うから。みんなでふんばるんだ。

花21 颯太。わかった、もう少しがんばってみる。みんなもいい？

花達、それぞれ返事をする。

颯太 よし、行くぞ。こらえろ。

風1 むだ、むだ。

風2 ふき飛ばしてやる。

再《ふた》び風のダンス。そのまま、退場《たい》。㊷

場面八

ぶたいは明るくなる。パネル隊が座《すわ》り、パネルの色も緑色にもどっている。
颯太と花の精《せい》達、しゃがみこんでいる。㊸

花22 朝になっちゃったね。

颯太 やったな。

花23 うん。

花24 ヤマユリを守ったぞ。

花の精達、かん声を上げる。㊹

花25 颯太、どうして？

颯太 帰ろうとしたよ。でも、やっぱ、心配で。よかった、もどって来て。

㊷ダンスをしてから、花の精達に一人ひとり襲いかかる感じで、走って行っては戻ってくる。

㊸同じようにしゃがみ込むだけでなく、寝てしまっている花の精がいてもよい。

㊹お互いハイタッチをするなどして盛り上がる。

☆颯太の位置は、どこでもよいが、花の精の中にいるのがよい。ヤマユリの精は花の精の後方で動かない。

平面図

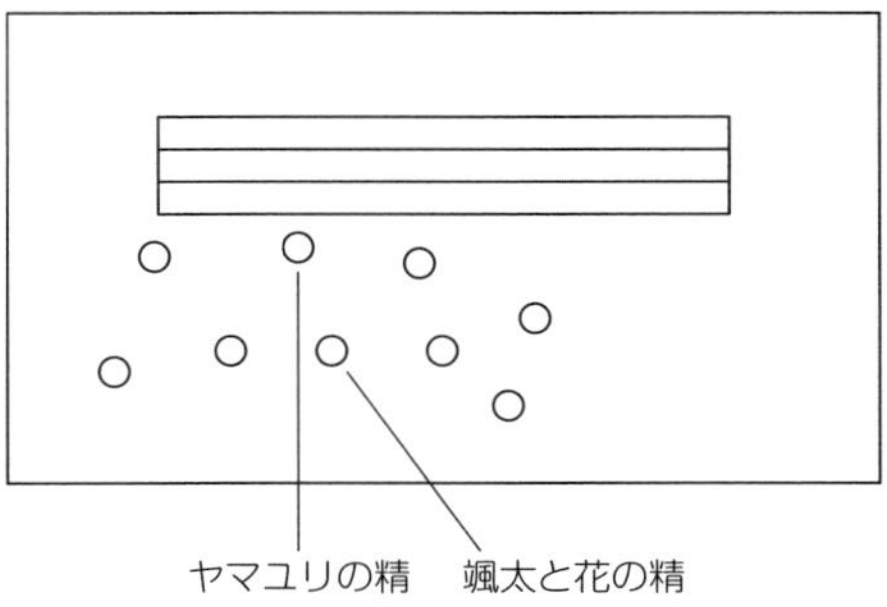

花26　でも、時間が。
花27　颯《そう》太、帰れなくなっちゃったよ。
颯太　うん。でも、みんなを放っておいて帰れなかった。
花28　颯太。
花29　元気出して、颯太、またチャンスはきっとあるから。
颯太　うん。
花30　ねぇ、見て（中央を指さす）。㊺

音楽が流れ、車いすに座《すわ》るヤマユリの精《せい》がゆっくりと立ち上がる。㊻
きれいな白い羽が生えている。㊼
中央まで歩いてきてほほ笑む。㊽

花1　ヤマユリが、ヤマユリの精が。
花2　復《ふっ》活した。

花の精達、再《ふたた》びかん声を上げる。

ヤマユリ　みなさん、颯太さん。本当にありがとう。
颯太　ヤマユリの精の声、初めて聞いた。
ヤマユリ　颯太さん、あなたをヤマユリを折った罪《つみ》でうったえたのはわたしです。㊾
颯太　ヤマユリの精が。
ヤマユリ　あなたは、ヤマユリを折りました。でも、それ以上のことをこの花の世界でしてくれました。わたしはあなたを許《ゆる》します。あなたに対

㊺「見て」のセリフに反応した後、花の精の指差した方をみんなで見る。
㊻できるだけゆっくりと立ち上がる。
㊼羽は、台風が来ている時に、薄暗い中で付けておく。手を開くと羽も開くようにしたい。
㊽一歩一歩ゆっくりと、自分が歩けるようになったのを確かめるように。

平面図

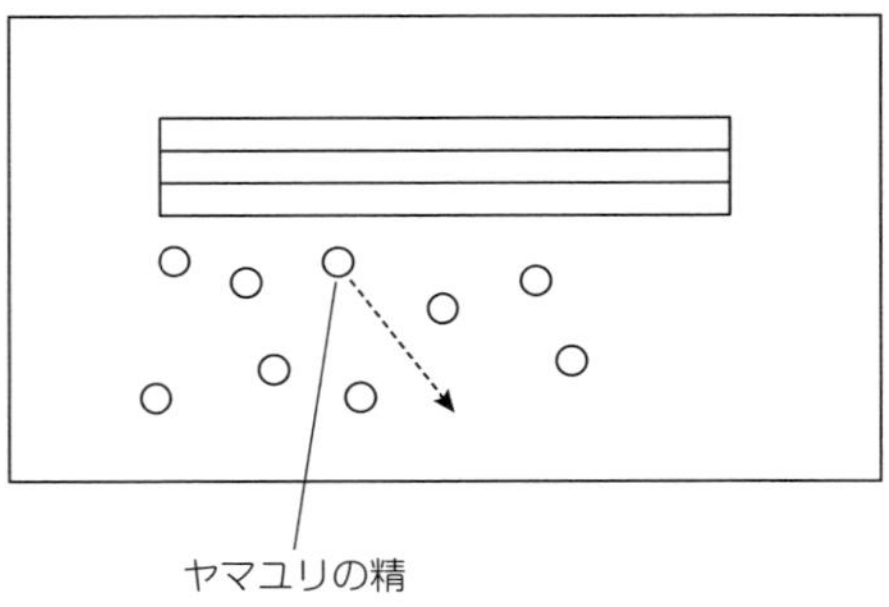

するうったえは取り下げます。❹❾

花3 えっ、ということは。

花4 颯太《そう》、帰れるよ。元の世界に。

颯太 帰れる。

花5 颯太、よかったね。

花6 今度こそ。

颯太 ありがとう、みんな。

花7 さようなら、颯太。

花8 もう、この世界に来ないようにね。

花9 颯太、元気でね。

花10 （泣き出し）そうたぁ…。

颯太 みんなのことはきっと忘《わす》れない。

花全 さようなら。

颯太 さようなら。

颯太、花の精《せい》に導《みちび》かれるように、パネル隊の中に入る。

音楽がかかり、パネル隊の子達は立ち上がり、パネルをくるくると回し始める。❺⓿

颯太と花の精達のさようならの声とともに、ゆっくりと暗くなる。❺❶

場面九

再《ふた》び明るくなると、全員の子ども達がぶたいに並《なら》んでいる。❺❷

全員で歌う。❺❸

歌が高まるうちに、幕《まく》。

---

❹❾これらのヤマユリの精のセリフはとても大事。ゆっくりとはっきりとした声で話す。

❺⓿持っていたパネルを回すと、緑ともう一色が交互に見えるようにしておく。

❺❶颯太がひな壇の最上段で手を振っている間に暗くなっていく。

❺❷暗くなってるうちに静かに並ぶ。ひな壇だけでは並び切れない場合は、ひな壇前のスペースも使う。

❺❸歌う歌は、劇に合ったものを選びたいが、この場面は、カーテンコール的な要素もあるので、あまりこだわり過ぎなくてもよい。

ゆめのせて

作詞：木村たかし
作曲：安川えりか

いこ うー いこ うー うみのはて
ぼくらの ゆめはー はてしなーい あらなみ のりきり おおきくなーっ
て このよの ために はたらくぞ たびだちだ ○○○ズシップ しゅっぱつだ

たたかいブギ

作詞：木村たかし
作曲：安川えりか

さ あ さ あ
ブ ギウ ギブ ギウ ギ ブ ギウ ギブ ギウ ギ た たか いブ ギウ ギ ボートに いちばんー
に あう のだ れ だ さ あ さ あ ブ ギウ ギブ ギウ ギ
ブ ギウ ギブ ギウ ギ た たか いブ ギウ ギ おいらがのらなきゃ おかしいだろう

うぐいすのおやど　テーマきょく

作詞・作曲：二見恵理子

Am G Am Am G Am
1 む かしむかし そのまたむかし よにんのこどもが おっ たとさ
2 む かしむかし そのまたむかし よにんのこどもが おっ たとさ
3 う ぐいすのなく やーまのやしき あけてはならない みる なのざしき
4 む かしむかし そのまたむかし やーまでであった ふしぎなはなし
5 G Am Am G Am
は るのごちそう ワラビをとりに やーまへのぼりに いっ たとさ
や まのおくの おやしきに ひとばんとめて もらっ たとさ
こ らえきれずに すこしだけ ふすまをあけて しまっ たとさ
は るのひとよの うぐいすのやど かーぜにさらわれ きえ たとさ

うぐいすのおやど　きせつのきょく

作詞・作曲：二見恵理子

Am G Am G Am E7
1 な つのよぞらに ひかるもの ふわふわとん でる ホタルたち
2 あ きのおやまの にぎわいは モミジにイ チョウ ナナカマド
3 つめ たいきたかぜ ふいてきて ふゆしょうぐ んの おでましだ
5 Am G Am G Am
はな びがどーんと ひろがって あーまのがわ には ながれぼし
キノ コやきのみは ごちそうよ すすきののは らに あかとんぼ
まっ しろおやまに しろうさぎ くまのこはる まで ゆめのなか

自どう車コンクール

作詞：中村照子
作曲：難波陽介

しょうぼう車の歌

作詞：中村照子
作曲：難波陽介

きゅうきゅう車の歌

作詞：中村照子
作曲：難波陽介

ショベルカーの歌

作詞：中村照子
作曲：難波陽介

力強く（♩＝100）

クレーン車の歌

作詞：中村照子
作曲：難波陽介

力強く（♩＝100）

はたらく自どう車

作詞：中村照子
作曲：難波陽介

元気よく（♩＝132）

おばけの遠足

作詞・作曲：岡信行

吉四六さんの人助け　挿入歌

作詞：金平純三
作曲：ふじひらさおり

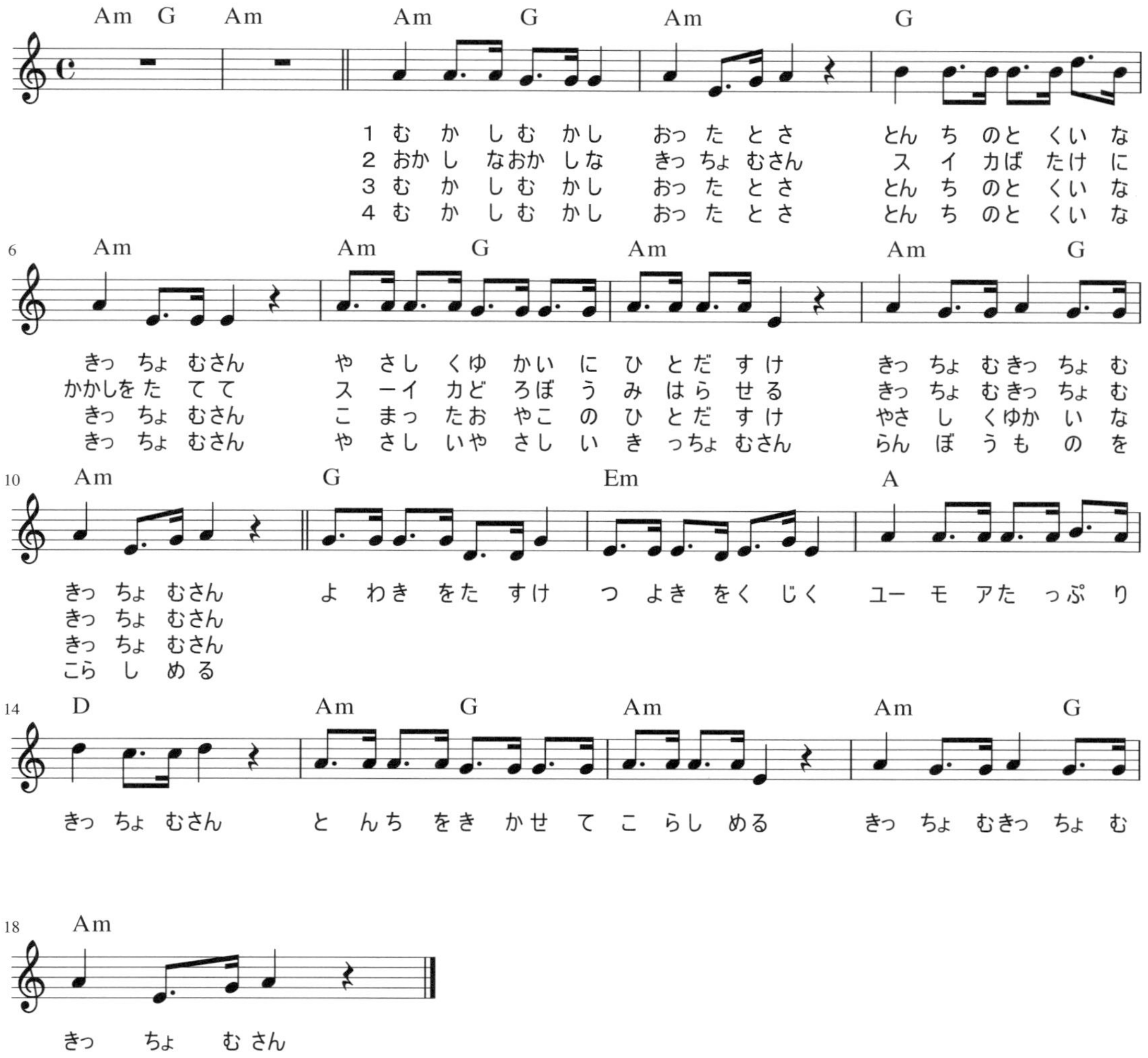

22
ー ー って も ら く に な る ー そ れ ナ マ ケ ロ ー ロ ー ーッ ク ン ロー
（ナ マ ケ ロ
27
ル それ ナ マ ケ ロ ロッ クン ロール ナ マ ケ ロ ロッ クン
ナ マ ケ ロ） （ナ マ ケ ロ ナ マ ケ ロ）
31
ロール ナ マ ケ ロ ロッ クン ロー ル
（ナ マ ケ ロ ナ マ ケ ロ） （ナ マ ケ ロ） （ナ マ ケ ロ）
36
ひゃー！
ひゃー！

ナマケロロックンロール

作詞：野口祐之
作曲：関田智也

タヌキ音頭

作詞・作曲：蒔田敏雄

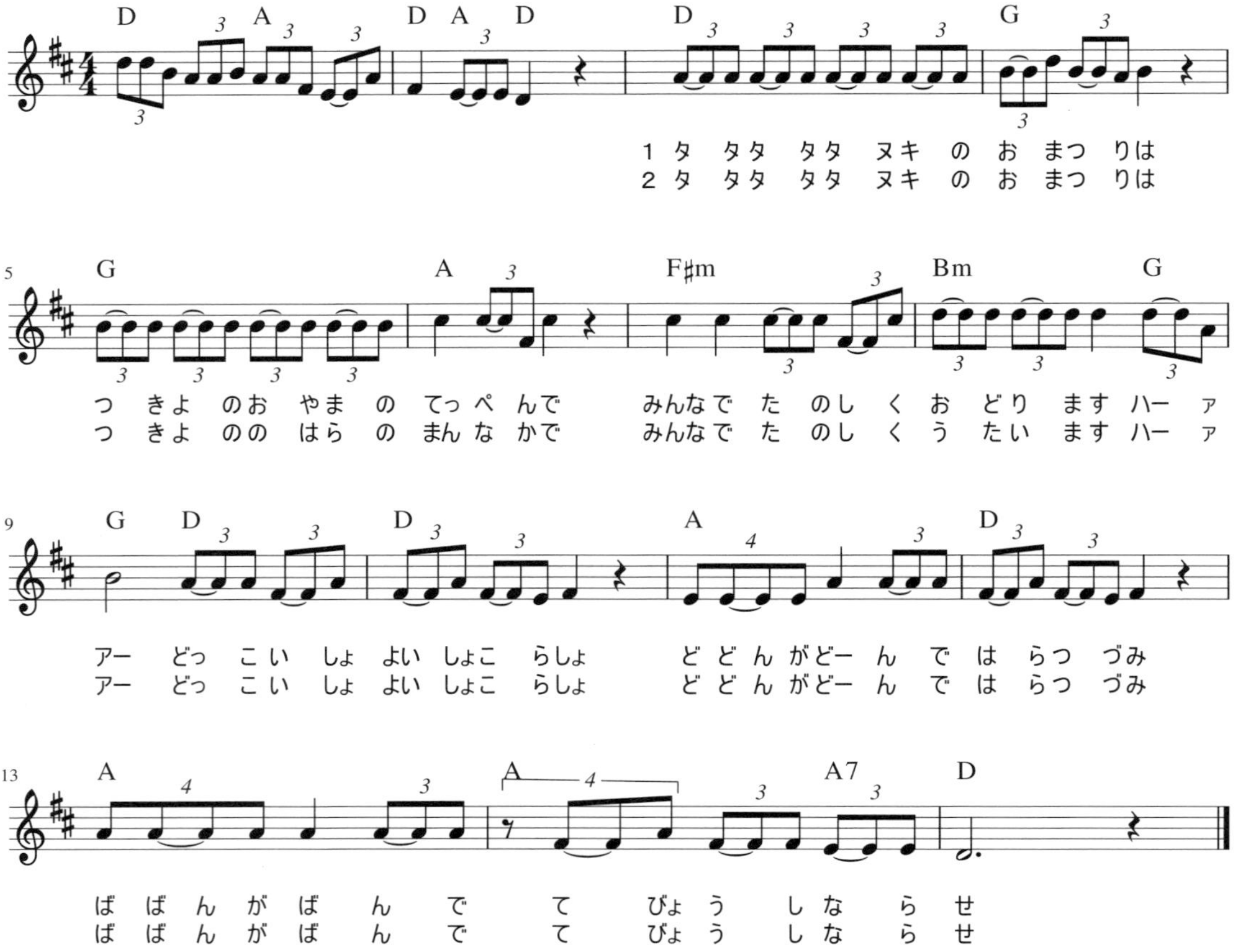
D A D A D D G
1 タ タタ タタ ヌキ の お まつ りは
2 タ タタ タタ ヌキ の お まつ りは
G A F♯m Bm G
つ きよ のお やま の てっ ぺ んで みんなで た のし く お どり ます ハー ァ
つ きよ のの はら の まん な かで みんなで た のし く う たい ます ハー ァ
G D D A D
アー どっ こい しょ よい しょこ らしょ どど ん がどー ん で は らつ づみ
アー どっ こい しょ よい しょこ らしょ どど ん がどー ん で は らつ づみ
A A A7 D
ば ば ん が ば ん で て びょ う し な ら せ
ば ば ん が ば ん で て びょ う し な ら せ

みんなで歌おう

うさぎの歌/テーマソング

作詞・作曲：百合岡依子

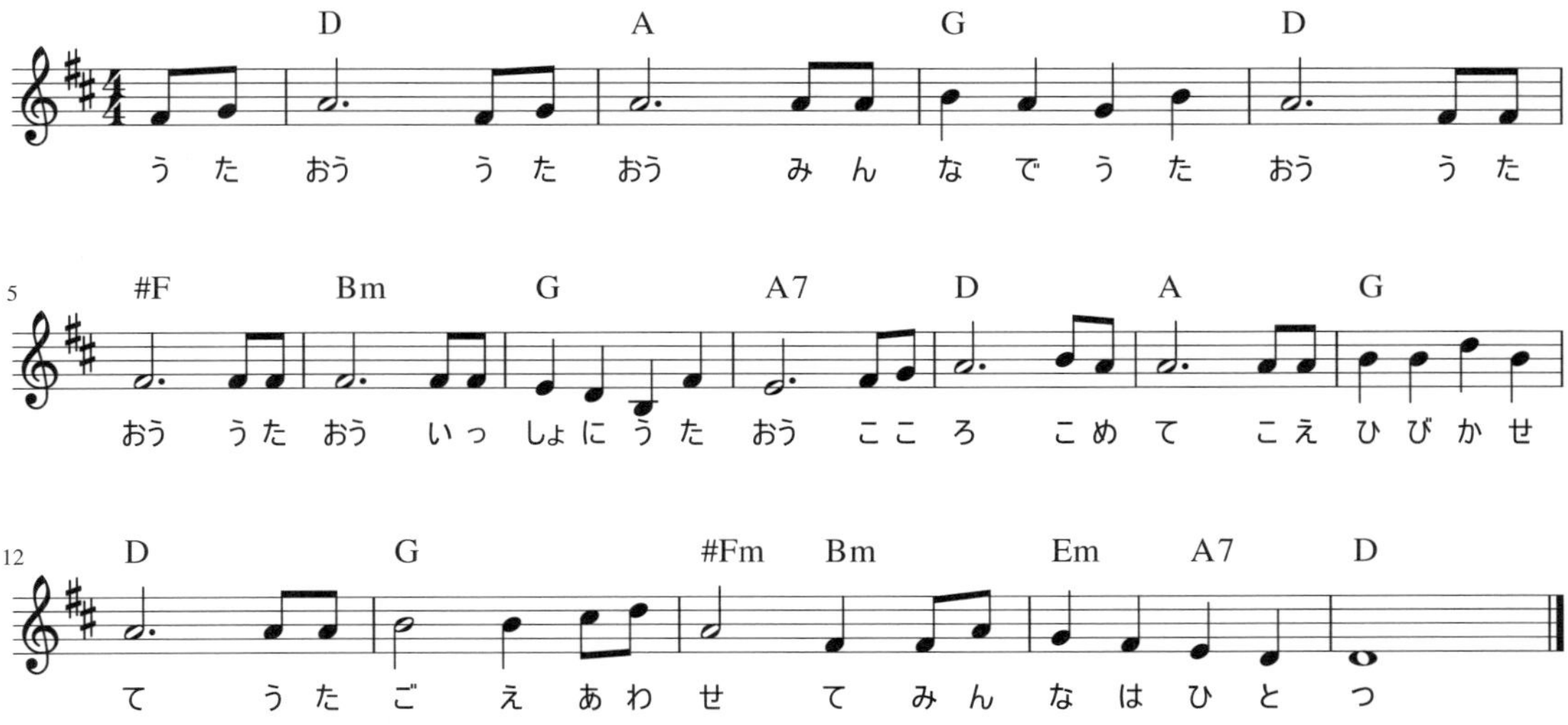

たぬきのボディーパーカッション

作曲：百合岡依子

（注1）2小節で1セットになっている。2セットごとにA→B→Cと加わっていくなど変化をつけることもできる。

（注2）「手」「ひざ」などは例。リズムのみを示して体のどこを使って音を出すかは子ども達に工夫させてもよい。

みんなで歌えば

ねずみのラップ2

作詞：百合岡依子

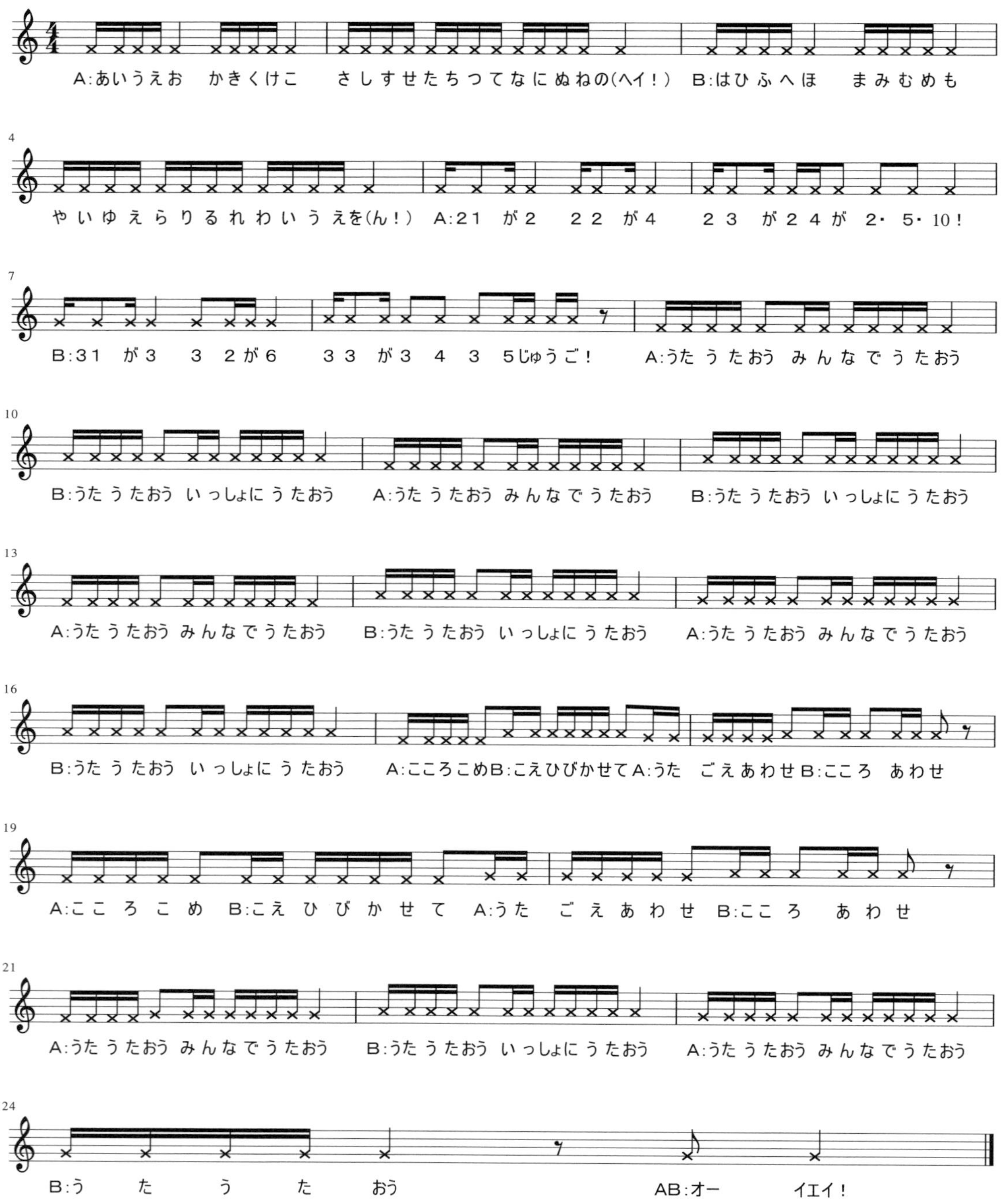

（注）「あいうえお」や「かけ算九九は」例。他の歌詞にアレンジしてもよい。

みんなで歌おう

アンサンブル

作詞・作曲：百合岡依子

前奏とすずめはフィナーレのみ

42
D A G D
こころこめ こえひびかせて うた ごえあわせ こころ あわせ こころこめ こえひびかせて うた ごえあわせ こころ あわせ
ろ こ め て こ え ひ び か せ て う た
46
G #Fm Bm Em A7 D
うたうたおう みんなでうたおう うたうたおう いっしょにうたおう うたうたおう みんなでうたおう うたうたおう オーイェイ！
ご え あ わ せ て み ん な は ひ と つ う た
50
G #Fm Bm Em A7 D
うたうたおう みんなでうたおう うたうたおう いっしょにうたおう うたうたおう みんなでうたおう うたうたおう オーイェイ！
ご え あ わ せ て み ん な は ひ と つ

以下，たぬき最後までくり返し
C (たぬき＋ねずみ)
D A D A G
あいうえお かきくけこ さしすせたちつてなにぬねの(ヘイ！) はひふへほ まみむめも
D G #Fm Bm7 Em A7 D
やいゆえらりるれわいうえを(ん！) 21 が2 22 が4 23 が24が 2 510！ 31 が3 3 2が6 33 が3 4 3 5じゅうご！
(うさぎ全)
うた
D (うさぎ＋たぬき＋ねずみ)
D A G D
うたうたおう みんなでうたおう うたうたおう いっしょにうたおう うたうたおう みんなでうたおう うたうたおう いっしょにうたおう
おう うた おう みんなでうたおう うた
#F Bm G A7
うたうたおう みんなでうたおう うたうたおう いっしょにうたおう うたうたおう みんなでうたおう うたうたおう いっしょにうたおう
おう うた おう いっしょにうたおう ここ

雪童子の歌

作曲：伊藤千寿子

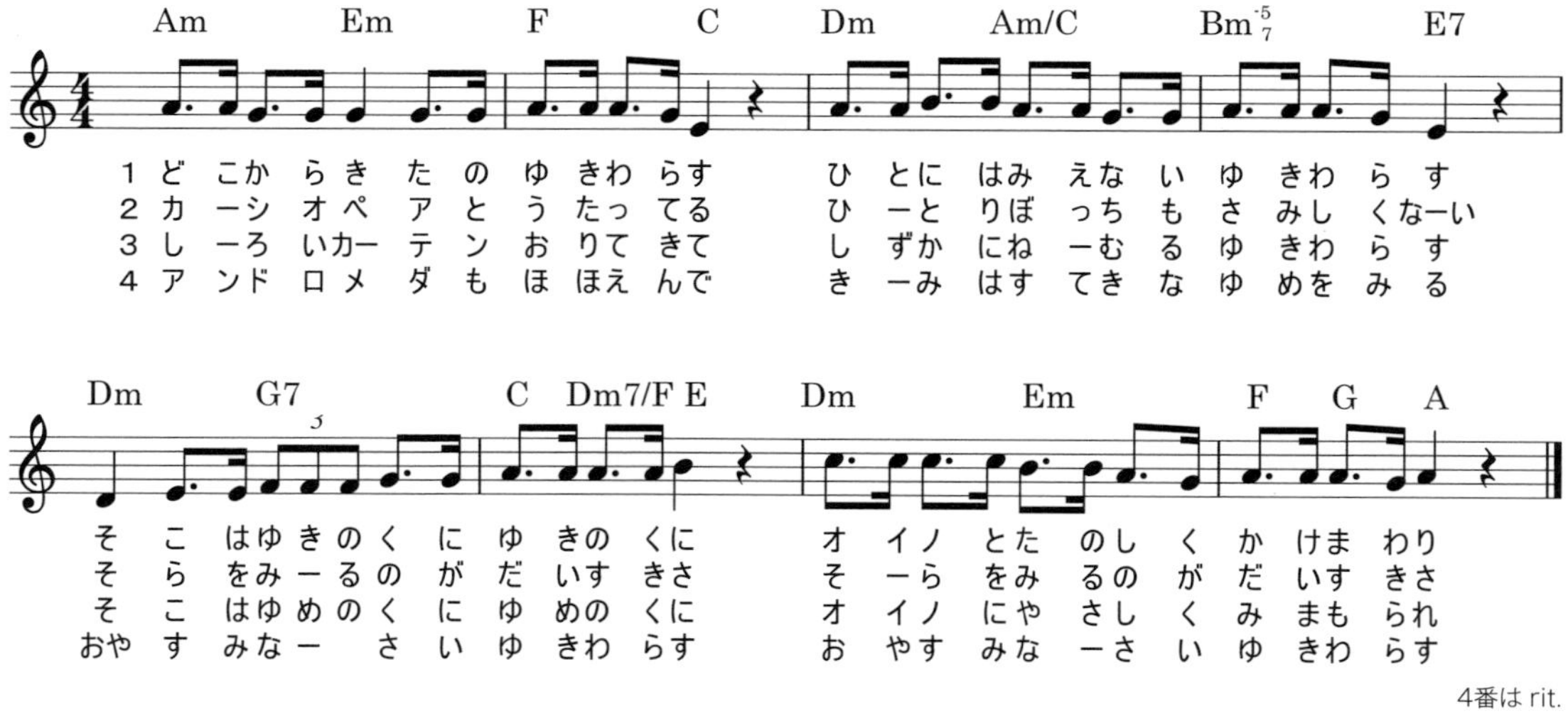

穴をほる歌

作詞・作曲：池田きよこ・はじめ

17
ろ じ うら ど お り の かお きき さ ほ ら ほ ら そ こ のけ
ろ じ うら ど お り の かお きき さ ほ ら ほ ら そ こ のけ
21
そこのけそこのけ そこ のけ の ら ねこ さ ー ま の お と お り だ
そこのけそこのけ そこ のけ の ら ねこ さ ー ま の お と お り だ
25
ー
ー

のらねこのうた

作詞：山本茂男
作曲：横山仁子

17
molt rit.
ご しゅじ ん さ まー の お き に い り お ひ ざ の う え で ぐっ す りー
こ んな と こ ろー じゃ く さ く なる き た な い く さ い ここ は どー
molt rit.

21
A tempo
よ
こ
A tempo
p
pp

飼い猫の歌

作詞：山本茂男
作曲：横山仁子

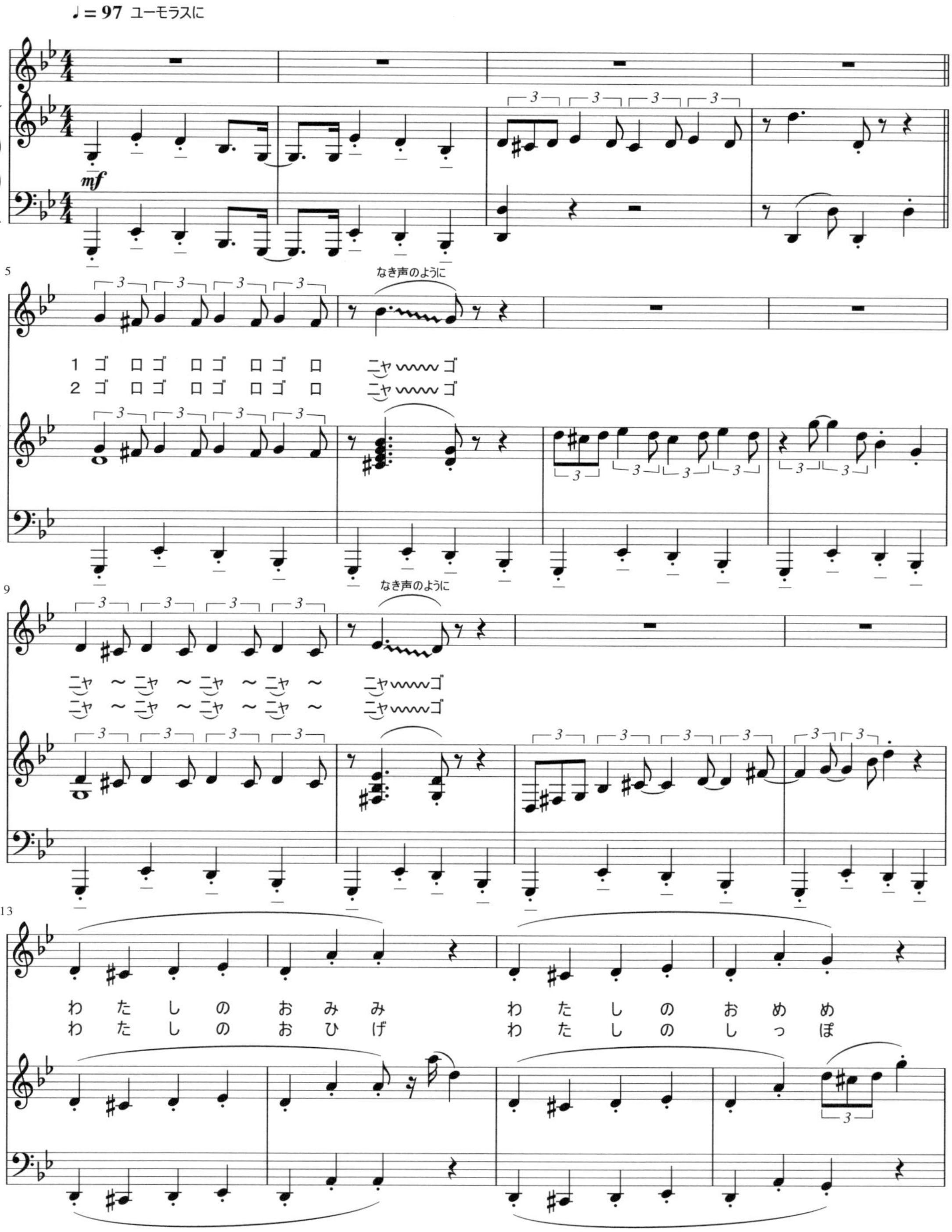
♩= 97 ユーモラスに
mf
1 ゴ ロゴ ロゴ ロゴ ロ ニャ〰〰ゴ
2 ゴ ロゴ ロゴ ロゴ ロ ニャ〰〰ゴ
なき声のように
ニャ ～ニャ ～ニャ ～ニャ ～ ニャ〰〰ゴ
ニャ ～ニャ ～ニャ ～ニャ ～ ニャ〰〰ゴ
なき声のように
わ た し の お み み わ た し の お め め
わ た し の お ひ げ わ た し の し っ ぽ

17
す る ど い つ め さ ー ー き こ こ ろ も わ く わ く
21
わ た し の ハー ト に く ぎ づ け
自由に表現を楽しんで
25
よ ～お ～お ～お ～お ニャア ～!
gliss.

ときめきララバイ

作詞：山本茂男
作曲：横山仁子

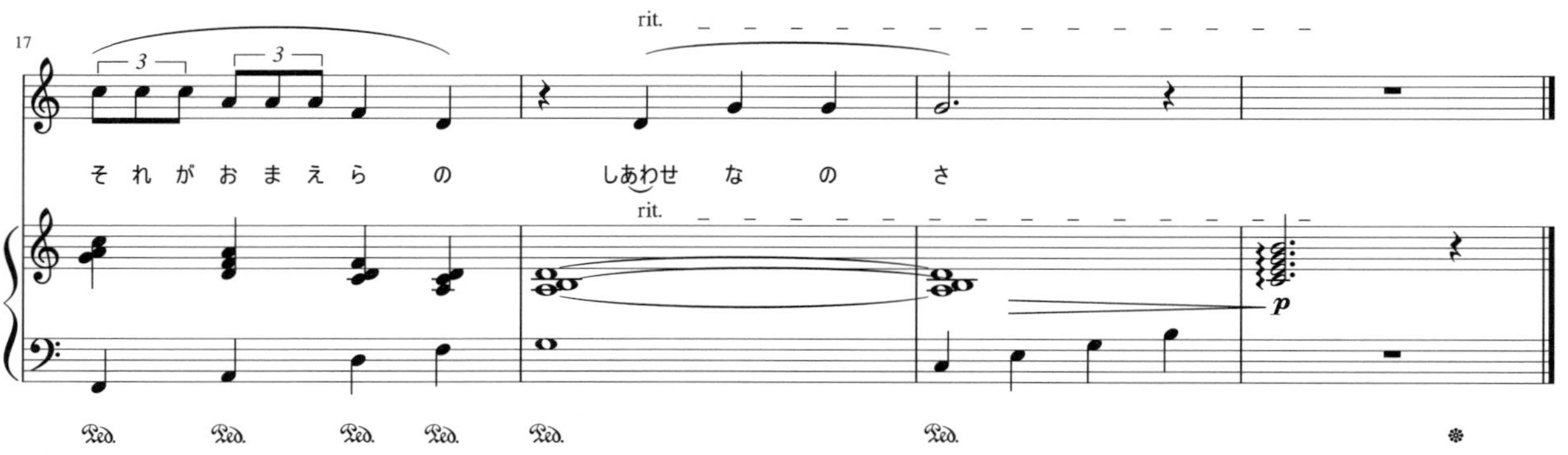
17
rit.
そ れ が お ま え ら の しあわせ な の さ
rit.
p
Ped. Ped. Ped. Ped. Ped. Ped.

幸せってなあに

作詞：山本茂男
作曲：横山仁子

17
ま
どんな ときにも
f
mf
21
たすけあ う ー
f
cresc.
25
子ども達の動きに合わせて, 自由にふやしてください
ff
gliss.